David E. Rye

1001 Wege Karriere zu machen

David E. Rye

1001 Wege Karriere zu machen

Weiterkommen mit der richtigen Selbst-PR

Aus dem Amerikanischen übersetzt von Andrea Panster

mvg

Die Deutsche Bibliothek – CIP-Einheitsaufnahme

Rye, David E.:
1001 Wege Karriere zu machen : Weiterkommen mit
der richtigen Selbst-PR / David E. Rye. Aus
dem Amerikan. übers. von Andrea Panster. – Landsberg
am Lech : mvg, 2001
(Bewerbung & Beruf)
Einheitssacht.: 1001 ways to get promoted <dt.>
ISBN 3-478-73330-8

Titel der amerikanischen Originalausgabe: „1001 Ways to Get Promoted“
Aus dem Amerikanischen übersetzt von Andrea Panster

Umschlaggestaltung: Vierthaler & Braun, München
Umschlagbild: Don Klumpp
Satz: Fotosatz H. Buck, Kumhausen
Druck- und Bindearbeiten: Himmer GmbH, Augsburg
Printed in Germany 73330/801402
ISBN 3-478-73330-8

Inhalt

Vorwort

Egal, in welcher Branche Sie tätig sind: Ihr Erfolg hängt immer davon ab, wie gut Sie sich selbst vermarkten, denn niemand sonst kann das für Sie tun. *1001 Wege Karriere zu machen* zeigt jedem, vom Angestellten bis zum Manager, wie man mit Hilfe dynamischer Präsentationen, erfolgreicher Netzwerke, siegreicher Teams und Hunderter anderer Techniken des Selbstmarketings auf die berufliche Überholspur wechselt. All das ist in diesem Ratgeberhandbuch und Nachschlagewerk zusammengefasst, das sich nicht nur witzig liest, sondern unzählige authentische Beispiele zu jeder wichtigen Karrieresituation bereithält. Es verrät zum Beispiel, wie Sie:

✓ Ihren Erfolg organisieren,
✓ Ihre Ideen verkaufen, um vorwärts zu kommen,
✓ sich und andere motivieren,
✓ mit Macht und Einfluss kommunizieren,
✓ Netzwerke nutzen, um wichtige Kontakte zu knüpfen,
✓ Gewinner ins Team holen, um Ihre Ideen zu vermarkten,
✓ jede Hürde auf dem Weg zum Erfolg überwinden.

In diesem ergebnisorientierten Buch verrate ich Ihnen alles, was Sie für Ihren beruflichen Aufstieg wissen müssen. Ich zeige Ihnen, welche Fehler Sie im beruflichen Umfeld vermeiden sollten, und wie Sie die im Buch erwähnten Strategien unmittelbar dort einsetzen. Ich werde Ihnen zahlreiche Herausforderungen präsentieren, die Ihnen Gelegenheit geben, mögliche Lösungen im Geiste durchzuspielen, was Ihrer eigenen Beförderung nützt.

Einleitung
Die Herausforderung des Selbstmarketings

Was versteht man unter Selbstmarketing? Ist die Karriere es wert, dass man sich dafür abmüht? Als Angestellter stecken Sie oft in einer beruflichen Tretmühle fest. Wie schnell Sie strampeln müssen, diktieren andere. Es kann sehr viel Spaß machen, dies zu verändern und an der eigenen Karriere zu basteln, denn dann bestimmen Sie die Geschwindigkeit und entscheiden, welche Strategien Sie beim Erklimmen der Karriereleiter einsetzen möchten. Wenn Sie es richtig anstellen, sind Sie letzten Endes der Gewinner und werden unterwegs sogar noch befördert.

Machen wir uns nichts vor. Wenn man beruflich vorwärts kommen will, geht das nicht ohne Macht und Einfluss. Das Ziel des Karrierepokers ist denkbar einfach: Sie entscheiden, welche Sprosse der Karriereleiter Sie ansteuern, und versuchen dann, sie zu erreichen! Manche Menschen machen beim Karrierepoker des Geldes wegen mit, einige möchten ihren Arbeitsplatz sichern, wieder andere streben nach Anerkennung oder handeln aus persönlichen Beweggründen. Wenn Sie beim Karrierepoker gewinnen möchten, müssen Sie schnell und gezielt handeln.

Um ein erfolgreicher Spieler zu werden, müssen Sie zuerst lernen, wie das Spiel gespielt wird und welche Taktiken oder Strategien über Sieg und Niederlage entscheiden. Die eigentliche Herausforderung auf dem Weg nach oben liegt darin, die eigenen Fähigkeiten so zu perfektionieren, dass Sie sie schnell und gezielt einsetzen können. Und so spielt man Karrierepoker: Um Erfolg zu haben, müssen Sie sich sieben Schlüsselqualifikationen aneignen. Wie bei einer Leiter müssen Sie zuerst eine Sprosse erklimmen, bevor Sie zur nächsten weiterklettern können. Die einzelnen Qualifikationen sind zwar unabhängig voneinander, sie ergänzen sich jedoch gegenseitig und bilden auf diese Weise eine Gesamtstrategie. Wenn Sie diese Strategie richtig anwenden, werden Sie an die Spitze der Karriereleiter katapultiert und all Ihre ehrgeizigen Träume vom beruflichen Aufstieg werden sich erfüllen oder werden sogar noch übertroffen.

Die Karriereleiter

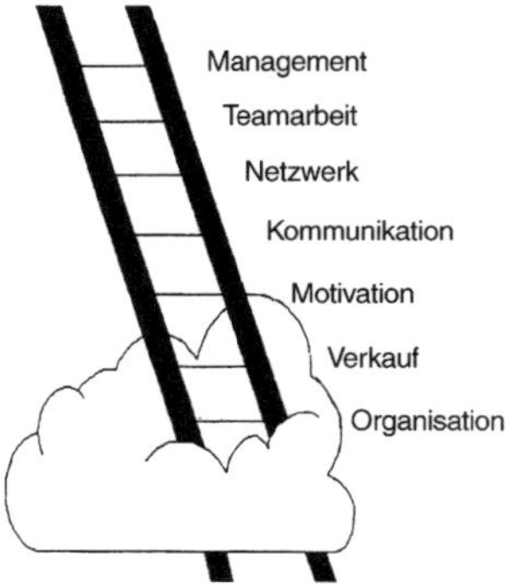

Wenn Sie sie richtig einsetzen, können diese Qualifikationen Ihren Einflussbereich erheblich vergrössern und Ihnen zum beruflichen Aufstieg verhelfen. Der schöne Spruch, „Es kommt nicht darauf an, was man kann, sondern wen man kennt.", gilt zum Teil noch heute. Doch in den letzten zehn Jahren wurden die Firmenstrukturen neu geordnet und der Schwerpunkt auf die Produktion verlagert. Das führte dazu, dass der „Wen-man-kennt"-Teil des Slogans angepasst werden musste: Inzwischen zählt in erster Linie, *was* man kann, und erst in zweiter Linie, *wen* man kennt. Denn der, „den Sie kennen", muss zuvor von Ihren Fähigkeiten überzeugt sein, bevor er oder sie Ihnen weiterhilft. Man kann nicht häufig genug betonen, wie wichtig es ist, dass Sie Ihre Fähigkeiten immer wieder unter Beweis stellen. Die Abbildungen auf den folgenden Seiten zeigen, wie die sieben Schlüsselqualifikationen Ihren Einflussbereich und das „Wen-man-kennt" Ihres beruflichen Umfelds beeinflussen.

Der äußere Kreis der Abbildung steht für Ihr Ziel, die Spitze der Karriereleiter oder die berufliche Position, die Sie anstreben. Er wird sich im Laufe der Zeit verändern, je nachdem, wie gut Sie den Karrierepoker beherrschen. Der kleine innere Kreis zeigt, wo Sie heute stehen und wie viel Einfluss Sie derzeit in Ihrem Unternehmen besitzen. Während Ihr beruflicher Einfluss wächst, vergrößert sich auch der innere Kreis, bis er sich schließlich mit dem äußeren deckt und Sie Ihr Karriereziel erreicht haben. Die folgende Abbildung verrät Ihnen, was sie tun müssen, um Ihren inneren Kreis zu erweitern.

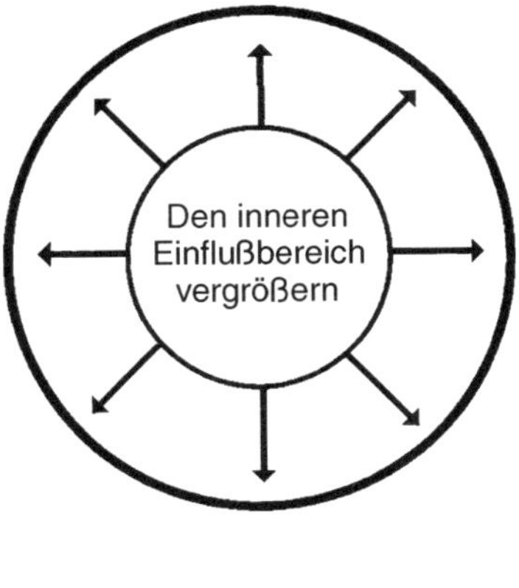

Den inneren Einflussbereich vergrössern

Ihren inneren Einflussbereich können Sie ausdehnen, indem Sie die sieben in diesem Buch genannten Schlüsselqualifikationen einsetzen. Richtig angewandt vergrößert jede einzelne den Einfluss, den sie innerhalb Ihres Unternehmens besitzen. Und so funktioniert es: Zuerst müssen Sie verschiedene Strategien entwickeln und diese zu einer Karriereplanung verschmelzen. Wie das geht, erkläre ich Ihnen in den Kapiteln 1 und 2. In den Kapiteln 3 und 4 lernen Sie, sich selbst in jeder beliebigen Situation bestmöglich zu verkaufen und gleichzeitig ein hohes Maß an persönlicher Motivation zu erhalten. Ihre Motivation ist die treibende Kraft auf dem Weg an die Spitze der Karriereleiter. Unterwegs müssen Sie in der Lage sein, Ihre Ideen kurz und prägnant mitzuteilen (Kapitel 5). Außerdem werden sie lernen, großartige Besprechungen und Präsentationen zu halten, die Ihnen die Aufmerksamkeit und den Respekt Ihres Publikums sichern. Um die wichtigen Entscheidungsträger in Ihrem Unternehmen auf sich aufmerksam zu machen, müssen Sie fleißig an Ihrem Netzwerk basteln; wie das geht, verrate ich Ihnen in Kapitel 6. Sind Sie ein guter Teamarbeiter? Wenn Sie Karriere machen möchten, sollten Sie es lieber werden.

Lesen Sie also unbedingt Kapitel 7. Weil Sie im Laufe Ihrer Karriere mit Sicherheit auch auf einige zwischenmenschliche Probleme stoßen werden, zeige ich Ihnen in Kapitel 8, wie Sie Konflikte meistern und personelle Hürden nehmen.

Mir ist klar, dass jeder, der dieses Buch liest, schon einiges über die sieben Schlüsselqualifikationen weiß, die ich behandeln werde. Ich möchte allerdings sichergehen, dass Sie ganz genau wissen, wie Sie den größtmöglichen Nutzen aus jeder dieser Qualifikationen ziehen. Und ich möchte, dass Sie verstehen, welche Rolle jede einzelne davon bei Ihrer Karriereplanung spielt.

Im ersten Kapitel gebe ich ihnen Gelegenheit, Ihre Stärken und Schwächen in puncto Karriere herauszufinden. Ich zeige Ihnen, welche Abschnitte dieses Buchs besonders hilfreich für Sie sind und wie Sie auf ein ganzes Arsenal von Ideen zugreifen können, die Sie weiterbringen. Bestimmte Absätze habe ich sogar mit Symbolen gekennzeichnet, damit Sie ihnen besser ins Auge fallen:

Vorsicht-Symbole lenken Ihre Aufmerksamkeit auf Abschnitte mit Schlüsselthemen, die Ihrer besonderen Beachtung bedürfen. Sie warnen vor möglichen Karrierefallen, falls Sie eine entscheidende Situation ignorieren oder nicht angemessen darauf reagieren.

Tipp-Symbole kennzeichnen alternative Lösungsvorschläge oder neue Ansätze zu den Themen, die im jeweiligen Abschnitt behandelt werden. Sie sind als Vorschlag für Alternativstrategien bei komplexen Problemen gedacht, den Sie jeweils Ihren besonderen Bedürfnissen anpassen können.

Beispiele und **Übungen** helfen Ihnen, Ihr Wissen zu vertiefen.

1001 Wege Karriere zu machen lässt sich in den unterschiedlichsten Situationen einsetzen. Sie können also immer wieder darauf zurückgreifen, um die Lösung zu finden, die in Ihrer gegenwärtigen Lage am sinnvollsten ist. Wenn Sie sich an die in diesem Buch beschriebenen Richtlinien halten, wird sich Ihre Trefferquote beim Erreichen beruflicher und privater Ziele enorm erhöhen. Viel Glück!

1 Ihre Karriereplanung

Gleich zu Beginn der ersten Amtszeit von Ronald Reagan als Präsident der USA verkündete sein Wirtschaftsminister Malcolm Baldridge, Manager seien „dick, dumm und zufrieden". Baldridges Kommentar wurde von der Presse scharf verurteilt und führte dazu, dass die *Harvard Business Review* eine Studie veröffentlichte, der zufolge Topmanager einen durchschnittlichen IQ von 130 hätten und alles andere als dumm seien. Später stellte Baldridge klar, wie seine Aussage gemeint war: „Viele Topmanager haben weder eine Vision noch verfügen sie über die entsprechenden Strategien, um sich und ihre Betriebe nach vorne zu bringen." Die oben zitierte Bemerkung Baldridges fiel Anfang der 80er Jahre, als sich die amerikanischen Betriebe in einer Phase der Orientierungslosigkeit, der Verschwendung, schlechter Qualitätskontrollen und sinkender Produktivität befanden. Die Konkurrenz aus dem Ausland bestimmte das Bild und anfangs hatten viele leitende Angestellte nicht die leiseste Ahnung, was dagegen zu tun war.

Die 90er Jahre läuteten den radikalen Umschwung ein. Ein Paradebeispiel liefert der Firmenriese IBM. Das Unternehmen unter der Leitung von Generaldirektor John Akers war Marktführer im Bereich der Großrechner. Dass diese Computer überholt waren und auf schnellstem Weg durch Mid-Range-Computer und leistungsfähige Personalcomputer ersetzt werden würden, entging Akers und seiner Führungsriege. Seine Unfähigkeit, für sich und IBM eine langfristige Strategie zu entwickeln, kostete ihn den Job. Als Lou Gerstner 1991 bei IBM an Akers' Stelle trat, verkündete er seine persönliche Strategie, um IBM wieder auf Vordermann zu bringen. Um es mit den Worten von Radio-Legende Paul Harvey zu sagen: „Den Rest der Geschichte kennen Sie." Weil Gerstner genau wusste, wo er hinwollte, wie er seine Ideen verkaufen und IBM vermarkten musste, ist IBM heute ein höchst erfolgreiches, strategisch geführtes Unternehmen.

In diesem Kapitel werde ich Ihnen helfen herauszufinden, welche Strategien Sie darin unterstützen, Ihre beruflichen Ziele zu erreichen. Zuerst aber müssen Sie folgende Frage beantworten: „Wo möchten Sie hin?" Ich habe einige Beispiele zusammengestellt, um Ihnen die Möglichkeiten aufzuzeigen und Ihnen die Antwort etwas zu erleichtern. Ich werde Ihnen verraten, welche Werkzeuge Ihnen auf dem Weg zu Ihrem Karriereziel zur Verfügung stehen und wie man sie einsetzt. Außerdem bekommen Sie die Gelegenheit zu einem Test, der Ihnen helfen soll, Ihre beruflichen Stärken und Schwächen deutlich zu erkennen. Wenn Sie den Test gemacht haben, können Sie sich auf die Bereiche konzentrieren, die noch verbesserungsfähig sind.

Wo möchten Sie hin?

Wo möchten Sie hin? Was möchten Sie wirklich tun? Wie erreichen sie Ihr Ziel? Diese drei schwierigen Grundfragen hat sich jeder schon einmal gestellt, und wenn wir Glück hatten, gelang es uns im Laufe der Jahre immer besser, realistische Antworten darauf zu finden. Ich gehe davon aus, dass Sie einen besseren Platz in der Hackordnung Ihres Unternehmens anstreben und befördert werden möchten. Befördert wozu? Damit Sie Ihr Ziel auch erreichen, müssen Sie es zuerst ganz genau kennen.

Thomas Edison ist das Paradebeispiel eines Mannes, der genau wusste, wo er hinwollte, was er machen wollte und wie er sein Ziel erreichen konnte. Er profilierte sich gerade als Erfinder, als ihn ein junger Reporter fragte: „Mr. Edison, wie fühlen Sie sich, nachdem Sie bei Ihrem derzeitigen Vorhaben 10.000 Mal versagt haben?“ Edison erwiderte: „Junger Mann, ich habe nicht wie Sie andeuten 10.000-mal versagt. Ich habe erfolgreich 10.000 Möglichkeiten entdeckt, die nicht funktionieren.“ Nach Edisons Schätzung waren zur Erfindung der Glühbirne tatsächlich mehr als 14.000 Experimente nötig.

Wie Edison müssen Sie Ihr Ziel so genau wie möglich bestimmen, damit Sie es auf dem zweifellos steinigen Weg nicht aus den Augen verlieren. Das folgende Beispiel zeigt, wonach Sie Ausschau halten sollten. Nehmen wir einmal an, Sie arbeiten im Verkauf eines Unternehmens und Ihr Ziel ist der Posten des stellvertretenden Verkaufsleiters. Dort wollen Sie hin. Damit Sie auch ankommen, müssen Sie zuerst eine Verkaufsabteilung leiten, denn dann sind Sie dem stellvertretenden Verkaufsleiter direkt unterstellt. Jetzt befinden Sie sich in einer Schlüsselposition für die Beförderung zum stellvertretenden Verkaufsleiter. So sieht der Weg aus, der Sie ans Ziel bringen wird.

Und wie steht es mit der Folgefrage: „Ist das auch wirklich das, was ich will?“ Ich möchte Ihnen nahe legen, absolut ehrlich mit sich zu sein. Nur dann können Sie sicher sein, dass Sie den Posten, den Sie anpeilen, auch wirklich wollen. Auf unser Beispiel übertragen bedeutet das: Versetzen Sie sich in die Lage des stellvertretenden Verkaufsleiters. Wägen Sie alle Vor- und Nachteile ab. Stellen Sie sich unangenehme Fragen wie: „Bin ich bereit, die zusätzlichen Dienstreisen auf mich zu nehmen, die dieser Posten mit sich bringt?“ In einer leitenden Position wird von Ihnen erwartet, dass Sie alles Nötige bereits wissen und vom ersten Tag an hundert Prozent bringen. Keiner wird Ihnen sagen, was Sie tun müssen, oder Ihnen zeigen, wie man schwierige Entscheidungen fällt. Sind Sie bereit, sich dem zusätzlichen Druck zu stellen, der auf Sie zukommt?

Falls Sie einen vertrauenswürdigen Freund haben, ist jetzt der Zeitpunkt gekommen, ihn oder sie nach ihrer Meinung zu fragen. Vielleicht bestätigt der Betreffende Ihre Einschätzung oder macht Sie auf Aspekte aufmerksam, die Ihnen bislang möglicherweise entgangen waren. Bitten Sie enge Familienmitglieder um ihren Rat, notieren Sie alles, was sie sagen, und in welchem Verhältnis es zu Ihren Plänen steht. Doch letzten Endes ist es Ihre Entscheidung. Ist das tatsächlich das Ziel, das Sie anstreben? Das, was Sie wirklich machen möchten?

Die sieben Schlüsselqualifikationen

In der Einleitung habe ich Ihnen die sieben Schlüsselqualifikationen vorgestellt, die Sie besitzen müssen, wenn Ihre Beförderungskampagne von Erfolg gekrönt sein soll. Im folgenden Abschnitt haben Sie die Möglichkeit zu einem Selbsttest. Auf diese Weise können Sie feststellen, bis zu welchem Grad Sie jede der sieben Schlüsselqualifikationen bereits besitzen. Doch ehe Sie beginnen, sehen wir uns kurz an, warum diese Qualifikationen für Ihre Karriere so wichtig sind.

Qualifikation #1: Organisation. Wenn sie befördert werden möchten, brauchen Sie sowohl eine solide Strategie als auch einen Plan, wie Sie diese Strategie umsetzen möchten. Wenn Sie nicht gut organisiert sind, beschneiden Sie Ihre Chancen auf eine Beförderung erheblich.

Qualifikation #2: Verkauf. Erfolgreiche Menschen sind hervorragende Verkäufer. Sie wissen, wie man sich selbst und die eigenen Ideen vermarktet. Auch Sie müssen sich gut verkaufen können, während Sie die einzelnen Stufen der Beförderung durchlaufen, um an Ihr berufliches Ziel zu kommen.

Qualifikation #3: Motivation. Wenn Sie die Karriereleiter erklimmen möchten, ist das eine große Herausforderung. Sie werden manchmal abrutschen und zahlreiche Hindernisse aus dem Weg räumen müssen. Nur wenn Sie in der Lage sind, sich und andere dauerhaft zu motivieren, werden Sie Ihr Ziel erreichen.

Qualifikation #4: Kommunikation. Wenn Sie sich nicht so ausdrücken, dass die Leute Ihre Worte verstehen und schätzen, wird das Ihren ehrgeizigen Berufsplänen einen erheblichen Dämpfer versetzen. Wenn Sie dagegen dynamische

Besprechungen halten und gute Ergebnisse erzielen, können Sie sich positiver Anerkennung sicher sein.

Qualifikation #5: Netzwerk. Ob Sie befördert werden oder nicht, hängt davon ab, wen Sie kennen. Das heißt, Sie müssen ein zuverlässiges Netzwerk aus Helfern und Entscheidungsträgern aufbauen, auf das Sie zählen können.

Qualifikation #6: Teamarbeit. Die Unternehmen haben ihr Vertrauen in das Team zurückgewonnen. Wichtige Entscheidungen werden wieder in der Gruppe gefällt. Wenn Sie zeigen, dass Sie nicht nur gerne im Team arbeiten, sondern es auch verdammt gut können, schaffen Sie es an die Spitze.

Qualifikation #7: Management. In jedem Unternehmen wird man regelmäßig mit zwischenmenschlichen Konflikten konfrontiert. Sie sind ein Teil unseres Lebens. Als gute Führungskraft müssen Sie wissen, wie man mit personellen Schwierigkeiten und geschäftlichen Problemen umgeht.

Vielleicht habe ich den Eindruck erweckt, als seien diese sieben Schlüsselqualifikationen voneinander unabhängig, doch das ist eine Trugschluss. Sie greifen ineinander. Natürlich ist es wichtig, dass Sie gut kommunizieren können. Noch wichtiger ist es aber, dass Sie die richtigen Worte finden, wenn Sie versuchen, Ihre Ideen an den Mann zu bringen. Sich selbst organisieren zu können ist eine wichtige Qualifikation, die alle anderen sechs Qualifikationen berührt.

Der Test

In diesem Buch werde ich Ihnen alle Werkzeuge (Qualifikationen) an die Hand geben, die Sie für Ihren beruflichen Aufstieg brauchen, und Ihnen zeigen, wie man sie einsetzt. Es ist mir durchaus klar, was für ein ehrgeiziges Unterfangen das ist, aber wenn Sie bis zum letzten Kapitel durchhalten, kann ich Ihnen helfen, es zu schaffen. Sehen wir die Sache einmal realistisch. Niemand kann alle sieben Schlüsselqualifikationen perfekt beherrschen. Auf Grund der Herkunft, des Erfahrungsschatzes, des Bildungsstandes und des gewählten Berufes gelingt es dem einen oder anderen besser, sich eine bestimmte Qualifikation anzueignen. Ein erfolgreicher Verkaufsleiter weiß zum Beispiel vermutlich sehr viel mehr darüber, wie man sich verkauft, als jemand, der mit dem Verkauf nicht direkt zu tun hat.

Aus diesem Grund habe ich den Karrieretest entwickelt, mit dem Sie feststellen können, in welchem Maß Sie die sieben Schlüsselqualifikationen bereits besitzen. Die Testergebnisse sollen Ihnen bei der Entscheidung helfen, an welchen Qualifikationen sie verstärkt arbeiten sollten und in welche Sie weniger Zeit investieren müssen.

Bei jeder Frage des folgenden Tests können Sie unter drei Anworten wählen. Beantworten Sie jede Frage so gut Sie können, auch wenn Sie einige davon für äußerst subjektiv oder unpassend halten oder sie auf Ihre gegenwärtige Situation nicht zutreffen. Viel Glück!

Karrieretest

1. Lächeln Sie, wenn Sie Kollegen oder Mitarbeiter begrüßen?	1. Normalerweise nicht 2. Manchmal 3. Fast immer
2. Haben Sie einen festen Händedruck?	1. Nein 2. Manchmal 3. Ja
3. Fällt es Ihnen schwer, im Kollegenkreis über sich selbst zu lachen, wenn Sie einen Fehler gemacht haben?	1. Nein 2. Manchmal 3. Ja
4. Ist es anderen unangenehm, mit Ihnen über ein Problem zu sprechen?	1. Ja 2. Manchmal 3. Nein
5. Ist es Ihnen ernst damit, jeden Kollegen ins Team einzubeziehen?	1. Nein 2. Manchmal 3. Ja
6. Führen Sie im Gespräch mit Kollegen die Sätze für diese zu Ende?	1. Häufig 2. Manchmal 3. Selten
7. Lehnen Sie es ab, es einmal mit positivem Denken zu versuchen?	1. Ja 2. Manchmal 3. Nein
8. Kämpfen Sie auf verlorenem Posten?	1. Häufig 2. Manchmal 3. Selten
9. Fällt es Ihnen schwer, Kollegen gegenüber zuzugeben, wenn Sie etwas nicht wissen?	1. Ja 2. Manchmal 3. Nein

10. Halten Sie Brainstorming mit Kollegen für Zeitverschwendung?	1. Ja 2. Manchmal 3. Nein
11. Gelten Sie unter den Kollegen als dünnhäutig?	1. Ja 2. Manchmal 3. Nein
12. Haben Sie einen guten Freund in Ihrem Unternehmen, mit dem Sie offen über Ihre Gedanken und Gefühle sprechen können?	1. Nein 2. Manchmal 3. Ja
13. Überbringen Sie Ihrem Chef gerne schlechte Nachrichten?	1. Ja 2. Manchmal 3. Nein
14. Wenden sich die Kollegen häufig mit Fragen oder der Bitte um Unterstützung bei ihren Projekten an Sie?	1. Nein 2. Manchmal 3. Ja
15. Ziehen Sie wenig bekannte Kollegen ins Vertrauen und sichern sich so deren Unterstützung?	1. Nein 2. Manchmal 3. Ja
16. Befürchten Sie, zu vertrauensselig zu sein?	1. Ja 2. Manchmal 3. Nein
17. Halten Ihre Kollegen Sie für misstrauisch?	1. Ja 2. Manchmal 3. Nein
18. Geben Sie Ihren Kollegen das Gefühl, dass Sie ihre Ideen und ihren Einsatz gutheißen?	1. Nein 2. Manchmal 3. Ja
19. Vermeiden Sie es, Entscheidungen zu treffen, ohne zuvor die Zustimmung eines Vorgesetzten eingeholt zu haben?	1. Ja 2. Manchmal 3. Nein
20. Vermeiden Sie kontroverse Entscheidungen?	1. Ja 2. Manchmal 3. Nein
21. Sind Sie bereit, auch schwierige, unpopuläre Entscheidungen zu treffen, wenn Sie diese für richtig halten?	1. Nein 2. Manchmal 3. Ja
22. Sind Sie bereit, den Widerstand der Gruppe in Kauf zu nehmen, wenn Sie eine Entscheidung des Teams ablehnen?	1. Nein 2. Manchmal 3. Ja

23. Sind Sie bereit, sich aus Ihrem gewohnten Terrain hinauszuwagen, wenn Sie die Initiative ergreifen?	1. Nein 2. Manchmal 3. Ja
24. Hat sich im Nachhinein gezeigt, dass Ihre Entscheidungen richtig waren?	1. Nein 2. Manchmal 3. Ja
25. Verwenden Sie mehr Zeit darauf, gut auszusehen als gut zu sein?	1. Ja 2. Manchmal 3. Nein
26. Spüren Sie häufig Probleme in Ihrem Unternehmen auf, die gelöst werden müssen?	1. Nein 2. Manchmal 3. Ja
27. Stellt sich oft heraus, dass es sich bei Ihren Zielen um reines Wunschdenken handelt?	1. Ja 2. Manchmal 3. Nein
28. Angenommen es läuft nicht so wie geplant: Haben Sie eine gesunde emotionale Schmerzgrenze?	1. Nein 2. Manchmal 3. Ja
29. Lernen sie aus Ihren Fehlern?	1. Nein 2. Manchmal 3. Ja
30. Glauben Sie, dass letztendlich doch alles gut gehen wird, selbst wenn mal etwas schief läuft?	1. Nein 2. Manchmal 3. Ja
31. Lachen Sie mit, auch wenn der Witz auf Ihre Kosten geht?	1. Nein 2. Manchmal 3. Ja
32. Verwirren Sie Ihre Kollegen mit kryptischen Bemerkungen, statt offen Kritik zu üben?	1. Ja 2. Manchmal 3. Nein
33. Loben Kollegen und Vorgesetzte Ihre Arbeit?	1. Nein 2. Manchmal 3. Ja
34. Unterscheiden Sie zwischen Wunsch und Verlangen, wenn Sie sich persönliche Ziele setzen?	1. Nein 2. Manchmal 3. Ja
35. Gehen Sie Schwierigkeiten gerne aus dem Weg, wenn Sie die Gelegenheit dazu bekommen?	1. Ja 2. Manchmal 3. Nein

36. Fällt es Ihnen schwer, sich nach einer beruflichen Niederlage wieder aufzurappeln, beispielsweise wenn Sie bei der Beförderung übergangen wurden?	1. Ja 2. Manchmal 3. Nein
37. Sehen Sie sich selbst gern als Teil des gemeinsamen Managementprozesses?	1. Nein 2. Manchmal 3. Ja
38. Glauben Sie, Ihr Job unterfordert Sie?	1. Ja 2. Manchmal 3. Nein
39. Weiß man in Ihrem Unternehmen, dass Sie andere gerne bei ihren Projekten unterstützen?	1. Nein 2. Manchmal 3. Ja
40. Nutzen Sie den Tagesplaner Ihres Computers, Laptops oder Palm Pilots?	1. Nein 2. Manchmal 3. Ja
41. Nutzen Sie einen manuellen Tagesplaner, zum Beispiel ein Filofax?	1. Nein 2. Manchmal 3. Ja
42. Haben Sie mehr als ein Ziel?	1. Nein 2. Manchmal 3. Ja
43. Halten Sie Ihre Ziele schriftlich fest und versehen jedes mit einem Datum, wann Sie es erreicht haben möchten? (Antworten Sie mit „Nein“, wenn Sie keine Ziele haben.)	1. Nein 2. Manchmal 3. Ja
44. Waren Sie länger als ein Jahr entweder in Voll- oder Teilzeit im Verkauf beschäftigt?	1. Nein 2. Teilzeit 3. Vollzeit
45. Wie hoch schätzen Sie den Beruf des Verkäufers ein?	1. Niedrig 2. Mittel 3. Hoch
46. Wie motiviert sind Sie im Allgemeinen an einem normalen Arbeitstag?	1. Wenig motiviert 2. Mittel 3. Sehr motiviert
47. Werden sie nervös, wenn etwas nicht so läuft, wie Sie es gerne hätten?	1. Häufig 2. Manchmal 3. Selten

48. Sind Sie voller Tatendrang, wenn Sie morgens zur Arbeit erscheinen?	1. Selten 2. Manchmal 3. Meistens
49. Gibt es außerhalb Ihres Arbeitsplatzes jemanden, den Sie bei beruflichen Problemen zu Rate ziehen können?	1. Nein 2. Manchmal 3. Meistens
50. Für wie erfolgreich halten sie die Ideen, die Sie im Laufe des letzten Jahres am Arbeitsplatz eingebracht haben?	1. Mäßig erfolgreich 2. Mittel 3. Sehr erfolgreich
51. Es gibt ein schwieriges berufliches Problem. Finden Sie als Erster eine Lösung?	1. Nein 2. Manchmal 3. Meistens
52. Wie reagiert Ihr Vorgesetzter gewöhnlich auf Ihre Vorschläge? (Wenn Sie derzeit arbeitslos sind, beziehen Sie sich bei den Antworten zu den Fragen 52, 53, 54 und 55 auf Ihre letzte Anstellung.)	1. Negativ 2. Einigermaßen positiv 3. Positiv
53. Wie schätzen Sie die Managementfähigkeiten Ihres Vorgesetzten ein?	1. Niedrig 2. Mittel 3. Hoch
54. Für wie kompetent halten Sie die Geschäftsführung Ihres Unternehmens?	1. Wenig kompetent 2. Ziemlich kompetent 3. Sehr kompetent
55. Mögen Sie Ihren Job?	1. Nein 2. Manchmal 3. Ja
56. Hören Sie sich in einer Unterhaltung zuerst an, was der andere zu sagen hat, bevor Sie das Wort ergreifen?	1. Nein 2. Manchmal 3. Meistens
57. Wie schwer fällt es Ihnen, einen Kollegen um Hilfe zu bitten?	1. Sehr schwer 2. Manchmal schwer 3. Nicht schwer
58. Mögen Sie Besprechungen?	1. Nein 2. Manchmal 3. Meistens

59. Verstehen andere, was Sie sagen möchten?	1. Nein 2. Manchmal 3. Meistens
60. Halten Sie Besprechungen für sinnvoll?	1. Nein 2. Manchmal 3. Meistens
61. Sie werden spontan gebeten, eine Präsentation zu halten. Wie gut schlagen Sie sich?	1. Schlecht 2. Mittel 3. Gut
62. Für wie wichtig halten Sie den Großteil der Präsentationen in Ihrem Unternehmen?	1. Nicht wichtig 2. Einigermaßen wichtig 3. Sehr wichtig
63. Verfügen Sie über ein berufliches Netzwerk, das Sie aktiv pflegen?	1. Nein 2. Teilweise 3. Ja
64. Sie verfassen einen Bericht über einen komplizierten Sachverhalt. Verstehen die anderen, was sie meinen?	1. Nein 2. Manchmal 3. Meistens
65. Wie oft nehmen Sie mit jemandem aus Ihrem Netzwerk Kontakt auf? (Antworten Sie mit „Selten", wenn Sie über kein geschäftliches Netzwerk verfügen.)	1. Selten 2. Manchmal 3. Sehr häufig
66. Haben Sie es sich zum Vorsatz gemacht, bei innerbetrieblichen gesellschaftlichen Ereignissen mit mindestens einem Mitglied der Führungsetage zu sprechen?	1. Nein 2. Manchmal 3. Meistens
67. Wie wohl fühlen Sie sich bei wichtigen innerbetrieblichen Anlässen?	1. Nicht sehr wohl 2. Einigermaßen wohl 3. Sehr wohl
68. Wie wohl fühlen Sie sich bei weniger wichtigen innerbetrieblichen Anlässen?	1. Nicht sehr wohl 2. Einigermaßen wohl 3. Sehr wohl
69. Wie wohl fühlen Sie sich, wenn Sie in der Arbeit jemandem vorgestellt werden, den Sie noch nicht kennen?	1. Nicht sehr wohl 2. Einigermaßen wohl 3. Sehr wohl

70. Fällt es Ihnen schwer, sich mit jemandem zu unterhalten, den Sie nicht kennen?	1. Ja 2. Manchmal 3. Nein
71. Wie gut sind Sie ganz allgemein im Verfassen von Texten?	1. Nicht besonders gut 2. Einigermaßen gut 3. Sehr gut
72. Wie gut können Sie delegieren?	1. Nicht besonders gut 2. Einigermaßen gut 3. Sehr gut
73. Delegieren Sie Arbeit gerne an andere?	1. Nein 2. Manchmal 3. Ja
74. Wie schätzen Sie Ihre Fähigkeit ein, Konflikte mit Untergebenen oder Kollegen zu lösen?	1. Niedrig 2. Mittel 3. Hoch
75. Wie schätzen Sie Ihre Fähigkeit ein, Konflikte mit Vorgesetzten oder der Geschäftsleitung zu lösen?	1. Niedrig 2. Mittel 3. Hoch
76. Sie wurden gebeten, einen Artikel für die Firmenzeitschrift zu schreiben. Sagen Sie ja?	1. Nein 2. Vielleicht 3. Ja
77. Wie schätzen Sie Ihre Fähigkeit ein, Arbeit an Ihre Kollegen zu delegieren?	1. Niedrig 2. Mittel 3. Hoch
78. Wie schätzen Sie Ihre Fähigkeit ein, einen Vertrag für Ihr Unternehmen auszuhandeln?	1. Niedrig 2. Mittel 3. Hoch
79. Wie schätzen Sie Ihre Fähigkeit ein, einen Konflikt mit einem erzürnten Kunden beizulegen?	1. Niedrig 2. Mittel 3. Hoch
80. Wie schätzen Sie Ihre Fähigkeit ein, bei Schwierigkeiten mit einem Kollegen eine faire Lösung zu finden?	1. Niedrig 2. Mittel 3. Hoch

81. Hören Ihre Kollegen Ihnen zu, wenn Sie sprechen?	1. Nein 2. Manchmal 3. Ja
82. Wie wichtig sind Teams in Ihrem Unternehmen?	1. Nicht wichtig 2. Wichtig 3. Sehr wichtig
83. Ihr Team hat die Aufgabe, ein schwieriges Problem zu lösen. Wie groß ist Ihr Anteil daran?	1. Nicht sehr groß 2. Mittel 3. Groß
84. Halten Sie Teamarbeit für sinnvoll?	1. Nein 2. Manchmal 3. Meistens
85. Haben Sie den Eindruck, in der Führungsetage zollt man Ihnen im Allgemeinen Anerkennung für Ihre Arbeit?	1. Nein 2. Manchmal 3. Meistens
86. Ihr Vorgesetzter bittet Sie, die Kollegen bei der nächsten Besprechung mit einem Vortrag über die Vielseitigkeit Ihres Unternehmens zu informieren. Wie schlagen Sie sich?	1. Schlecht 2. Einigermaßen 3. Gut

Wie haben Sie abgeschnitten?

Bei jeder Frage hatten Sie die Wahl zwischen drei möglichen Antworten, denen jeweils der numerische Wert 1, 2 oder 3 (also die Nummer Ihrer Antwort) zugeordnet ist. Wenn Sie die Ergebnisse aller Antworten addieren, erhalten Sie Ihr Gesamtergebnis. Das verrät Ihnen, ob Sie reif für die Beförderung sind. Versichern Sie sich, dass Sie alle Fragen so wahrheitsgetreu wie möglich beantwortet haben. Vergleichen Sie das Gesamtergebnis, das sich aus allen Ihren Antworten zusammensetzt, mit den Zahlen der folgenden Tabelle, um zu sehen, wie Sie abgeschnitten haben. Wenn Sie beispielsweise eine Gesamtpunktzahl von 210 haben, dann setzen Sie die sieben Schlüsselqualifikationen „gut" für Ihren beruflichen Aufstieg ein.

Gesamtpunktzahl Schlüsselqualifikationen

Beförderungseignung	Punktzahlen von – bis	Ihre Punktzahl
Sehr gut (90 % – 100 %)	Mehr als 232	
Gut (80 % – 89 %)	206 – 231	
Durchschnittlich (70 % – 79 %)	181 – 205	
Mäßig (60 % – 69 %)	155 – 180	
Schlecht (Unter 60 %)	Unter 155	

Das Gesamtergebnis zeigt, wie gut es Ihnen gelingt, die sieben Schlüsselqualifikationen für Ihren beruflichen Aufstieg zu nutzen. Wenn Sie ein „gutes“ oder „sehr gutes“ Gesamtergebnis haben, dürfte eine zielstrebige Beförderungskampagne gute Aussichten auf Erfolg haben. Falls Ihre Gesamtpunktzahl irgendwo unter dem Durchschnitt liegt, ist das kein Grund zur Verzweiflung – schließlich haben Sie ja deshalb dieses Buch gekauft. Ich werde Ihnen helfen herauszufinden, an welchen Bereichen Sie arbeiten müssen, damit Ihre Beförderung ins Rollen kommt.

Bis zu welchem Grad Sie die einzelnen Schlüsselqualifikationen bereits besitzen und ob Sie auf dem jeweiligen Gebiet schon reif für die Beförderung sind, erfahren Sie, wenn Sie jeweils nur die Fragen und Antworten berücksichtigen, die der jeweiligen Qualifikation zugeordnet sind.

Beförderungseignung Organisation

(Addieren Sie Ihre Anworten auf die Fragen 5, 8, 12, 19, 24, 25, 26, 29, 33, 34, 38, 39, 40, 41, 42, 43, 65, 72, 73, 78, 80 und 81.)

Testergebnis Organisation		
Beförderungseignung	**Punktzahlen von – bis**	**Ihre Punktzahl**
Sehr gut (90 % – 100 %)	Mehr als 65	
Gut (80 % – 89 %)	58 – 64	
Durchschnittlich (70 % – 79 %)	50 – 57	
Mäßig (60 % – 69 %)	43 – 49	
Schlecht (Unter 60 %)	Unter 43	

Beförderungseignung Verkauf

(Addieren Sie Ihre Anworten auf die Fragen 2, 3, 4, 6, 7, 11, 13, 14, 19, 20, 21, 24, 25, 27, 28, 29, 30, 32, 35, 37, 38, 39, 44, 45, 52, 70, 71, 81, 82 und 83.)

Testergebnis Verkauf		
Beförderungseignung	**Punktzahlen von – bis**	**Ihre Punktzahl**
Sehr gut (90 % – 100 %)	Mehr als 86	
Gut (80 % – 89 %)	77 – 85	
Durchschnittlich (70 % – 79 %)	67 – 76	
Mäßig (60 % – 69 %)	58 – 75	
Schlecht (Unter 60 %)	Unter 58	

Beförderungseignung Motivation

(Addieren Sie Ihre Anworten auf die Fragen 1, 3, 5, 7, 8, 13, 15, 16, 17, 18, 20, 21, 23, 25, 27, 28, 29, 30, 34, 36, 42, 43, 46, 48, 50, 51, 55, 61 und 85.)

Testergebnis Motivation		
Beförderungseignung	**Punktzahlen von – bis**	**Ihre Punktzahl**
Sehr gut (90 % – 100 %)	Mehr als 78	
Gut (80 % – 89 %)	70 – 77	
Durchschnittlich (70 % – 79 %)	61 – 69	
Mäßig (60 % – 69 %)	52 – 60	
Schlecht (Unter 60 %)	Unter 52	

Beförderungseignung Kommunikation

(Addieren Sie Ihre Anworten auf die Fragen 2, 3, 6, 9, 12, 13, 14, 15, 16, 17, 18, 20, 21, 22, 25, 26, 28, 30, 31, 32, 35, 39, 44, 47, 52, 56, 58, 60, 61, 62, 70, 82 und 84.)

Testergebnis Kommunikation		
Beförderungseignung	**Punktzahlen von – bis**	**Ihre Punktzahl**
Sehr gut (90 % – 100 %)	Mehr als 92	
Gut (80 % – 89 %)	82 – 91	
Durchschnittlich (70 % – 79 %)	71 – 81	
Mäßig (60 % – 69 %)	61 – 70	
Schlecht (Unter 60 %)	Unter 61	

Beförderungseignung Netzwerk

(Addieren Sie Ihre Anworten auf die Fragen 1, 2, 4, 5, 6, 9, 10, 12, 14, 15, 16, 17, 18, 25, 26, 31, 32, 33, 36, 39, 44, 45, 46, 49, 56, 57, 58, 59, 63, 65, 66, 67, 68, 69, 70, 76 und 81.)

Testergebnis Netzwerk		
Beförderungseignung	**Punktzahlen von – bis**	**Ihre Punktzahl**
Sehr gut (90 % – 100 %)	Mehr als 100	
Gut (80 % – 89 %)	89 – 99	
Durchschnittlich (70 % – 79 %)	77 – 88	
Mäßig (60 % – 69 %)	66 – 76	
Schlecht (Unter 60 %)	Unter 66	

Beförderungseignung Teamarbeit

(Addieren Sie Ihre Anworten auf die Fragen 1, 3, 5, 6, 9, 10, 13, 14, 18, 20, 21, 26, 28, 29, 30, 32, 35, 37, 39, 49, 52, 57,59, 60, 70, 71, 82, 85 und 86.)

Testergebnis Teamarbeit		
Beförderungseignung	**Punktzahlen von – bis**	**Ihre Punktzahl**
Sehr gut (90 % – 100 %)	Mehr als 81	
Gut (80 % – 89 %)	72 – 80	
Durchschnittlich (70 % – 79 %)	63 – 71	
Mäßig (60 % – 69 %)	54 – 62	
Schlecht (Unter 60 %)	Unter 54	

Beförderungseignung Management

(Addieren Sie Ihre Anworten auf die Fragen 1, 4, 6, 7, 19, 20, 21, 3, 24, 25, 26, 27, 28, 29, 33, 35, 38, 41, 55, 51, 53, 54, 56, 74, 75 ,76 ,77 und 79.)

Testergebnis Management		
Beförderungseignung	**Punktzahlen von – bis**	**Ihre Punktzahl**
Sehr gut (90 % – 100 %)	Mehr als 76	
Gut (80 % – 89 %)	67 – 75	
Durchschnittlich (70 % – 79 %)	57 – 66	
Mäßig (60 % – 69 %)	50 – 56	
Schlecht (Unter 60 %)	Unter 50	

Vergleichen Sie Ihre Testergebnisse in den einzelnen Bereichen mit den in der jeweiligen Tabelle aufgeführten Punktzahlen. Auf diese Weise finden Sie heraus, auf welchen Gebieten Sie sich noch verbessern können. Mir ist klar, dass es sich hier um einen höchst subjektiven Test zur Ermittlung Ihres Karrierepotenzials handelt. Er wird Ihnen jedoch einen realistischen Anhaltspunkt geben, welche Fertigkeiten sie noch verbessern müssen, wenn Sie Ihre Chancen auf eine Beförderung erhöhen möchten. Auf den nächsten Seiten gebe ich Ihnen ein paar Anregungen, wie sie Ihre Stärken optimal nutzen und Ihre Schwächen so gut wie möglich korrigieren können. Gegen Ende des Kapitels werde ich Ihnen zeigen, wie Sie aus all dem eine Karriereplanung machen, die Ihnen den Start erleichtert.

Nutzen Sie Ihre Stärken

Wenn Sie Chris Evert jemals Tennis spielen sahen, wissen Sie vermutlich, dass diese großartige Spielerin noch sehr viel besser hätte sein können, wenn Sie öfter ans Netz gegangen wäre. Evert wusste, dass man nicht überall gleich gut sein kann, und versuchte es erst gar nicht. Sie kannte ihre Stärken und ihre Schwächen, und sie konzentrierte sich in erster Linie auf ihre Stärken und arbeitete nur dann an ihren Schwächen, wenn sie Zeit dazu hatte. Sehen Sie sich Menschen an, die auf ihrem Gebiet, inklusive der Geschäftswelt, Spitzenleistungen bringen. Auch sie können nicht alles gleich gut. Meist sind es nur ein paar Dinge, die sie hervorragend können, aber das genügte, um sie an die Spitze der Karriereleiter klettern zu lassen.

Der Test sollte Ihnen helfen herauszufinden, wo Ihre Stärken – die Bereiche, die Sie für Ihren beruflichen Aufstieg nutzen können – und wo Ihre Schwächen liegen. Nehmen Sie sich einen Augenblick Zeit, notieren Sie die Schlüsselqualifikationen, bei denen Sie die höchsten Punktzahlen erzielten, auf ein Blatt Papier und sortieren Sie sie in absteigender Reihenfolge. Wenn Ihre Liste fertig ist, beantworten Sie die folgenden Fragen. Das wird Ihnen bei Ihrer strategischen Karriereplanung helfen.

Welche Qualifikationen sind an Ihrem gegenwärtigen Arbeitsplatz wichtig? Gewichten Sie die sieben Schlüsselqualifikationen danach, wie wichtig sie für Ihre derzeitige Position sind. Vergleichen Sie die Liste mit Ihren Testergebnissen. Stellen Sie fest, bei welcher der an Ihrem Arbeitsplatz wichtigen Qualifikationen Sie nicht mindestens mit „Gut“ abgeschnitten haben. Das sind die Bereiche, an denen Sie zuerst arbeiten sollten. Auf diese Weise verbessern Sie nicht nur Ihre Leistung, sondern auch Ihre Karrierechancen.

Welche Ihrer Eigenschaften, Charakteristika und Stärken haben es Ihnen im vergangenen Jahr ermöglicht, gute Arbeit zu leisten? Wenn Sie beispielsweise im letzten Jahr die Aufgabe hatten, ein Team zur Lösung eines schwerwiegenden Problems zusammenzustellen, und das zur vollsten Zufriedenheit der Führungsetage gelungen ist, verbuchen Sie diesen Erfolg unter Teamarbeit und jeden anderen der sechs Bereiche, der ebenfalls davon berührt war. Zählen Sie nun vier oder fünf Aktivitäten auf, denen Sie sich in Ihrer Freizeit widmen. Seien Sie so sorgfältig wie möglich. Angenommen Sie spielen gerne Golf, was mögen Sie an dieser Sportart besonders? Den gesellschaftlichen Aspekt des Spiels oder die Präzision, mit der man den Ball abschlagen muss?

Welche Ihrer Stärken bringen diese Aktivitäten hervor? Schreiben Sie auf, wenn Sie zum Beispiel das Gefühl haben, im Team gemeinsam etwas erreichen zu können. Wenn das Golfspiel Ihre soziale Kompetenz fördert, notieren Sie das. Obwohl sie scheinbar in keinerlei Zusammenhang miteinander stehen, können Ihnen Ihre Vorlieben in Berufs- und Privatleben wichtige Anhaltspunkte geben, die Sie bei der Entwicklung Ihrer Stärken möglicherweise übersehen.

Welche Ihrer Stärken kommen im Berufsleben zu kurz? Hätten Sie innerhalb Ihres Unternehmens beispielsweise die Möglichkeit, stärker von Ihrer Vorliebe für Teams zu profitieren? Welche Chancen würden sich Ihnen möglicherweise bieten, wenn Sie Ihre Stärken besser an Ihrem derzeitigen Arbeitsplatz einbringen könnten? Wie würde die Arbeitsplatzbeschreibung für Ihre Position klingen, wenn Ihre Stärken besser berücksichtigt wären? Schreiben Sie ein neues Anforderungsprofil für Ihren Arbeitsplatz, das Ihre Stärken besser zum Einsatz bringt.

Lehnen Sie sich einen Augenblick zurück und denken Sie über Ihre Antworten nach. Gibt es etwas, das Sie daran hindert, Ihre Arbeitsweise ganz oder teilweise an die von Ihnen geschriebene neue Arbeitsplatzbeschreibung anzupassen? Was, wenn Sie zum Beispiel wunderbar kommunizieren können und feststellen mussten, dass Sie in Ihrer derzeitigen Position kaum Gelegenheit haben, Präsentationen zu halten? Lässt sich das irgendwie ändern? Vielleicht ergibt sich ja bei der nächsten Betriebsversammlung die Gelegenheit, über den Stand eines wichtigen Projektes zu berichten.

Hier ist ein weiteres Beispiel: Gehen wir einmal davon aus, Sie haben im Bereich Netzwerke eine hohe Punktzahl erzielt. Zudem schätzen Sie den sozialen Aspekt des Golfspiels, was dieser Schlüsselqualifikation noch etwas mehr Gewicht verleiht. Leider fesselt Sie Ihre derzeitige Aufgabe an den Schreibtisch, so dass Sie keine Möglichkeit haben, ein berufliches Netzwerk aufzubauen, das Ihren Aufstiegsplänen zuträglich wäre. Wie also können Sie Ihre Stärke im Bereich Netzwerk sinnvoll nutzen? Angenommen zwei Mitarbeiter, die Einfluss auf Ihre Beförderung haben und die Sie deshalb besser kennen lernen möchten, organisieren die Weihnachtsfeier. Bieten Sie ihnen Ihre Hilfe an. Auf diese Weise werden Sie besser mit ihnen bekannt.

Machen Sie eine Liste mit Vorschlägen, wie sie Ihre Stärken so einsetzen können, dass Sie Ihre Chancen, befördert zu werden, erhöhen. Erinnern Sie sich an die Geschichte von Chris Evert und wie sie es auf Platz eins der Tennisweltrangliste schaffte. Sie konzentrierte sich in erster Linie auf ihre Stärken und darauf, diese zu perfektionieren, und arbeitete erst dann an ihren Schwächen.

Jetzt ist es Zeit, eine Arbeitsplatzbeschreibung der Position anzufertigen, die das Ziel Ihres beruflichen Aufstiegs ist. Bevor Sie anfangen, besorgen Sie sich in der Personalabteilung eine Kopie des aktuellen Anforderungsprofils, die Ihnen als Referenz für die Grundvoraussetzungen dienen soll. Falls es keine Stellenbeschreibung gibt, erstellen Sie anhand dessen, was Sie über die Position wissen, selbst eine. Kommen Ihre Stärken an diesem Arbeitsplatz voll zum Einsatz? Gibt es Schlüsselqualifikationen, die Sie haben, aber aus irgendeinem Grund nicht nutzen? Fordert die Position, die Sie derzeit innehaben, bzw. die Position, die Sie anstreben, Sie in Bereichen, in denen Sie nicht besonders stark sind? Wie können Sie Ihre Qualifikationen in diesen Bereichen verbessern?

Bevor wir zum nächsten Abschnitt kommen, halten Sie fest, welche fünf Schlüsselqualifikationen Ihnen bei Ihrem beruflichen Aufstieg am meisten helfen können.

Zum Einstieg machen Sie folgende Übung:

1. Führen Sie in absteigender Reihenfolge auf, welche Qualifikationen an Ihrem derzeitigen Arbeitsplatz über Ihren Erfolg entscheiden. Versehen Sie die Qualifikationen, bei denen Sie im Test nicht mindestens mit „Gut“ abgeschnitten haben, mit einem Häkchen.
2. Führen Sie die Qualifikationen, die Sie für die angestrebte Position oder am angestrebten Arbeitsplatz für wichtig halten, in absteigender Reihenfolge auf. Versehen Sie jede Qualifikation, bei der Sie im Test nicht mindestens mit „Gut“ abgeschnitten haben, mit einem Häkchen.
3. Sehen Sie sich die ersten fünf Qualifikationen auf beiden Listen an. Notieren Sie, bei welchen Qualifikationen Sie im Test nicht mindestens mit „Gut“ abgeschnitten haben. Das sind die Schlüsselqualifikationen, an denen Sie zuerst

arbeiten müssen, denn sie entscheiden sowohl über den Erfolg an Ihrem gegenwärtigen als auch an Ihrem künftigen Arbeitsplatz.

Der Karrieretest sollte Ihnen helfen herauszufinden, welche Qualifikationen Sie noch nicht in dem Maße entwickelt haben, wie Sie es sich vielleicht wünschen. Überlegen Sie einen Augenblick, ob Ihre Schwäche in einem der genannten Bereiche zu Problemen an Ihrem derzeitigen Arbeitsplatz führt. Lautet Ihre Antwort „ja", dann versehen Sie die entsprechende Qualifikation mit einem Häkchen und führen Sie kurz aus, welcher Art diese Schwierigkeiten sind.

Wiederholen Sie die Übung. Setzen Sie das Häkchen dieses Mal vor die Qualifikationen, die Sie für die angestrebte Position für wichtig halten. Beziehen Sie sich dabei auf die Arbeitsplatzbeschreibung aus der vorherigen Übung. Die Schlüsselqualifikationen, die auf der Liste Ihrer Schwachstellen mit zwei Häkchen versehen sind, bekommen oberste Priorität. Sie können es sich nicht leisten, von einem Mangel an Kompetenz sowohl an Ihrem derzeitigen Arbeitsplatz als auch in zukünftigen Positionen gebremst zu werden. Wenn Sie beispielsweise auf dem Gebiet der Kommunikation Hilfe brauchen, dann sorgen Sie dafür, dass Sie welche bekommen! Lesen Sie alles, was dieses Buch zum Thema Kommunikation hergibt, und sehen Sie sich die Buchempfehlungen an.

Erstellen Sie einen Spielplan

Bevor ich Ihnen zeige, wie Sie aus all dem einen Spielplan für Ihre Karriere erstellen, möchte ich Ihnen zuerst erklären, was ich darunter verstehe. Im Grunde genommen ist ein Spielplan dazu da, von den Stärken der einzelnen Spieler zu profitieren und ihre Schwächen auszugleichen. Beim Karrierepoker sind Sie der einzige Spieler, und wie alle anderen haben auch Sie Ihre Stärken und Schwächen. Wie bereits erwähnt müssen Sie Ihre Stärken perfektionieren und an Ihren Schwachstellen arbeiten, wenn Sie befördert werden möchten.

Suchen Sie sich einen Ort, an dem Sie die folgenden Seiten allein und ungestört lesen können. Konzentrieren Sie sich voll und ganz auf das Lesen und auf meine Empfehlungen, und verbannen Sie alles andere aus Ihren Gedanken. Solange Sie sich mit diesem Abschnitt beschäftigen, sorgen Sie sich weder um Ihren Terminplan noch um Ihre Arbeit, Ihre Familie oder Ihre Freunde. Ich möchte, dass Sie Ihre ganze Aufmerksamkeit darauf lenken, einen wasserdichten Karriereplan zu erstellen.

Ihr Ziel ist der Ausgangspunkt für den Plan. Stellen Sie sich vor, sie hätten die Position, die Sie anstreben, bereits inne. Tun Sie so, als seien Sie gerade erst befördert worden und stünden kurz vor der ersten Personalversammlung. Denken Sie extrem positiv. Was halten Ihre Untergebenen von Ihnen? Welche Charaktereigenschaften möchten Sie für Ihre Untergebenen verkörpern, sowohl in ihrem beruflichen als auch in ihrem Privatleben? Warum sollten die Mitarbeiter gerne für Sie arbeiten und was können Sie tun, um die Motivation zu erhalten? Leisten Sie viel für Ihr Unternehmen, indem Sie alle Ihre Ziele erreichen oder sogar noch übertreffen? Nehmen Sie sich ein paar Minuten Zeit und schreiben Sie die Antworten auf diese Fragen auf ein Blatt Papier, bevor Sie den nächsten Absatz lesen.

Bei der Visualisierung, die Sie soeben gemacht haben, haben Sie ein paar Grundwerte kennen gelernt, die Sie bei Ihrem beruflichen Aufstieg mit ins Spiel bringen werden. Jetzt ist es an der Zeit festzustellen, ob Sie für den Aufstieg auch richtig gerüstet sind.

Um Ihnen die Planung Ihrer Beförderungskampagne zu erleichtern, kehren wir zu dem Verkäufer aus unserem Beispiel zurück, der stellvertretender Verkaufsleiter werden möchte. Sehen wir uns seine Karriereplanung einmal an:

1. Unser Verkäufer weiß, wo er hin will. Derzeit arbeitet er in einer Abteilung des Unternehmens XYZ und möchte eine Kampagne starten, die seine Karriere auf die Überholspur bringt und ihn zum stellvertretenden Verkaufsleiter macht.
2. Im Karrieretest erreichte er, wie in der nachfolgenden Tabelle dargestellt, 185 Punkte.

Gesamtpunktzahl Schlüsselqualifikationen		
Beförderungseignung	**Punktzahlen von – bis**	**Ihre Punktzahl**
Sehr gut (90 % – 100 %)	Mehr als 232	
Gut (80 % – 89 %)	206 – 231	
Durchschnittlich (70 % – 79 %)	181 – 205	185
Mäßig (60 % – 69 %)	155 – 180	
Schlecht (Unter 60 %)	Unter 155	

3. Unser Verkäufer hat seine Stärken in absteigender Reihenfolge aufgelistet:

Schlüsselqualifikationen (in absteigender Reihenfolge)	Testergebnisse des Verkäufers
Verkauf	Sehr gut
Organisation	Gut
Motivation	Gut
Kommunikation	Durchschnittlich
Netzwerk	Mäßig
Management	Mäßig
Teamarbeit	Schlecht

4. Er hat sich einen Überblick über sein derzeitiges Aufgabenfeld verschafft und glaubt, folgende Schlüsselqualifikationen (in absteigender Reihenfolge) seien für seinen Erfolg entscheidend. Die entsprechenden Testergebnisse hat er daneben aufgeführt:

Am derzeitigen Arbeitsplatz wichtige Schlüsselqualifikationen (in absteigender Reihenfolge)	
Schlüsselqualifikation	**Testergebnisse des Verkäufers**
Verkauf	Hervorragend
Management	Mäßig
Teamarbeit	Schlecht
Motivation	Gut

5. Unser Verkäufer hat sich auch mit der angestrebten Position des stellvertretenden Verkaufsleiters auseinander gesetzt und glaubt, dass folgende Schlüsselqualifikationen über den Erfolg in der neuen Position entscheiden. Er hat sie zusammen mit seinen Testergebnissen in absteigender Reihenfolge notiert:

In der angestrebten Position entscheidende Schlüsselqualifikationen (in absteigender Reihenfolge)	
Schlüsselqualifikation	**Testergebnisse des Verkäufers**
Management*	Mäßig
Teamarbeit*	Schlecht
Netzwerk	Mäßig
Verkauf*	Hervorragend
Organisation	Gut

Der * kennzeichnet Qualifikationen, die sowohl in der gegenwärtigen als auch in der angestrebten Position wichtig sind.

Unser Verkäufer fand heraus, welche Schlüsselqualifikationen er bei seiner Karriereplanung berücksichtigen muss, um stellvertretender Verkaufsleiter zu werden. Er lernte die Qualifikationen kennen, die in der gegenwärtigen und der angestrebten Position von Bedeutung sind, und listete sie in absteigender Reihenfolge auf. Bei der Beförderung sollte er auf die Qualifikationen setzen, die auf seiner Liste an erster Stelle stehen. Wenn Sie bis jetzt mitgemacht haben, sollten Sie eine vergleichbare, auf Ihre Situation zugeschnittene Liste in Händen halten. Jetzt können Sie Ihre Karriereplanung in die Tat umzusetzen.

Ihr aktueller Plan sollte Ihnen die Möglichkeit geben, auch solche Stärken einzusetzen, von denen Sie derzeit keinen Gebrauch machen. Wenn Sie zum Beispiel im Bereich Kommunikation eine hohe Punktzahl erzielt haben, Ihr Können an Ihrem gegenwärtigen Arbeitsplatz aber nicht voll ausschöpfen können, finden Sie heraus, wie Sie diese Stärke zu Ihrem Vorteil einsetzen. Wie machen Sie das? Nehmen wir einmal an, Sie können hervorragend kommunizieren und in Verhandlungen sogar den Besten das Wasser reichen. Nehmen wir weiter an, Sie hätten bemerkt, dass die Beschaffungsabteilung in Arbeit ertrinkt und mehr Verträge aushandeln muss als bewältigt werden können. Außerdem glauben Sie, die stellvertretende Leiterin der Beschaffung könnte sich als wertvolle Verbündete in Ihrem Netzwerk erweisen, da sie möglicherweise Einfluss auf Ihre Beförderung hat. Sie suchen sie also in ihrem Büro auf, um ihr bei wichtigen Vertragsverhandlungen Ihre Unterstützung anzubieten. Im geschilderten Fall schlagen Sie zwei Fliegen mit einer Klappe: Sie nutzen Ihre brachliegenden Kommunikationsfähigkeiten (Verhandlung) und binden die stellvertretende Leiterin der Beschaffung in Ihr Netzwerk ein.

Unter Umständen verlangt Ihre Karrierestrategie nach einem Plan, mit dem Sie die Schwachstellen beseitigen können, die Sie auf entscheidenden Gebieten zu haben glauben. Gehen wir einmal davon aus, Sie hassen es, etwas zu verkaufen – sich selbst eingeschlossen. Ein schlechtes Testergebnis im Bereich Verkauf bestärkt Sie in Ihrer Überzeugung ebenso wie die letzte Besprechung, in der Sie vergeblich versuchten, die Gruppe von einigen Ihrer großartigen Ideen zu überzeugen. Leider wird in der von Ihnen angestrebten Position verlangt, dass Sie regelmäßig sorgfältig formulierte Verkaufspräsentationen vor Generaldirektor und Aufsichtsrat halten. In diesem Fall könnte eine Ihrer Strategien darauf abzielen, ein Verkaufsseminar an der örtlichen Universität oder Volkshochschule zu belegen.

Schlagen Sie Home Runs

Joe Morgan und Richard Lally haben die Dummie-Reihe um ein weiteres Buch mit dem Titel *Baseball for Dummies* erweitert. Für alle, die nur wenig für Baseball übrig haben oder dieses hervorragende Buch nicht kaufen möchten, lässt sich der Inhalt in einem Satz zusammenfassen. Sie lernen, dass ein Strike-out schlecht, ein Schlag – auch wenn er ins Aus geht – immer gut und ein Home Run hervorragend ist. Wäre Babe Ruth noch am Leben, würde er Ihnen sagen, dass Sie nicht mehr wissen müssen, wenn Sie sich ein Baseballspiel ansehen.

Wussten Sie, dass Babe Ruth seine Baseballkarriere als Werfer begann und 1918 in 29 aufeinander folgenden Innings keinen einzigen Punkt erzielte? Sein Rekord blieb 43 Jahre ungebrochen. Er stellte noch einen weiteren Rekord auf, denn er hatte mehr Strike-outs als jeder andere Spieler in der Geschichte des Baseball. Doch wenn man an Babe Ruth denkt, denkt man nicht an seinen schauderhaften Rekord als Werfer, sondern an die vielen Home Runs, die er schlug. Die meisten Spieler versuchen einfach nur, das erste Base einzunehmen. Gemessen an der Zahl seiner Spiele gelangen Babe Ruth dagegen mehr Home Runs als jedem anderen Spieler, denn in seinen Augen waren Home Runs das Einzige, was zählt.

Auch wir verfangen uns manchmal in diesem Muster und wollen einfach nur das erste Base einnehmen und uns einen peinlichen Strike-out ersparen. Wir wollen unsere persönlichen Beziehungen oder unsere Karriere lieber nicht gefährden. Sogar ein Nachwuchstrainer erzählt dem Kleinen, der bei einem Stand von drei Balls, zwei Strikes am Schlagmal steht: „Ein Walk ist so gut wie ein Schlag!“ Als ich selbst noch in der Kinderliga spielte, fühlte sich ein Walk aber niemals so gut an wie ein Schlag, selbst wenn der Schlag ins Aus ging.

1920 schlug Babe Ruth mehr Home Runs für die New York Yankees als die Spieler aller anderen Mannschaften zusammen. Nach Ablauf der Saison bauten die Yankees ihr Stadion, das als „das Haus, das Ruth baute“ bekannt wurde.

Es gibt drei Gründe, warum manche Menschen sich mit Walks oder einem beliebigen Base zufrieden geben, obwohl sie Home Runs schlagen könnten:

1. Sie glauben, sie könnten keine Home Runs schlagen.
2. Sie wissen nicht, wie man einen Home Run schlägt.
3. Sie gehen nur ungern ein Risiko ein und geben sich mit einem Schlag oder einem Walk zufrieden, statt einen Home Run zu versuchen.

Lassen Sie uns zu Babe Ruth zurückkehren und herausfinden, was er tat, um die drei häufigsten Ausflüchte zu besiegen, die Menschen benutzen, um beruflich oder privat keinen Home Run wagen zu müssen. Babe liebte Statistiken. Als er entdeckte, dass sich laut Statistik nur drei Prozent der Bevölkerung Ziele setzten, um ihre Vorhaben in die Tat umzusetzen, und diese drei Prozent im Durchschnitt doppelt so viel verdienten wie diejenigen, die keine Ziele hatten, beschloss er auf der Stelle, dem „Drei-Prozent-Club“ beizutreten. Babe setzte sich das Ziel, zum besten Baseballspieler seiner Zeit „befördert“ zu werden, und er schaffte es!

Joe E. Lewis, 14 Jahre lang Boxweltmeister im Schwergewicht, sagte einmal: „Man lebt nur einmal. Aber wenn man es richtig anstellt, ist einmal genug.“

Setzen Sie Ihren Plan in die Tat um

Das Wort „verwirklichen“ ist eines der stärksten Verben und beschreibt das, was vielen Menschen am schwersten fällt. Ein Plan ist vergleichsweise schnell erstellt. Ihn auch erfolgreich zu verwirklichen ist etwas ganz anderes. Den Kern des in der Einleitung erwähnten Einflussbereiches bildet Ihre Fähigkeit, sich selbst gegenüber Verpflichtungen einzugehen und einzuhalten, was gleichzeitig die Grundlage Ihrer Beförderung ist. Die Gabe der Selbsterkenntnis ermöglicht es Ihnen, sich Ihrer Stärken und Schwächen bewusst zu werden, verbesserungsfähige Bereiche zu erkennen und die Gebiete ausfindig zu machen, auf denen sie Ihr Können umgehend zugunsten Ihrer Karriere einsetzen können. Ich habe Sie gelehrt, Ihre Stärken und Ihre Schwächen zu erkennen, und einige Vorschläge gemacht, wie Sie bei Ihrer persönlichen Karriereplanung die richtigen Prioritäten setzen.

Indem Sie Ihren Karriereplan umsetzen, bauen Sie langsam eine innere Integrität auf, die Ihnen ein Bewusstsein für Selbstkontrolle und Mut gibt und Ihnen die Kraft verleiht, mehr Verantwortung für Ihre Beförderung zu übernehmen. Die Kraft, sich selbst gegenüber Verpflichtungen einzugehen und diese dann auch einzuhalten, steht im Zentrum Ihrer Karriereplanung und ist die Grundvoraussetzung für Ihre Beförderung. Wenn Sie einen soliden Karriereplan verwirklichen möchten, müssen Sie gut organisiert sein. Im nächsten Kapitel werde ich Sie in die Kunst der Organisation, die erste der sieben Schlüsselqualifikationen, einführen.

Erfinden Sie sich selbst! Entscheiden Sie, wofür Sie bekannt sein möchten. Was ist Ihnen besonders wichtig und auf welchem Gebiet möchten Sie am meisten bewegen? Auf diese Weise bekommen andere Menschen einen Bezug dazu, wer Sie sind und was Sie können. Können sie gut mit Menschen umgehen? Finden Sie gerne kreative Lösungen für unlösbare Probleme? Vielleicht entwickeln Sie lieber Systeme zur Abwicklung von Arbeitsabläufen. Vertrauen Sie auf Ihren Instinkt und richten Sie einen Teil Ihrer Energie auf die Bereiche, die für Sie und Ihre beruflichen Ziele wichtig sind.

2 Sich selbst organisieren

Der *Zauberer von Oz* war in der Tat ein großartiger und inspirierender Film. Um nach Oz zu gelangen, wo sich all ihre Wünsche erfüllen sollten, musste Dorothy lediglich der gelb gepflasterten Straße folgen. Der Film erinnert mich an den Arbeitsmarkt der 80er Jahre, als man noch regelmäßig befördert wurde, ohne etwas dafür tun zu müssen. Es genügte, körperlich anwesend zu sein. Aber wehe, man plante eine Veränderung, die es erforderlich machte, sich von lieb gewordenen Gewohnheiten zu trennen und neue Wege zu gehen. Damit konnte man seine Chancen auf eine Beförderung sehr schnell verspielen.

Inzwischen liegen die 90er Jahre hinter uns, und Sie haben sicher bemerkt, dass die gelb gepflasterte Straße herausgerissen und durch eine Schnellstraße ersetzt wurde. Wer sich noch auf der gelben Straße wähnte, blieb auf der Strecke, als sich die Unternehmen mit Lichtgeschwindigkeit „gesund schrumpften" – die Karriere und das Leben der Betreffenden waren zerstört. Entweder man überlebte die Kürzungen und lernte härter zu arbeiten, oder man landete zusammen mit anderen Relikten aus grauer Vorzeit vor der Tür. Wir alle haben diese Entwicklung hinter uns, und wir wollen ganz sicher nicht zurück nach Oz.

Vielleicht sind die Narben auf Ihrem Rücken noch frisch. Dennoch können Sie nicht umhin sich zu fragen: „Was muss ich tun, um trotz der härteren Konkurrenz befördert zu werden und meinen Aufstieg auf der Karriereleiter fortzusetzen?" In diesem Kapitel werde ich Ihnen bei den kritischen Fragen aus dem Bereich der Organisation helfen, die Sie sich stellen müssen, wenn Sie die Masse hinter sich lassen und befördert werden möchten. Wenn Sie nicht in der Lage sind sich zu organisieren – und ich meine bis zu einem Grad, wo Sie so effizient arbeiten wie ein optimal eingestellter Rennwagen beim Indy-500-Rennen –, wird das Ihre Chancen, Ihre beruflichen Ziele zu erreichen, erheblich schmälern.

Ein Organisationsplan ist entscheidend für Ihren Erfolg

Jeder weiß, dass er sich besser organisieren sollte, aber was bedeutet es eigentlich, „organisiert" zu sein? Wir sagen gerne: „Ich bin organisiert, weil ich ein Ziel habe und immer weiß, was ich tue." Bitten Sie einen Menschen, der das zu

Ihnen sagt, Ihnen von seinem oder ihrem Langzeitplan zu erzählen. In den meisten Fällen stellt sich heraus, dass dieser „Plan“ in Wirklichkeit nur heiße Luft ist. Er wurde weder schriftlich fixiert noch enthält er genaue Ziele, und es dürfte Ihnen schwer fallen, eine Art Karrierefahrplan zu erkennen.

Wenn Sie Ihren Plan nicht schriftlich festlegen und durch eine Art tägliches, wöchentliches oder monatliches Kontrollsystem ergänzen, verringert das Ihre Chancen, Ihr berufliches Ziel zu erreichen, um 80 Prozent oder mehr. Denn dann ist Ihr Plan nur eine Aneinanderreihung von Wörtern, gestützt auf ein paar fadenscheinige Erklärungen. Ein richtiger Organisationsplan enthält genau definierte Aufgaben und Ziele, damit man jederzeit prüfen kann, ob man sich noch auf dem richtigen Weg befindet.

Sie müssen bereit sein, Ihren Fortschritt an objektiven Kriterien zu messen, die Ihnen sagen, ob Sie auf dem richtigen Weg sind und in die richtige Richtung marschieren. Eine Beförderung ist ein vielschichtiger Prozess, für den man täglich etwas tun muss. Bis auf wenige Ausnahmen verfügt kaum jemand über die geistige Kapazität, sich alle anstehenden Aufgaben eines Tages sowie jede Menge Feedback zu merken, mit dem Sie sich auseinander setzen müssen, wenn sie ihr Ziel erreichen möchten.

Setzen Sie sich Etappenziele

Ihre Ziele sind die treibende Kraft, die dafür sorgt, dass Sie Ihren Beförderungsplan auch umsetzen. Den meisten Menschen fällt es leicht, ein paar Ziele aufzusagen. Doch meist sind dies leere Versprechen. Für jedes Ziel, das sie tatsächlich erreichen, gibt es Millionen von Zielen, die Sie nicht einmal in Angriff nehmen. Sie können diese Falle umgehen, wenn Sie über folgenden Satz nachdenken: „Die Zukunft bestimmt, was wir heute tun!“ Bill Gates sah die Zukunft in einem kleinen Computerprogramm namens DOS-IBM nicht. Gates setzte sich systematisch Ziele, die ihn dorthin bringen sollten, wo er hinwollte, und Sie können sicher sein, dass er das bis heute so handhabt.

Leider verwechseln wir das angestrebte Endergebnis gerne mit kurzfristigen Etappenzielen. Am Beispiel unseres Verkäufers würde das bedeuten, dass sein Wunsch, zum stellvertretenden Verkaufsleiter befördert zu werden, das Endziel und kein Etappenziel ist. Etappenziele sind die Zwischenstationen, die Sie auf Ihrem Weg zum Endziel passieren müssen. Wenn Sie keine exakten, klar definierten Etappenziele haben, werden Sie Ihr Endziel nie erreichen. Dann ähneln Sie einem Schiff, das ziellos im Meer umhertreibt, statt auf den auf der Karte markierten Punkt zuzusegeln.

Der große französische Naturalist Jean-Henri Fabre machte ein ungewöhnliches Experiment mit Eichenprozessionsspinnern. Diese Raupen folgen blind ihrem Vordermann und haben dieser Eigenart auch ihren Namen zu verdanken. Fabre ordnete sie auf dem Rand eines Blumentopfes sorgfältig im Kreis an. In die Mitte des Topfes legte er Kiefernnadeln, die Nahrung des Eichenprozessionsspinners. Die Raupen kreisten so lange um den Blumentopf, bis sie tot vom Rand kippten. Sie waren verhungert, obwohl es weniger als 15 Zentimeter von ihnen entfernt mehr als genug Nahrung für sie gab. Sie waren verhungert, weil sie „beschäftigt sein" mit „etwas leisten" verwechselten.

Viele Menschen machen denselben Fehler, wenn sie sich lediglich ein Endziel setzen, denn sie erleben dann nur einen Ausschnitt dessen, was das Leben zu bieten hat. Sie verpassen unzählige Karrierechancen, die sich direkt vor ihrer Nase befinden, weil sie blindlings der Masse auf ihrem Weg ins Nirgendwo folgen. Der Grund dafür ist, dass sie eigentlich gar keine Ziele haben und erst, wenn man sie danach fragt, spontan welche erfinden. Für die Karriere ist es entscheidend, dass man sich bedeutungsvolle Etappenziele stellt, da das erfolgreiche Erreichen dieser Etappenziele letztendlich dem Erreichen des Karriereziels vorausgeht.

In Kapitel 1 haben wir herausgefunden, welche Schlüsselqualifikationen unser hypothetischer Verkäufer glaubt, sich aneignen zu müssen, um sein Endziel, die Position des stellvertretenden Verkaufsleiters, zu erreichen. Welche Etappenziele muss er sich setzen, um seine Chancen am Ziel anzukommen, zu erhöhen? Aus den Testergebnissen wissen wir, dass er eine Schwäche im Bereich Kommunikation (Präsentationen) hat, die sein Fortkommen an seinem derzeitigen Arbeitsplatz behindert und seine Aussichten auf eine Beförderung verringert. Ein sinnvolles Etappenziel für ihn könnte deshalb sein, innerhalb eines festen Zeitrahmens, beispielsweise innerhalb von drei Monaten, zu lernen, wie man Präsentationen vorbereitet und hält. Dieses Etappenziel muss er nun in einzelne Aufgaben und Ereignisse untergliedern, die Aktivitäten wie den Besuch eines Seminars zu diesem Thema oder die Mitgliedschaft in einer Rednervereinigung einschließen.

Und wie weiß unser Verkäufer, dass er sein Ziel, erfolgreiche Präsentationen zu halten, erreicht hat? Vielleicht weil er auf den Tag genau drei Monate später eine offizielle Präsentation vor seinen Kollegen hält. Er könnte sie zudem bitten, seine Präsentation zu beurteilen und einen speziell darauf zugeschnittenen Fragebogen auszufüllen. Unabhängig davon, wie *Ihre* Etappenziele aussehen – wichtig ist, dass Sie etwas dafür tun. Dann werden Ihre Etappenziele zu Meilensteinen auf dem Weg zu Ihrem großen Ziel.

Verinnerlichen Sie das Motto Ihrer Firma

Unternehmensziele sind gemeinsame Absichtserklärungen für Zwecke oder Ziele eines Unternehmens. Diese Ziele können in Verordnungen, Chartas, Aussagen zur Unternehmenspolitik festgehalten sein. Manchmal findet man sie auch auf der Rückseite der Visitenkarten der Angestellten. Meist handelt es sich um eher allgemeine Aussagen zur Mission oder dem Zweck des Unternehmens. Manchmal werden sie aber auch wie ein richtiges Ziel formuliert. Unternehmensziele geben Antwort auf die Fragen, warum es das Unternehmen gibt und was seine Aufgabe ist. Damit Sie sehen, wie Unternehmensziele funktionieren und wie Sie mit ihrer Hilfe Ihr Ansehen in der Firma steigern können, zeige ich Ihnen, wie Western Industries seine Unternehmensziele handhabt.

z.B. Western Industries ist ein eingeführter Produktionsbetrieb, und jeder Angestellte kann die Mission des Unternehmens auf der Rückseite seiner Visitenkarte nachlesen. Sie lautet: „Unsere Mission ist es, Marktführer in Produktion und Verkauf von schwerem Extraktionsgerät zu werden." Um dieser Mission gerecht zu werden, hat das Unternehmen eine Reihe von Zielen erarbeitet, die den Marktanteil ihrer Kipper um sechs Prozent erhöhen sollen. (Wenn Sie sich erst einmal mit der Mission Ihres Unternehmens vertraut gemacht haben, fällt es Ihnen sehr viel leichter, Ihre persönlichen Prioritäten so zu setzen, dass sie sich mit den Zielen Ihres Unternehmens decken.)

Nehmen wie einmal an, Sie hätten einen brillanten Vorschlag, wie Western Industries mehr Kipper verkaufen könnte. Bei einem Treffen des obersten Führungsstabs stellen Sie Ihre Idee mit folgenden einleitenden Worten vor: „Meine Damen und Herren, ich möchte Ihnen eine Idee vorstellen, die mit der Mission unseres Unternehmens, den Marktanteil unserer Kipper zu erhöhen, in Einklang steht." Sehen Sie sich an, was Sie mit dem geschickten Einsatz der beiden Schlüsselqualifikationen Organisation und Kommunikation erreicht haben: Sie haben zum einen bewiesen, dass Sie gut organisiert sind, weil sie mithelfen, ein wichtiges Unternehmensziel zu erreichen. Zum anderen haben Sie mit Ihrem Eröffnungssatz die Aufmerksamkeit der Anwesenden erregt, weil Sie unmissverständlich klargemacht haben, dass Ihre Idee helfen kann, die Mission des Unternehmens zu erfüllen.

Nehmen Sie sich dreimal am Tag fünf Minuten Zeit, um Ihre Etappenziele zu überprüfen. Verwenden Sie jeden Morgen fünf Minuten auf die Überprüfung von Routinezielen und darauf, was Sie im

Laufe des Tages tun werden, um sie zu erreichen. Routineziele sind die Fortsetzung dessen, was Sie bereits tun oder was von Ihnen erwartet wird. Verbringen Sie jeden Nachmittag weitere fünf Minuten damit, die Etappenziele zu prüfen, die Sie sich zur Lösung von Problemen gesteckt haben. Was können Sie heute tun, um vordringliche Probleme zu beseitigen? Zu guter Letzt nehmen Sie sich jeden Abend fünf Minuten Zeit, Ihre persönlichen Ziele zu überprüfen und das, was Sie an diesem Tag getan haben, um ihnen ein Stückchen näher zu kommen. Diese Übungen nehmen nicht sehr viel Zeit in Anspruch und werden Ihnen helfen, sich auf Ihre Ziele zu konzentrieren.

Wenn Sie sich selbst keine Etappenziele setzen, die sie unablässig und mit geradezu religiösem Eifer verfolgen, untergraben Sie Ihre Chancen, jemals befördert zu werden. Etappenziele setzen sich aus all den Dingen zusammen, die Sie tun müssen, um in einem beliebigen Unternehmen Karriere zu machen.

Geben Sie Ihr Bestes

Was halten Sie von der Aussage, dass der Mensch nur einen sehr geringen Teil seines Potenzials nutzt? Inwieweit das auf andere zutrifft, lässt sich unschwer erkennen, aber wie steht es mit uns selbst? Die meisten Menschen gestehen sich ihre bislang ungenutzten Talente nur ungern ein. Und doch wissen sie intuitiv, dass sie ihrem tatsächlichen Potenzial nicht gerecht werden. Haben Sie jemals gedacht: „Wie konnte ich das nur vermasseln? Eigentlich weiß ich doch, wie's geht!"? Vielleicht hilft es, wenn ich Ihnen sage, dass Sie nicht der einzige Mensch sind, der schon einmal diesen Gedanken hatte.

Der amerikanische Psychologe William James sagte: „Die Menschen nutzen nur zehn Prozent ihres Potenzials – und das ist vermutlich hoch gegriffen." Selbst wenn Sie nicht zum Durchschnitt gehören und mehr als zehn Prozent Ihrer Möglichkeiten nutzen, gibt es immer noch einen Unterschied zwischen dem, was Sie leisten könnten, und dem, was Sie tatsächlich leisten. Vielleicht fällt es Ihnen schwer, sich damit auseinander zu setzen, aber im Bereich Organisation ist das der erste große Schritt, zu dem Sie bereit sein müssen. Er wird Ihre Chancen auf eine Beförderung erhöhen und sichert Ihren Erfolg, wenn Sie es erst geschafft haben.

Hatten Sie je das Gefühl, sich auf eine der wichtigsten Reisen Ihres Lebens zu begeben? Als Sie von diesem Gefühl überwältigt wurden, konnten Sie da das Ziel Ihrer Reise nicht deutlich vor sich sehen, und wussten Sie nicht genau, auf welchem Weg Sie es erreichen würden? Sie sahen mit überwältigender Klarheit, was Sie erreichen wollten, und wussten ganz genau, was Sie dafür tun mussten. Wenn Sie diese Erfahrung schon einmal gemacht haben, ist Ihnen gelungen, was die Psychologen einen Durchbruch nennen. Ein Durchbruch ermöglicht es Ihrem inneren Gewinner, zum Vorschein zu kommen und den Großteil Ihrer wichtigen Ziele zu erreichen.

Erfüllt es Sie mit Begeisterung, wenn sie sich vorstellen, dass Sie Ihr volles Potenzial nutzen? Damit meine ich nicht, dass Sie besser oder erfolgreicher sein sollen als jemand anderes, denn das ist relativ und ohne Bedeutung. Sie wissen, wer Sie sind und wie gut Sie heute sind. Die wahre Herausforderung liegt darin, dass Sie Ihre Entwicklung selbst in die Hand nehmen und Ihr Bestes geben.

! Haben Sie sich in der letzten Zeit neue Fähigkeiten angeeignet? Denken Sie unternehmerischer als vor einem Jahr? Haben Sie die Kunst gemeistert, Entscheidungen zu fällen? Und um wie viel ist Ihr „Marktwert" in den letzten 90 Tagen gestiegen? Falls Sie in den letzten sechs Monaten nichts dazugelernt haben, wird man Sie wohl kaum befördern – es sei denn, Sie können diese Tatsache vor den Menschen geheim halten, die über ihren beruflichen Aufstieg entscheiden. Bei einer Beförderung geht es darum, dass Sie Ihr persönliches Wissen vermehren und Ihre Qualifikationen verbessern. Und das ist nicht nur eine weitere nette Idee, sondern es entscheidet über Ihre Karriere, da Ihr Wert für das Unternehmen davon abhängt. Wenn Sie nichts dazulernen, wenn Sie die Verantwortung für Ihre Entwicklung ablehnen und Ihren Stärken und Schwächen lieber nicht ins Auge sehen möchten, finden Sie sich schnell auf den Zuschauerrängen wieder. Sie sollten den Ernst der Lage nicht verkennen, denn es handelt sich um eine globale Entwicklung. Wenn Sie Karriere machen möchten, müssen sie bereit sein etwas zu leisten. Sie müssen sich der Teamarbeit verpflichtet fühlen, Risiken eingehen, Ihre Fähigkeiten anpassen und Ergebnisse vorweisen können.

Schöpfen Sie Ihr Potenzial voll aus

Bevor wir uns mit den Techniken beschäftigen, die Ihnen helfen sollen, Ihr Potenzial voll auszuschöpfen, möchte ich ein paar Begriffe erläutern. Was genau ist dieses Potenzial? Ihr Potenzial ist die Summe aus Ihren angeborenen Talenten, Ihrem gesammelten Wissen und Ihrer Motivation, Körper, Geist und Seele produktiv einzusetzen. Ich glaube, jeder Mensch wird motiviert geboren, auch wenn viele so tun, als träfe das auf sie nicht zu. Oft hindert uns etwas daran, unser angeborenes Potenzial auszuschöpfen und Hervorragendes zu leisten.

Wenn wir davon ausgehen, dass der Mensch sein Potenzial voll und ganz ausschöpfen möchte, wieso tut er es dann nicht? Was bringt einen Verkäufer dazu, eine halbe Stunde herumzusitzen und das Telefon anzustarren, bevor er einen potenziellen Kunden anruft? Warum machen wir unsere Steuererklärung in letzter Minute, wenn wir mehrere Monate Zeit dafür haben? Weil wir Menschen vorwiegend von unseren Gefühlen beherrscht werden. Positive Gefühle bringen das Potenzial, das jemand hat, zum Fließen. Negative Gefühle, zum Beispiel das unangenehme Gefühl, das die Steuererklärung auslöst, blockieren diesen Fluss. Wenn Sie sich die Bereiche Ihres Lebens ansehen, in denen es wirklich gut läuft, werden Sie vermutlich feststellen, dass das genau die Bereiche sind, in denen Ihnen das, was Sie tun, ein sehr gutes Gefühl vermittelt. Sie arbeiten mit positiven Gefühlen, nicht mit negativen, um die Aufgabe zu erledigen.

Sehen wir uns die Kehrseite der Medaille an. Welche negativen Gefühle haben unseren Verkäufer davon abgehalten, den Hörer abzuheben? Höchstwahrscheinlich war es Angst; Angst vor Misserfolg, Angst vor Zurückweisung oder vielleicht eine Mischung aus beidem. Warum warten Sie manchmal bis zur letzten Minute, ehe Sie eine Aufgabe erledigen? Vielleicht weil Sie wütend sind, dass man Ihnen diese Aufgabe überhaupt übertragen hat, oder Sie Ihrem Chef, den Sie nicht leiden können, auf diese Weise eins auswischen möchten.

Bei allen diesen Beispielen handelt es sich um normale menschliche Gefühle. Erlaubt man es diesen Gefühlen jedoch sich anzustauen, übernehmen sie leider das Regiment und halten uns davon ab, unser Bestes zu geben. Das kann uns letzten Endes die Beförderung kosten. Negative Gefühle blockieren den Fluss Ihres Potenzials. Sind Sie jemals mit angezogener Handbremse gefahren? Erinnern Sie sich, was passierte, als sie es plötzlich bemerkten und die Bremse lösten? Auf einmal fuhr Ihr Wagen wieder ganz normal und Sie machten sich Vorwürfe, weil Sie die Bremse nicht schon vor dem Losfahren gelöst hatten.

In unserem Leben ist es ganz ähnlich. Wir alle fahren mit angezogener emotionaler Handbremse, wenn es gilt, ein Problem zu lösen. Wir ballen die Fäuste und treiben uns immer wieder zu besseren Leistungen an. Jeder von uns hat es schon auf diese Tour versucht, doch meistens funktioniert es nicht.

Denn der Versuch, sich noch härter zu schinden, kann sich als Bumerang erweisen und den Grad unserer Unzufriedenheit auf neue Rekordhöhe schnellen lassen. Besser wäre es, sich mit dem eigenen emotionalen Bremssystem vertraut zu machen und zu lernen, wie man die Bremsen löst, die eine freie Entfaltung unseres Potenzials verhindern.

Folgende sechs Techniken sollen Ihnen dabei helfen, die Bremsen zu lösen:

Wachsen Sie wie Unkraut. Wo das Lernen aufhört, fängt das Sterben an. Wer Hervorragendes leistet, findet es aufregend zu lernen und zu wachsen, um so gut zu werden wie nur möglich. Lernen Sie gerne etwas dazu? Haben Sie zu Hause Ihre eigene Bibliothek mit Ratgeber-Büchern, die Sie regelmäßig lesen? Hören Sie morgens auf dem Weg zur Arbeit Weiterbildungs- und Motivationskassetten? Setzen Sie sich bei einem Trainingsprogramm oder einem Seminar grundsätzlich in die erste Reihe, damit Ihnen nichts entgeht? Entscheiden Sie sich jetzt dafür, so viel wie möglich zu lernen.

Entwickeln Sie Selbstwertgefühl. Ihr Selbstwertgefühl sagt Ihnen, wie sehr Sie sich selbst schätzen und für wie wertvoll Sie sich halten. Es zeigt Ihnen an, wie sehr Sie sich dessen bewusst sind, ein guter Mensch zu sein und Hervorragendes leisten zu können. Eine Möglichkeit, das eigene Selbstwertgefühl zu stärken, ist, sich an Situationen zu erinnern, in denen Sie stolz auf sich waren, in denen Sie das Gefühl hatten etwas geleistet zu haben. Sagen Sie sich: „Was ich einmal geschafft habe, kann ich wieder tun." Geben Sie Ihrem Selbstwertgefühl Aufschwung, indem Sie sich verbieten, in längst vergangenen Fehlern aufzugehen und negativen Erlebnissen dadurch noch mehr Macht zu geben. Betrachten Sie es stattdessen als positive Erfahrung, aus Ihren Fehlern zu lernen, und stellen Sie sich der nächsten Herausforderung.

Finden Sie Gleichgesinnte. Sie können Ihr Selbstwertgefühl auch aufbauen, indem Sie die Unterstützung einer offiziellen oder privaten Gruppe suchen. Eine Gewerkschaft könnte eine geeignete offizielle Vereinigung sein. Privat finden Sie möglicherweise im Familien- oder Freundeskreis Unterstützung. In der Gruppe wächst Ihr Selbstwertgefühl dadurch, dass Sie anderen etwas von Ihrem Selbstwertgefühl abgeben und dafür etwas von deren Selbstwertgefühl zurückbekommen. Helfen Sie anderen Menschen einfach und unbürokratisch sich besser zu fühlen. Ein Mensch, der sich Ihretwegen besser fühlt, wird alles für Sie tun.

Lernen Sie, Belastungen zu lieben. Eine der interessantesten Eigenschaften der Führungsspitzen unserer Tage ist ihre positive Haltung gegenüber dem Stress. Sie lieben ihn! Lernen Sie, sich allen an Sie gestellten Forderungen bereitwillig zu stellen. Man kann Termine, schwierige Probleme und die Notwendigkeit, sich Veränderungen anzupassen, auch als anregende Herausforderungen betrachten. Wer sich angewöhnt, Stress als positive Triebfeder zu sehen, wird befördert.

Werden Sie Optimist. Ein weiterer Schlüssel zu Spitzenleistungen ist die Fähigkeit, sich an allem, was man tut, zu freuen. Wer das Leben optimistisch sieht, wird von seiner Energie morgens geradezu aus dem Bett katapultiert. Optimisten bewältigen ihren Tag mit Humor, und es macht Spass, mit ihnen zusammen zu sein. Deshalb fragen andere sie auch gerne um Rat und betrauen sie mit anspruchsvollen Aufgaben. Außerdem leben Optimisten gesünder als Pessimisten, da positive Gefühle mit dazu beitragen, dass wir gesund bleiben.

Übernehmen Sie Verantwortung. Wer sich damit anfreundet, die Konsequenzen für sein Tun zu tragen und die Verantwortung für seine Entscheidungen zu übernehmen, wird in Spitzenpositionen Hervorragendes leisten. Diese Menschen behalten Bewährtes bei und korrigieren, was nicht funktioniert. Menschen, die im Gegensatz dazu kaum Verantwortung übernehmen, werden auch nur selten befördert. Wenn alles gut gelaufen ist, können sie nicht sagen, was für den Erfolg ausschlaggebend war. Und wenn etwas schief läuft, finden sie immer einen Sündenbock.

Richten Sie in der nächsten Woche Ihre Aufmerksamkeit jeden Tag auf eine andere dieser sechs Techniken und entwickeln Sie so Ihr volles Potenzial. Beginnen Sie jeden Tag mit dem festen Vorsatz, in mindestens einem dieser Bereiche zu wachsen. Suchen Sie im Laufe des Tages nach Möglichkeiten, anderen Menschen gegenüber eine positive Haltung einzunehmen, und entdecken Sie, wie positiv sich das auf Sie auswirkt. Überprüfen Sie Ihre Fortschritte am Ende der Woche. Sie sollten wichtige positive Veränderungen feststellen, die Sie Ihrem Ziel, Ihr volles Potenzial auszuschöpfen, sowie der gewünschten Beförderung ein weiteres Stück näher bringen.

Denken Sie positiv

Während Sie an Ihrer Karriere basteln, werden Sie mit Situationen konfrontiert, die Stress und Angst auslösen. Sie müssen knappe Termine einhalten, sich gegenüber harter Konkurrenz behaupten und erleben, dass Kollegen Ihnen in den Rücken fallen. Und Sie werden mehr Informationen verdauen müssen, als Ihr Gehirn verarbeiten will. Echte Überflieger wissen, dass sie nur dann immer einen kleinen Schritt voraus sind, wenn sie den Dingen die richtige Bedeutung beimessen. Es kann vorkommen, dass Sie sich nach einer gut gelösten Aufgabe selbst auf die Schulter klopfen müssen, weil niemand sonst es tut. Und manchmal, wenn Sie einen dummen Fehler gemacht haben, müssen Sie sich selbst dafür in den Hintern treten.

Man kann nicht immer gewinnen. Leider neigen viele Menschen dazu, sich ihre Verluste zu sehr zu Herzen zu nehmen und die Siege als selbstverständlich zu betrachten. Wenn Sie nur das Schlechte sehen und das Gute ignorieren, schätzen Sie Ihre Lage falsch ein. Sie laufen Gefahr, in einen Teufelskreis zu geraten und das Gefühl, nicht gut genug zu sein, immer mehr zu verstärken. Wenn Sie sich weiter nur mit Ihren Fehlern beschäftigen, werden Sie bald daran zweifeln, dass Sie überhaupt etwas gut machen – und leider gilt das auch für den Job, den Sie sich wünschen.

Analysieren Sie regelmäßig Ihre Situation. Machen Sie eine Aufstellung aller Gewinne und Verluste, um einen korrekten Überblick zu bekommen, wie gut oder schlecht Sie sich schlagen. Vermutlich stehen Sie sehr viel besser da, als Sie dachten. Wenn Sie jedoch in der Tat zu dem Schluss kommen, dass Sie an Boden verloren haben, machen Sie kein Geheimnis daraus. Finden Sie so genau wie möglich heraus, was Sie falsch gemacht haben und was Sie tun können, um die Situation wieder gerade zu biegen. Wenn Sie feststellen, dass es „Schnee von gestern" ist und Sie nichts tun können, um die Situation zu korrigieren oder zu ändern, gehen Sie zur Tagesordnung über. Gewinner gestehen ihre Fehler ein, stören sich aber nicht weiter daran, da sie immer aus ihnen lernen. Betrachten Sie die Angelegenheit als Lernerfahrung und verfolgen Sie Ihre Ziele unbeirrt weiter.

Halten Sie an Ihren Prioritäten fest

Polieren Sie den Stein, aber versuchen Sie nicht ihn umzuschleifen. Sicher wurden Sie schon einmal mit gut gemeinten Ratschlägen überhäuft: effizienter werden und sich besser organisieren, andernfalls würden Sie womöglich auf der Strecke bleiben. Wenn Sie versuchen, alle Löcher in Ihrem Karriereplan auf einmal zu stopfen, folgt der Verdruss auf dem Fuße. Außerdem hält sie das womöglich davon ab, weiter an Ihren Stärken zu arbeiten, den Stein zu polieren.

z.B Das folgende typische Beispiel soll zeigen, wovon ich spreche. Der Schreibtisch meines Partners Dan sieht immer aus, als sei Hurrikan Elva gerade darüber hinweggefegt. Dans Chaos treibt mich in den Wahnsinn. Schließlich ist mein Schreibtisch der Inbegriff von Ordnung, bei mir hat alles seinen Platz. Der Hefter liegt seit zehn Jahren an derselben Stelle und ich könnte ihn auch mit verbundenen Augen mühelos finden. Ich hörte also auf all die klugen Ratschläge und überzeugte Dan davon, dass es an der Zeit sei, Ordnung in sein Chaos zu bringen. Ich engagierte sogar einen Berater, der ihm helfen sollte, sich besser zu organisieren und seine Zeit besser einzuteilen. Er sollte Dan einen Tag lang beobachten und ihm anschließend eine Reihe von Tipps geben. Am Ende des Tages überreichte der Berater Dan einen Wochenplaner, erklärte ihm, wie man ihn benutzt, wie man Prioritäten setzt und wie er seinen Schreibtisch aufzuräumen habe. Der Berater versuchte, den Stein umzuschleifen.

Nachdem Dan sich einen Monat an diese Empfehlungen gehalten hatte, war er zwar ein kleines bisschen besser organisiert, dafür klagte er täglich über Kopfschmerzen, und sein Nettoeinkommen war um ein Viertel gesunken. Außerdem war er unausstehlich. In unserer Verzweiflung trafen wir uns in der örtlichen Kneipe und nach ein paar Gläsern Bier dämmerte uns beiden allmählich, dass es ihm niemals gelingen würde, Ordnung zu halten. Von da an kehrte das bekannte Chaos auf Dans Schreibtisch zurück, sein Tagesplaner setzte in der Schublade Staub an, und sein Nettoeinkommen war wieder so, wie es sein sollte. Wir lernten daraus, dass das Wichtigste bei der Organisation ist, auf die Prioritäten zu achten. Organisation muss nicht bei allen Menschen das Gleiche bedeuten. Wichtig aber ist, dass man in seiner Organisationsform seinen Prioritäten systematisch Rechnung trägt. Polieren Sie den Stein, statt zu versuchen ihn umzuschleifen!

Behalten Sie den Überblick

Haben Sie jemals vergeblich versucht, in einem Restaurant die Aufmerksamkeit des Kellners zu erhaschen? Nachdem er Ihnen das Steak gebracht hatte, stellten Sie fest, dass die Soße fehlte. Und den Wein hätten Sie eigentlich gerne zum Essen getrunken, nicht danach. Vielleicht hatten Sie es auch eilig und wollten einfach nur die Rechnung. Besonders ärgerlich war, dass dieser Kellner immerzu um Sie herum war, aber aus unerfindlichen Gründen nicht in Ihre Richtung schaute. Er hatte ein eingeschränktes Gesichtsfeld. Er wollte Sie nicht sehen, denn dann hätte er auf Ihre Bitte um besseren Service reagieren müssen.

Viele Menschen sind ebenso unfähig wie dieser Kellner, doch ihre schlechte Leistung ist nicht nur auf die Scheuklappen zurückzuführen, die sie sich selbst angelegt haben. Viele Menschen sind nicht fähig, ihre Unterstützung gezielt anzubieten. Hatten Sie je einen Lehrer oder Professor, der sogar die Fragen beantwortete, die niemand gestellt hatte? Der wild entschlossen schien, Dinge zu erzählen, die niemand hören wollte, statt die nötigen Informationen zu vermitteln? Auch er hatte ein eingeschränktes Gesichtsfeld.

Lassen Sie nicht zu, dass es Ihnen beim Erklimmen der Karriereleiter ähnlich ergeht. Vielleicht glauben Sie, mit den Ihnen vom Chef übertragenen Aufgaben so sehr ausgelastet zu sein, dass Sie Ihr Gesichtsfeld freiwillig einschränken wie der Kellner aus unserem Beispiel. Nehmen Sie sich in einem ruhigen Augenblick etwas Zeit, denken Sie über Ihre Arbeit nach und entdecken Sie erfinderisch Möglichkeiten, Ihr Unternehmen bei der Erfüllung seiner Mission zu unterstützen. Wenn Sie es richtig anstellen, sind Sie der Masse damit haushoch überlegen. Denken Sie immer daran: Wen man nicht sieht, der wird auch nicht befördert.

Bitten Sie fünf Menschen, denen Sie vertrauen und auf deren Meinung Sie Wert legen, Ihre größten beruflichen Schwächen aufzuzählen. Dann bitten Sie sie, die Talente zu nennen, die Ihnen im Privatleben am meisten zugute kommen. Besteht eine Verbindung zwischen beruflichen Schwächen und angeborenen Talenten? Angenommen es fällt Ihnen schwer, sich im Beruf klar und deutlich auszudrücken. Privat können Sie sich mit Menschen aber sehr gut unterhalten. Finden Sie eine Möglichkeit, Ihre angeborenen Talente im Arbeitsumfeld so einzusetzen, dass sie Ihre Schwächen ausgleichen. Auf diese Weise entwickeln Sie möglicherweise Fähigkeiten, von denen Sie nicht einmal geahnt haben, dass Sie dazu in der Lage sind.

Bewahren Sie sich Ihre Integrität

Ihre Integrität ist der Klebstoff, der Ihre Karriere zusammenhält. Laut Duden ist Integrität die Summe aus Makellosigkeit, Unbescholtenheit und Unbestechlichkeit. Ein Wolkenkratzer kann ohne Integrität ebenso wenig aufrecht stehen wie Sie. Integer zu sein bedeutet, die eigenen Werte nicht zu verraten und den direkten Weg zu wählen, wann immer es möglich ist. Welches ist der direkte Weg? Bei der richtigen Entscheidung zu bleiben, selbst wenn Sie wissen, dass sie nicht besonders populär ist.

Warum ist Integrität für Ihre Beförderung wichtig? Wenn die Menschen, die über Ihre Beförderung entscheiden, den Eindruck haben, Sie seien nicht integer, werden Sie nicht befördert. Wenn Sie eine wichtige Führungsposition bekleiden, beinhalten Ihre Entscheidungen ein höheres Risiko als jetzt. Dann wird Ihre Integrität zu einem entscheidenden Kriterium, das Ihre Entscheidungen beeinflusst.

Wenn Sie noch nicht den Posten bekleiden, der Ihnen Ihrer Meinung nach zusteht, sollten Sie Ihre Integrität einmal genau unter die Lupe nehmen. Vielleicht ist sie nicht ganz so makellos, wie Sie glauben. Wenn Sie zu den Menschen gehören, die immer den Mund halten und sich scheuen, ihre Meinung zu kontroversen Themen verlauten zu lassen, dann liegt das Problem vermutlich darin, dass niemand weiß, wie integer Sie sind, oder – schlimmer – man an Ihrer Integrität zweifelt. Immer wenn Sie sich selbst oder anderen gegenüber nicht ehrlich sind, ist Ihre Integrität in Gefahr. Wenn Sie Ihr Wort brechen, verlieren Sie ein Stück Ihrer Integrität. Jeder Fleck auf Ihrer weißen Weste beraubt Sie einer Chance auf Beförderung.

Und so testen Sie Ihre persönliche Integrität:

1. Stellen Sie fest, in welchen fünf Situationen Sie sich in letzter Zeit nicht vollkommen integer verhalten haben.
2. Denken Sie sorgfältig darüber nach, welche Gründe Sie in jeder der oben genannten Situationen dazu bewogen haben, Ihre Integrität zu kompromittieren.
3. Wie gingen die genannten Situationen aus?
4. Wie hätten Sie sich in jeder der genannten Situationen verhalten, wenn Sie sich Ihre Integrität bewahrt hätten?
5. Wäre es auf kurze Sicht besser für Sie gewesen, wenn Sie sich Ihre Integrität bewahrt hätten?
6. Wäre es auf lange Sicht besser für Sie gewesen, wenn Sie sich Ihre Integrität bewahrt hätten?

Ich hoffe aufrichtig, dass Sie, bei Nummer sechs der Integritätsliste angekommen, zu der Schlussfolgerung gelangt sind, dass es in jeder der genannten Situationen besser für Sie gewesen wäre, Ihre Integrität zu bewahren. Vielleicht ist es kurzfristig besser für Sie gewesen, nicht auf Ihrer Integrität zu bestehen, doch auf lange Sicht haben Sie sicher darunter gelitten. Wenn Sie nach dieser Übung immer noch meinen, auf Integrität komme es nicht an, dann wünsche ich Ihnen viel Glück!

Vertrauen Sie auf Ihre Intuition

Wissenschaftler, die unser Gehirn erforschen, sagen, dass wir nur etwa die Hälfte seiner Kapazität nutzen. Dass wir nicht auf unsere Intuition hören, trägt einen großen Teil zu unserer mangelnden geistigen Auslastung bei. Und doch werden Ihnen Spitzenmanager und Generaldirektoren erzählen, sie hätten ihrer Intuition ihre besten Entscheidungen zu verdanken. Selbst wenn Intuition etwas mehr ist als bloß ein Gefühl, lässt sie sich nur schwer mit Logik vereinbaren. Unsere Intuition beruht zu einem gewissen Grad auf einem Wissen, das sich nicht leugnen lässt. Obwohl jeder über Intuition verfügt, gibt es nur einige wenige, die sich offen dazu bekennen und auch danach handeln.

Die folgenden drei Übungen können Ihnen helfen, Ihre Intuition zu entwickeln:

Seien Sie kreativ. Verbringen Sie jeden Tag mindestens eine Viertelstunde in völliger kreativer Stille. Ziehen Sie sich an einen Ort zurück, an dem Sie weder abgelenkt noch gestört werden. Alles, was Sie in dieser Viertelstunde tun müssen, ist, mit sich selbst in Verbindung zu treten. In Ihrer kreativen Viertelstunde haben Sie völlig freie Hand, ob Sie nur aus dem Fenster schauen oder meditieren möchten. Ziel der Übung ist es, dass Sie sich über Ihre eigenen Ideen klarer werden und ein Gefühl der Ruhe und der Zuversicht entwickeln. Mit der Zeit werden Sie Antworten auf Fragen bekommen, die Sie sich bereits seit längerem stellen.

Grenzen Sie Ihre Fragen ein. Die Art, wie Sie die Fragen an Ihre Intuition formulieren, ist sehr wichtig. Wenn Ihre Fragen zu subjektiv sind, werden Sie nicht verstehen, was Ihre Intuition Ihnen sagen will. Die Frage: „Sollte ich diesen Menschen einstellen?", ist zum Beispiel zu vage. Wenn Sie dagegen fragen: „Welche Stärken und Schwächen hat dieser Mensch?", bekommen Sie vermutlich genauere Informationen und können auf dieser Basis eine fundierte Entscheidung treffen. Vermeiden Sie offene Fragen wie: „Werde ich befördert?" Ja, natürlich werden Sie irgendwann in Ihrem Leben befördert. Wenn Sie Ihre Intuition richtig nutzen wollen, müssen Sie präzise Fragen stellen.

Erkennen Sie den Unterschied zwischen Intuition und Angst. Wir müssen lernen, zwischen Intuition und Angst zu unterscheiden. Wenn Ihr Gefühl laut, störend, beängstigend oder beunruhigend ist, ist es vermutlich eher Angst als Intuition. Wenn Ihre Intuition Sie warnen möchte, geschieht das auf sanfte, kontrollierte Weise. Sie wollen zum Beispiel achtlos auf die Straße hinaustreten, aber etwas in Ihrem Inneren warnt Sie, zuerst nach links und rechts zu schauen. Wenn dann ein großer Lastwagen vorbeidonnert, wissen Sie, dass Ihre innere Stimme Sie zur Vorsicht gemahnt hat. Intuition ist immer sanft und unterscheidet sich dadurch von der Angst. Im Gegensatz dazu kann uns Angst zu gänzlich instinktlosen Handlungen veranlassen.

Druck am Arbeitsplatz und mangelndes Vertrauen in die eigenen Fähigkeiten lassen die Intuition verkümmern. Wer sich nicht auf die eigene Intuition verlassen und ihr vertrauen kann, hat einen beschwerlichen Aufstieg auf der Karriereleiter vor sich.

Finden Sie Ihre Vision

Menschen ohne Visionen werden nie zu echten Führungskräften, denn Ihre Vision ist die Triebfeder Ihres beruflichen Ehrgeizes. Und nur wenn Ihre Untergebenen Ihre Vision teilen, haben Sie auch tatsächlich das Kommando in Ihrem Unternehmen. Eine Vision ist ein zwingendes Bild eines möglichen zukünftigen Ereignisses. Vielleicht ist das Ziel kühn gewählt, aber es liegt definitiv im Rahmen des Möglichen. Wenn Sie möchten, dass andere Ihnen bei der Verwirklichung Ihrer Vision helfen, muss sie größer sein als Sie selbst. Das heißt, sie muss dem Wohl Ihres Unternehmens dienen.

Bei Insight Enterprises hat man beispielsweise die Vision, das erfolgreichste Unternehmen der Welt im Direktverkauf von Computerzubehör zu werden. Diese Vision findet man auf der Rückseite der Visitenkarte eines jeden Angestellten. Alles, was in diesem erstklassigen Unternehmen geschieht, ist direkt oder indirekt auf diese Vision ausgerichtet. Sie ist der Grund dafür, dass es das Unternehmen gibt und dass es im Direktverkauf jeden Tag ein bisschen besser wird.

Welche Vision möchten Sie verwirklichen, wenn Sie befördert werden? Die Entwicklung zu einer guten Führungskraft beginnt bei Ihnen und Ihrer ganz persönlichen Vision.

Sie können Ihre Vision nicht erzwingen, denn dann werden Sie ihr nicht folgen. Wenn es Ihnen schwer fällt, Ihre Vision zu finden, lassen Sie sich etwas Zeit und konzentrieren Sie sich auf einen anderen Teil Ihrer Beförderungskampagne. Stellen Sie fest, wie Menschen in Ihrem Bekanntenkreis eine Vision fanden, die ihnen und ihren Unternehmen gute Dienste leistet. Machen Sie sich mit Konzepten und Techniken vertraut, die Ihnen helfen, andere von Ihrer Vision zu überzeugen. Wenn sie sich mit Ihrer Vision identifizieren können und überzeugt davon sind, dass sie dem Wohl aller dient, werden sie ihr folgen.

Erstellen Sie einen Langzeitplan

Jedes Unternehmen, das etwas auf sich hält, hat einen Fünf-Jahres-Plan, der das Ziel vorgibt und das Unternehmen auf Kurs hält. Auch Sie brauchen einen Fünf-Jahres-Plan, der Ihnen zeigt, wo's langgeht. Beginnen Sie mit Ihrer Vorstellung davon, was Sie in fünf Jahren machen werden, und arbeiten Sie sich von dort aus zurück. Wie viel Geld werden Sie verdienen und wie wird Ihr Büro aussehen?

Wo werden Sie leben und für wen werden Sie arbeiten? In welcher Branche werden Sie tätig sein und was werden Sie tun? Welche Position werden sie bekleiden und wem sind Sie unterstellt? Das sind nur einige Fragen, die Sie sich stellen sollten. Finden Sie Ihre eigenen Antworten, dann bekommen Sie eine realistische Vorstellung davon, wo Sie heute in fünf Jahren sein werden.

Nachdem Sie Ihren Fünf-Jahres-Plan schriftlich festgehalten haben, prüfen Sie, ob Ihre kurzfristigen Pläne Sie beim Erreichen Ihres Ziels unterstützen. Wenn nicht, marschieren Sie möglicherweise in die falsche Richtung und müssen Ihre kurzfristigen Pläne unter Umständen entsprechend anpassen.

Im Anschluss sind ein paar Hinweise aufgeführt, die Ihnen bei der Erstellung eines Langzeitplans helfen sollen:

Machen sie große Pläne. Machen Sie große Pläne – aber nicht so groß, dass es Ihnen nahezu unmöglich ist, Ihre langfristigen Ziele auch zu erreichen. Etwas Ehrgeiz schadet nicht, solange Ihre Vorstellungen sich im Rahmen des Möglichen bewegen.

Verwirklichen Sie Ihren Traum. Ihre Träume bilden das Fundament Ihres Ehrgeizes. Was also tun, wenn es die Position, die Sie anstreben, gar nicht gibt? Wenn sie eine wichtige Funktion erfüllt, holen Sie sich die Unterstützung des Generaldirektors, und schon kann es losgehen. Es geschieht jeden Tag.

Gleichen Sie Ihre Planung ab. Stellen Sie sicher, dass Ihre kurz- und langfristigen Karrierepläne auch wirklich miteinander vereinbar sind. Mit jedem Schritt, den Sie auf ein kurzfristiges Ziel zugehen, sollten Sie mindestens einen Aspekt Ihres Langzeitplans unterstützen. Wenn nicht, streichen Sie unnötige Aktivitäten und Aufgaben. Sie haben schließlich keine Zeit zu verschwenden.

Erweitern Sie Ihren Einflussbereich. Beginnen Sie damit, die Zahl Ihrer strategisch wichtigen Kontakte systematisch zu erhöhen. Jeder Kontakt, um den Sie Ihren Einflussbereich erweitern, sollte direkt oder indirekt Ihrer Beförderung dienen. Kontakte, die dieses Kriterium nicht erfüllen, gehören nicht in Ihren Einflussbereich.

Überprüfen Sie jeden Punkt und jede Aufgabe in Ihrem Karriereplan mindestens einmal im Monat. Fragen Sie sich: „Unterstützt mich mein Plan in allen Punkten dabei, mein Ziel zu erreichen?“ Wenn Ihre Antwort „Nein“ lautet, sollten Sie ihn überarbeiten. Wenn Sie Ihren Plan niemals korrigieren, stimmt etwas nicht. Er ist dann entweder zu einfach oder keine echte Herausforderung.

Schützen Sie Ihren guten Ruf

In meinen Seminaren vergleiche ich die Geschäftswelt häufig mit einem riesigen Karrierepoker, bei dem jeder gewinnen möchte. Das ist freilich kein Freibrief für einen Sieg um jeden Preis. Für Spieler, die ein doppeltes Spiel spielen und sich unsauberer Tricks bedienen, ist kein Platz. Sie werden zwar vielleicht befördert, auf lange Sicht sind Sie aber der Verlierer. Es ist nur eine Frage der Zeit, wann Ihr Ruf Sie einholt, und wenn es so weit ist, wird niemand mehr für Sie arbeiten wollen – oder schlimmer – Sie einstellen. Die Mächte der Ewigkeit, in deren Hand Ihre Beförderung liegt, werden ihren Fehler irgendwann bemerken und Sie entlassen.

Wenn Sie sich an die Regeln halten, dürfen Sie niemals vergessen, dass Sie irgendwann unweigerlich auf jemanden treffen werden, der es nicht tut und dem es an Integrität fehlt. Seien Sie auf der Hut! Eine Schlange kann Ihnen großen Schaden zufügen, ehe Sie überhaupt merken, dass Sie gebissen wurden. Solche Menschen können Sie Ihre Beförderung kosten und Ihren Ruf ruinieren, indem sie Lügen und haltlose Gerüchte verbreiten, die ausschließlich darauf abzielen, Ihren Ruf zu zerstören. Und wenn Ihr guter Ruf erst einmal dahin ist, sind sie kein Kandidat mehr für eine Beförderung. Möglicherweise müssen Sie dann sogar kämpfen, um Ihren derzeitigen Job zu behalten.

Das folgende Beispiel schildert, wie so etwas passieren kann. Als ich *The Corporate Game* schrieb, bekam Herr Leere-Versprechungen (Name geändert) von mir den Auftrag, die Kassetten abzutippen, die das Rohmaterial meines Buches darstellten. Damit ich den vom Verlag gestellten Abgabetermin einhalten konnte, war es entscheidend, dass er den Auftrag rechtzeitig ausführte. Herr Leere-Versprechungen schien der Richtige zu sein. Vom Tempo her konnte er mit der Konkurrenz gut mithalten, seine Arbeitsproben waren großartig, und er versprach, den Auftrag innerhalb von zwei Wochen zu erledigen.

Anfänglich hielt er sich an sein Versprechen. Innerhalb von ein paar Tagen ließ seine Leistung jedoch so sehr nach, dass ich zahlreiche Tippfehler fand und sogar ganze Absätze in seinem Manuskript fehlten. Mir war klar, dass er den Auftrag nicht zum vereinbarten Zeitpunkt abliefern würde. Jedes Mal, wenn ich mich bei ihm meldete, sagte er mir, der Auftrag sei zu 90 Prozent fertig, aber als ich am nächsten Tag bei ihm vorbeifuhr, um das fertige Manuskript abzuholen, war er immer noch nicht weiter. Zutiefst frustriert bezahlte ich Herrn Leere-Versprechungen für seine schlampige Arbeit, feuerte ihn und suchte mir ein anderes Büro für die Abschrift.

Ein Jahr später zog ich einen Vertrag mit der Regierung an Land, der sehr viele Abschriften erforderlich machte. In Übereinstimmung mit den Regierungsbestimmungen setzte ich ein Inserat in die örtliche Zeitung, in dem ich Schreibbüros aufforderte, ihr Angebot abzugeben. Herr Leere-Versprechungen rief mich an, entschuldigte sich für alles, was vorgefallen war, und versicherte mir, von nun an würde es keine Probleme mehr geben. Als er mich fragte, ob ich sein Angebot für den neuen Auftrag in Betracht ziehen würde, lehnte ich dankend ab. Ein guter Ruf ist schnell zerstört und lässt sich nur unter größten Anstrengungen wieder kitten.

Lernen Sie Ihre Fehler lieben

Irren ist menschlich. Egal wie gut Sie Probleme im Voraus abschätzen können – machen Sie Ihre Hausaufgaben. Und seien sie auf der Hut, denn Sie werden trotzdem Fehler machen. Wenn Sie ein Risiko eingehen und beispielsweise ein schwieriges Projekt leiten oder die Lösung für ein kompliziertes Problem suchen, werden Sie Fehler machen. Niemand lernt Laufen, ohne hinzufallen. Niemand lernt, Entscheidungen zu treffen, ohne Fehler zu machen.

Der stellvertretende Verkaufsleiter bei Compaq Computers erzählte mir einmal, er frage zukünftige Verkäufer bei Vorstellungsgesprächen immer nach den Abschlüssen, die ihnen nicht geglückt waren. „Wenn mir jemand erzählt, er hätte noch nie einen Kunden verloren, schließe ich daraus, dass er entweder lügt oder noch nie einen Abschluss gemacht hat." Sie machen Fehler, wenn Sie etwas tun, und Fehler, wenn Sie nichts tun. Der einzige gravierende Fehler aber ist, wenn Sie eine Entscheidung auf die lange Bank schieben und zum Beispiel diese Aktie nicht gekauft haben, obwohl Sie es hätten tun sollen, oder sich jenem Idioten gegenüber nicht behauptet haben, als alle zusahen. Wenn Sie warten, weil Sie kein Risiko eingehen möchten, werden Sie nicht befördert. Wenn Sie sich fragen, warum ein anderer an Ihrer Stelle befördert wurde, liegt es vermutlich daran, dass er bereit war, Risiken einzugehen, während Sie aus sicherer Entfernung zusahen.

Außerdem können Sie aus Ihren Fehlern mehr lernen, als aus Ihren Erfolgen. Wenn Sie das einmal akzeptiert haben, werden Sie eher bereit sein, sich vorzuwagen und ein kalkuliertes Risiko einzugehen. Tennisprofis tun das die ganze Zeit. Sie testen einen neuen Schlag und schlagen den Ball ins Netz. Dann gehen sie den Schlag im Geiste Schritt für Schritt durch, um herauszufinden, was schief gelaufen ist, und korrigieren ihn entsprechend. Sie versuchen es immer und immer wieder, bis der Schlag perfekt gelingt. Vergleichen Sie dieses Vorgehen mit den Spielern, die schon zufrieden sind, wenn sie den Ball irgendwie übers Netz bekommen – typischen Freizeitspielern eben. Wenn Sie keine Fehler machen, wachsen Sie nicht und lernen nichts dazu. Ein Generaldirektor formulierte es so: „Wenn Sie keine Fehler machen, treffen Sie keine Entscheidungen, und dann sind Sie einer Beförderung nicht würdig."

Andere leitende Angestellte können das bestätigen, weil sie wissen, dass Fehler ein natürlicher und notwendiger Bestandteil des Lernprozesses sind. Statt sich der allgemeinen Sichtweise anzuschließen und Fehler zu fürchten, ermutigen viele von ihnen ihre Leute dazu – ja, sie fordern Sie sogar dazu auf –, Entscheidungen zu treffen, die sich durchaus als Fehler erweisen können – was oft auch der Fall ist. In unserer schnellebigen, unvorhersehbaren Welt liegt die Ironie darin, dass Sie, wenn Sie nicht genügend Fehler machen, Ihre Beförderung aufs Spiel setzen und deutlich im Nachteil sind. Nachfolgend habe ich einige Beispiele von Menschen zusammengestellt, die bereit waren, Risiken einzugehen, die Fehler machten und trotzdem befördert wurden.

IBM-Gründer Tom Watson senior ermutigte seine Vizepräsidenten dazu, neue Produkte zu entwickeln. Einer davon entschied sich für die Entwicklung eines Produktes, das sich als kolossaler Flop erwies, und setzte zehn Millionen Dollar in den Sand. Watson rief ihn in sein Büro, um mit ihm über den Verlust zu sprechen, und als der junge Mann eintraf, überreichte er Watson seine Kündigung. Watson war außer sich und sagte: „Was soll das heißen, Sie wollen kündigen? Wir haben gerade zehn Millionen Dollar in eine Wahnsinnsausbildung investiert! Ich kann kaum erwarten, was Sie als nächstes tun werden!" Tom Watson junior lernte von seinem Vater und machte aus IBM ein Milliarden-Dollar-Unternehmen, das die wildesten Träume seines Vaters noch übertraf.

In den späten 60er Jahren war Chrysler zu einem Dinosaurier geworden. Die Fahrzeuge, die Chrysler produzierte, waren veraltet und die Kunden bezeichneten sie unverhohlen als „fahrende Schrotthaufen, die einen vielleicht sogar ans Ziel bringen." Der drittgrößte Automobilhersteller Amerikas stand vor dem Ruin. Die verzweifelten Aufsichtsräte fanden einen ehemaligen Ford-Manager namens Lee Iacocca, der sich bereit erklärte, die Geschäftsführung zu übernehmen. Lee Iacocca ließ umgehend am Eingang zu jedem Crysler-Gebäude Schaukästen mit Toyota Corollas aufstellen und mit einem Schild versehen, das jeder Arbeiter sehen konnte. Die Aufschrift lautete: „Wenn unsere Autos nicht mindestens so gut sind wie das hier, können Sie Ihren Job vergessen." Heute ist Chrysler einer der größten Automobilhersteller der Welt.

Jan Carlzon, der Aufsichtsratsvorsitzende von Scandinavian Airlines (SAS), forderte seine Angestellten auf: „Ich möchte, dass Sie Fehler machen, denn ich weiß, dass Sie für jeden Fehler, den Sie machen, zwanzig oder dreißig gute Entscheidungen fällen werden, die Sie und unser Unternehmen in die Zukunft führen."

Tom Peters, Autor von Büchern wie *Kreatives Chaos. Die neue Management-Praxis*, maß dem Wort „Fehler" die richtige Bedeutung bei, als er sagte: „Fehler zu machen und etwas auszuprobieren, ohne sich weiter um die Fehler zu scheren, das ist letztendlich der Kern der Innovation. Alle großen Führungspersönlichkeiten glaubten, dass wir experimentieren, erneuern und in unserem Denken mutiger werden müssen. Sie können nicht innovativ sein, ohne Fehler zu machen."

Wer sich nicht an die Fehler der Vergangenheit erinnert, ist dazu verdammt, sie zu wiederholen.

Schmieden Sie große Pläne

Wenn Sie sich Ziele setzen, sollte Ihr Gefühl Ihnen sagen: „Na los, packen wir's an. Worauf warten wir noch?" Das Setzen von Zielen ist wie das Legen eines Grundsteins. Es bildet das Fundament Ihrer Beförderung und ebnet Ihnen den Weg in eine erfolgreiche Zukunft. Und warum sollten Sie keine großartigen Pläne schmieden? Schließlich geht es um Ihre Zukunft! Menschen, die etwas erreicht haben, haben sich systematisch hohe Ziele gesteckt und die meisten davon auch erreicht, um dorthin zu gelangen, wo sie hinwollten. Warum sollte das bei Ihnen anders sein? Und so setzen Sie sich bedeutende Ziele:

Ziele müssen hoch gesteckt sein. Ein Ziel, das seinen Zweck erfüllen soll, muss Sie so sehr begeistern, dass Sie es auch erreichen wollen. Lediglich mit jemandem Schritt zu halten, weckt keine Begeisterung. Die Begeisterung entsteht, wenn man sein Bestes gibt oder mehr leistet, als man sich eigentlich zutraute, um das zu bekommen, was man wirklich will. Das ist das ganze Geheimnis des Zielesetzens. Es ist eine feststehende Tatsache in der Welt des Sports, dass Athleten bessere Leistungen bringen, wenn die Konkurrenz hart ist. Deshalb gibt es zum Beispiel beim Fußball auch so häufig Überraschungssiege unbedeutender Mannschaften gegen Spitzenteams. Im Geschäftsleben ist es ebenso. Wenn Ihre Ziele hoch gesteckt sind und Sie wirklich fordern, werden Sie das Beste aus Ihnen herausholen.

Mischen Sie kurz- und langfristige Ziele. Alle Ziele, die Sie innerhalb von sechs Monaten erreichen möchten, sind kurzfristig. Entsprechend gehören alle Ziele, die über einen Zeitraum von sechs Monaten hinausreichen, zu den langfristigen Zielen. Kurzfristige Ziele sorgen dafür, dass Begeisterung und Motivation nicht nachlassen. Nichts gibt mehr Kraft, als zu sich selbst sagen zu können: „Tja, ich hab's geschafft. Ich habe ein schwieriges Etappenziel erreicht und fühle mich großartig." Stellen Sie ein Gleichgewicht zwischen Kurz- und Langzeitzielen her. Ein Vorteil von langfristigen Zielen ist, dass sie mögliche Frustrationen beim Verfolgen von kurzfristigen Zielen ausgleichen. Vielleicht ist es Ihr langfristiges Ziel, Vizepräsident Ihres Unternehmens zu werden. Angenommen Sie setzen sich das kurzfristige Ziel, die dafür nötige Prüfung zum Buchhalter abzulegen, und fallen durch. Ja, natürlich sind Sie entmutigt, aber angesichts Ihres Langzeitziels ist das nur ein vorübergehender Rückschlag. Sie haben genug Zeit herauszufinden, was Sie falsch gemacht haben, und die Prüfung zu wiederholen.

Arbeiten Sie täglich an Ihren Zielen. Ziele setzen sich aus vielen einzelnen Aufgaben zusammen. Wenn alle diese Aufgaben erfolgreich erledigt sind, haben Sie Ihr Ziel erreicht. Wenn Sie die tägliche Arbeit an Ihren Zielen nicht einplanen, sind Sie ein Träumer. Träumer setzen sich Ziele, haben aber weder einen Plan noch die Absicht, daran zu arbeiten. Sie sagen Dinge wie: „Eines Tages werde ich finanziell unabhängig sein. Ich habe da einen großartigen Plan, aber leider noch nicht die Zeit gefunden ihn umzusetzen." Der verstorbene Charlie Cullen, ein Unternehmer der Jahrhundertwende, der zum Millionär wurde, brachte zum Ausdruck, wie wichtig es ist, regelmäßig an den eigenen Zielen zu arbeiten, als er sagte: „Der Erfolg bricht nicht wie ein sintflutartiger Regenschauer über Sie herein. Er kommt langsam, Tropfen für Tropfen. Arbeiten Sie täglich an Ihren Zielen, und sie werden Realität."

Ziele müssen genau formuliert sein. Wenn Sie Ihre Ziele nicht präzise formulieren, wissen Sie nie, wann sie erreicht sind. In dem vorangegangenen Beispiel war das Ziel – die finanzielle Unabhängigkeit – alles andere als präzise formuliert. Damit ein wirkliches Ziel daraus wird, müssen wir eine Summe festsetzen. Erst dann weiß derjenige, der sich das Ziel gesetzt hat, wann er tatsächlich finanziell unabhängig ist.

Ziele müssen realistisch sein. Wenn Sie sich unrealistische Ziele setzen und sie deshalb immer wieder verfehlen, könnte Ihre Fähigkeit, Ziele zu erreichen, erheblichen Schaden nehmen. Die zahlreichen Misserfolge können sogar dazu führen, dass Sie immer weniger bereit sind, sich neue Ziele zu setzen. Ich möchte Sie zwar ermutigen, sich anspruchsvolle Ziele zu setzen, Sie sollten aber sicher sein, dass sie auch zu erreichen sind. Wenn Sie sich um einen Job bewerben, für den es 500 weitere Bewerber gibt, sollten Sie dieses Ziel in der richtigen Relation sehen. Auch wenn Sie fraglos der Kandidat mit den besten Qualifikationen sind, stehen Ihre Chancen schon allein auf Grund der riesigen Bewerberschar schlecht.

Ihre Ziele müssen auch Ihre Ziele sein. Ziele, die Sie sich setzen, müssen immer Ihre eigenen sein. Ein Ziel, das Sie sich setzen, um jemandem zu gefallen, ist kein Ziel, sondern eine Aufgabe. Wenn andere über Ihre Ziele bestimmen, werden Sie mit größter Wahrscheinlichkeit nicht hundertprozentig dahinter stehen, was sich negativ auf Ihre Leistung auswirkt.

Jeder Mensch sollte Ziele wählen, die ihm dabei helfen, das Beste aus jedem einzelnen Tag zu machen. Außerdem sollten diese es ihm gleichzeitig ermöglichen, an einer besseren Zukunft zu arbeiten. Erledigen Sie Tag für Tag Ihre Hausaufgaben, und Sie werden die Ziele erreichen, die Ihre Zukunft sichern.

Geben Sie niemals auf

George Foreman sagte einmal: „Sie haben erst versagt, wenn Sie aufgeben." Wenn Sie sich sicher sind, dass Sie in einer Sache Ihr Bestes getan haben, und es nicht funktioniert, geben Sie nicht auf. Beginnen Sie einfach ein neues Projekt. Vor einiger Zeit bot mir ein Freund an, zusammen mit ihm ein neues Unternehmen aufzubauen. Wir wollten ein Gerät verkaufen, von dem wir felsenfest überzeugt waren, dass Millionen Menschen es bräuchten. Es dauerte nicht lange, bis mir klar wurde, dass niemand dieses Gerät haben wollte, und ich stieg gerade noch rechtzeitig aus dem Unternehmen aus. Leider machte mein Freund bis zum bitteren Ende weiter und verlor dabei einige tausend Dollar. Hinterher sagte er zu mir: „„Weißt Du, Dave, ich verliere nur sehr ungern Geld. Am meisten Sorgen bereitet mir die Angst, dass ich nach diesem Experiment übervorsichtig werde und andere, realistische Geschäftsideen nicht mehr in Betracht ziehen könnte. Wenn das passieren würde, wäre mein Verlust um ein Vielfaches größer." Wie Recht er hat!

Sehen Sie sich das Beispiel eines berühmten Mannes an, der regelmäßig verlor, aber nie aufgab. Zuerst war er in der Ölbranche und Teilhaber eines Unternehmens, dem sowohl das Geld als auch das Öl ausgingen. Er stieg aus dem Ölgeschäft aus und eröffnete ein Bekleidungsgeschäft, aber auch hier erging es ihm nicht besser. Er ging bankrott, ließ sich aber nicht entmutigen. Etwas später führte ihn sein Weg in die Politik. Inzwischen schreiben die Historiker sehr viel Positives über Harry S. Truman, den doppelten Versager, der sich immer wieder aufrappelte und schließlich Präsident der Vereinigten Staaten wurde.

Während Sie die Karriereleiter hinaufklettern, dürfen Sie niemals vergessen, dass die einzelnen Sprossen nur dazu da sind, Ihrem Fuss so lange Halt zu geben, bis Sie zur nächsten Sprosse weiterklettern können. Sie sind nicht dazu gedacht, dass Sie sich darauf ausruhen. Joe E. Lewis sagte: „Jeder wird müde und verliert den Mut, wenn es nicht ganz so gut läuft. Doch wenn Sie als Sieger vom Platz gehen möchten, halten Sie noch eine Runde durch. Es reicht nämlich nicht, den Tiefpunkt einmal zu überwinden. Wenn Sie gewinnen möchten, müssen Sie auch den zweiten, dritten und vierten Tiefpunkt überwinden oder so viele, wie es eben sind.“

Wir verfügen über enorme Reserven. Leider sind sie nutzlos, wenn wir nichts davon wissen und sie auch nicht einsetzen. Beharrlichkeit und Fleiß sind von entscheidender Bedeutung für Ihre Beförderungskampagne.

Machen Sie sich auf die Suche

Ein Mensch, der sucht, ist immer aufmerksam. Ohne Unterlass schweift sein Blick über den Horizont, um das zu finden, was er sich wünscht. Gewöhnlich findet er, was er sucht, und selbst wenn er keinen Erfolg hat, erweitert die Suche seinen Horizont. Auch Sie sind ein Suchender im engeren Sinne, denn Sie suchen einen Weg, befördert zu werden, und haben eines mit allen anderen wahren Suchenden gemeinsam: Sie möchten von anderen Suchenden lernen. Wenn Ihr Chef an Sie glaubt und Ihren Wunsch nach Beförderung unterstützt, haben Sie bereits einen guten Mentor. Haben Sie sich einmal für einen Mentor entschieden, dann sollten Sie bereit sein, seine Kritik anzunehmen und seine Anforderungen zu erfüllen, damit Ihre Karriere steil nach oben verläuft. Wenn Sie noch keinen Mentor haben, sollten Sie die Initiative ergreifen und sich auf die Suche nach ihm machen.

Denken Sie bei Ihrer Suche an die Schwächen, die Sie ausgleichen möchten. Überlegen Sie sich drei oder vier mögliche Mentoren, die über das nötige Wissen verfügen, um Sie auf diesen Gebieten zu fördern. Wählen Sie diejenigen aus, die Ihre Bedürfnisse am ehesten erfüllen können, und überlegen Sie sich eine Möglichkeit, wie Sie sie näher kennen lernen können. Zögern Sie nicht, sich an sie zu wenden, und überzeugen Sie sie davon, dass Sie ihrer Unterstützung würdig sind.

Ein harter Konkurrent ist immer gerne bereit, Ihnen eine Lektion zu erteilen. Nutzen Sie jede sich bietende Gelegenheit, von der Konkurrenz zu lernen.

Leben Sie voller Leidenschaft

Leidenschaft ist nicht allein auf die Liebe beschränkt. Wenn ein beliebiger Bereich Ihres Lebens von Leidenschaft durchdrungen ist, wirkt sich das auf alle anderen Bereiche aus. Wenn Sie für etwas Leidenschaft empfinden, fühlen Sie sich lebendiger, voller Energie und Sinn, was sich auf Ihre kurz- und langfristigen Lebensziele auswirkt. Jerry Madden, einer meiner besten Freunde, war bereits seit vielen Jahren regelmäßig gelaufen, als er sich am Knie verletzte. Er musste operiert werden und sein Arzt riet ihm, sich nach einer Sportart umzusehen, die seine Kniegelenke weniger belastete. Also fing er an Rad zu fahren.

Jerry erzählte mir: „Ich hatte etwa ein Jahr trainiert, als mir klar wurde, dass ich nur 20 Minuten davon entfernt war, mich für das Colorado-Continental-Divide-Radrennen zu qualifizieren. Es war, als hätte jemand ein Feuer in mir entzündet. Ich stand um vier Uhr morgens auf, radelte 40 Kilometer und ging zur Arbeit. Abends, wenn ich nach Hause kam, machte ich das Gleiche noch einmal. Die Begeisterung und die Leidenschaft, die ich für das Radfahren verspürte, sprang auch auf meine Arbeit über. Ich entwickelte mich von einem durchschnittlichen Verkäufer zu einer Spitzenkraft und wurde zum regionalen Verkaufsleiter befördert. Ich qualifizierte mich für das Continental-Divide-Radrennen und erzielte ein für mein Alter recht gutes Ergebnis. Es ist unglaublich, wie mein Leben voller Leidenschaft ist.“

Wenn Ihr Herz von Leidenschaft erfüllt ist, nimmt Ihr ganzes Leben einen Aufschwung. Die Tage vergehen schneller und Ihre Arbeit wird interessanter. Sie zeigen bei allem, was Sie tun, mehr Durchhaltevermögen, mehr Widerstandskraft und mehr Elan. Ihre Leidenschaft macht den Unterschied zwischen bloßer Kompetenz und herausragenden Leistungen. Die Leidenschaft und das Feuer in Ihrem Herzen zu schüren ist ein wichtiger Schritt auf dem Weg zur Beförderung. Hier sind vier Gründe, warum Sie mehr Leidenschaft entwickeln sollten:

Begeisterung fördert Leistung. Eine neue, landesweite und branchenübergreifende Studie ergab, dass der einzige Unterschied zwischen guten und hervorragenden Leistungen darin liegt, wie viel Begeisterung der Einzelne verspürt.

Leidenschaft ist entscheidend. TV-Sportkommentator John Madden sagte: „Wer den Pro-Bowl schafft und wer nicht, darüber entscheidet einzig und allein die Leidenschaft für das Spiel.“

Motivation bringt Erfolg im Beruf. Der angesehene *Endicott Report* bestätigte, dass Erfolg im Beruf von drei entscheidenden Faktoren abhängt: Enthusiasmus, Motivation und Leidenschaft.

Unsere Seele liegt in der Leidenschaft. Kemmons Wilson, der Gründer der Holiday-Inn-Kette, definierte Leidenschaft als ein Gefühl, in das wir unsere Seele legen. Er sagte: „Wenn Sie weder Leidenschaft noch Begeisterung haben, haben Sie gar nichts.“

Vielleicht gehört Ihre Leidenschaft dem Wandern, Baseball, Mountainbiking oder einer ehrenamtlichen Tätigkeit. Vielleicht gibt Ihre Familie Ihrem Leben seinen Sinn. Wichtig ist nur, dass Sie Leidenschaft entwickeln und das Feuer in Ihrem Herzen entzünden. Wenn das geschieht, ist kein Hindernis unüberwindbar. Sie werden entdecken, dass keine Aufgabe zu schwierig, kein Gipfel zu hoch, kein Traum unmöglich ist, und Sie werden es genießen, die Karriereleiter hinaufzuklettern.

Gehen Sie Risiken ein, aber verlassen Sie sich nicht auf Ihr Glück

In der heutigen Geschäftswelt steht es Ihnen nicht frei, ob Sie Risiken eingehen möchten oder nicht. Wenn Sie befördert werden möchten, ist das Pflicht. Kein vernünftiger Mensch befördert jemanden, der nicht bereit ist, Risiken einzugehen. Schon wenn Sie überleben wollen – noch nicht einmal so sehr, um Karriere zu machen –, müssen Sie lernen, sich aufs offene Meer hinauszuwagen und riskante Entscheidungen zu treffen. Wenn Sie zu lange warten, wird es ein anderer an Ihrer Stelle tun, und Sie stecken mit den anderen Schildkröten im Schlamm fest. Das größte Risiko ist, keines einzugehen.

Einer der risikofreudigsten Menschen aller Zeiten ist Chrysler-Manager Lee Iacocca, der sagte: „Die meisten Menschen streben nach Sicherheit und einer netten, sicheren Zukunft ohne finanzielle Sorgen. Dagegen ist nichts einzuwenden. Das ist der „Amerikanische Traum“. Und doch ist die größte Angst dieser Menschen, es zu vermasseln, zu versagen, den „Amerikanischen Traum“ nicht verwirklichen zu können. Die Angst vor dem Versagen gebiert die Angst vor dem Risiko. Sie werden niemals bekommen, was Sie sich vom Leben wünschen, wenn Sie nicht wenigstens ein paar Risiken eingehen.“

Ein Risiko einzugehen ist jedoch nicht dasselbe, wie sich schlicht auf sein Glück zu verlassen, wie Sportpsychologe Dr. Bruce Ogilvie deutlich machte, dessen Forschungen vor einigen Jahren den entscheidenden Unterschied zwischen Risiko und Glück aufzeigten. Ogilvie untersuchte Menschen in Risikoberufen, darunter auch Rennfahrer und Kunstflieger. Er entdeckte, dass diese risikofreudigen Menschen in ihren gefährlichen Berufen außergewöhnlich viel Zeit auf die Planung und Vorbereitung ihrer Aktivitäten verwenden. In einem Interview sagte er: „Diese Menschen analysieren genau, was schief gehen könnte, um das Risiko zu verringern und dem Zufall keine Chance zu geben. Eine derart gewissenhafte Planung stärkt ihr Selbstvertrauen und ihr Engagement und hilft ihnen, ihre Ängste zu besiegen, die sie andernfalls handlungsunfähig machen würden."

Der Schlüssel zu einem erfolgreichen Umgang mit Risiken liegt darin zu erkennen, dass die Maßnahmen, die man ergreift, den nächsten logischen Schritt in einer Reihe darstellen. Ein Fehler, den wir in riskanten Situationen gerne machen – ob es nun darum geht, sich eine neue Fertigkeit anzueignen oder ein neues Projekt anzufangen –, ist, dass wir uns nur auf das Endergebnis konzentrieren. Man kann dieses Verhalten häufig bei unsicheren Skifahrern beobachten. Sie stehen oben an einem schwierigen Hang, blicken ganz nach unten, und schließen aus dem, was sie sehen, dass die Abfahrt zu steil für sie ist. Diejenigen, die sich für einen Versuch entscheiden, ändern ihre Perspektive. Sie finden heraus, was sie tun müssen, um den ersten Schritt, den ersten Schwung erfolgreich zu meistern. Wenn dieser gelungen ist, konzentrieren sie sich auf den nächsten Schwung, und irgendwann haben sie den Fuß eines Berges erreicht, den sie für unbezwingbar hielten.

Wenn Sie eine neue Aufgabe anpacken, stellen Sie fest, welche logischen Einzelschritte zu ihrer Erledigung nötig sind. Wenn der erste Schritt geschafft ist, fällt der nächste schon leichter, da Ihr Selbstvertrauen inzwischen gewachsen ist. Jeder weitere Schritt bringt Sie Ihrem Ziel näher. Mit der Zeit und immer vorausgesetzt, Sie machen genügend Schritte, werden Sie am Fuß des Berges ankommen. Auch das Innovationsprogramm von Toyota beruht auf dieser „Politik der kleinen Schritte". Während andere Unternehmen auf den großen Durchbruch setzen, verbessert Toyota seine Fahrzeuge jedes Jahr ein kleines bisschen. Sie nennen das: „Zentimeter um Zentimeter zum Erfolg". Mit der Zeit summieren sich die Zentimeter, und Toyota ist es auf diese Weise gelungen, die Konkurrenz weit hinter sich zu lassen.

Erkennen Sie den Wert von Kritik

Der Duden definiert Kritik als wissenschaftliche oder künstlerische Beurteilung, Begutachtung oder Bewertung. Wenn Sie sich selbst als Kunstwerk betrachten, dann können auch Sie entsprechend begutachtet werden. Vor mehr als zehn Jahren, zu Beginn meiner Karriere als Autor, erklärte mir mein Literaturagent Mike Snell, dass ich mich nicht lange in der Buchbranche halten würde, wenn ich Kritik, und im Besonderen *seine* Kritik nicht ertragen könnte. Damals wusste ich mit seinem Kommentar noch nicht sehr viel anzufangen, aber im Laufe der Zeit habe ich den wahren Wert von Kritik schätzen gelernt. Kurz gesagt, ohne ehrliche Kritik hätte sich mein Stil im Laufe der Jahre nicht verbessert. Deshalb glaube ich auch, dass nur ein Mensch, der regelmäßig eine gesunde Portion Kritik abbekommt, auf seinem Gebiet besser werden kann.

Die Rolle, die Kritik in der Welt des Sports spielt, ist ein klassisches Beispiel dafür. John Elway ist einer der größten Quarterbacks aller Zeiten, und doch hat er einen privaten Quarterback-Trainer. Wofür braucht John einen Trainer, der ihn mehrere hunderttausend Dollar im Jahr kostet? Wenn Sie nun denken, dieser Trainer steht den ganzen Tag nur herum und sieht John beim Training zu, dann irren Sie sich. Johns Trainer verdient sein Geld mit Kritik. Wenn er sagt: „John, das ist das Spiel, das du falsch gemacht hast, und das musst du tun, um perfekt zu spielen. Und jetzt versuchst du es nochmal“, meint man fast, sehen zu können, wie Kritik wirkt. Wenn selbst die Besten die Notwendigkeit regelmäßiger Kritik erkannt haben, sollten Sie das ebenfalls tun.

Abwärts geht's auch ohne Beharrlichkeit. Aber nach oben kommt man nicht ohne sie.

Kämpfen Sie, um zu gewinnen

Pitbulls sind in der Tat ganz erstauliche Tiere. Ich war mit meiner Tochter auf dem Mountainbike in den roten Felsen von Sedona, Arizona, unterwegs, als wir auf ein Pärchen trafen, das mit zwei Pitbulls den Weg hinuntermarschierte. Sofort schossen mir alle negativen Nachrichten über Pitbulls durch den Kopf, die ich in den vergangenen Jahren gehört hatte. Sie wurden als bösartige Kampfhunde gebrandmarkt, die sogar Babys angriffen. Wir beschlossen, abzusteigen und die Pitbulls vorbeizulassen, um eine Konfrontation zu vermeiden. Das Pärchen hielt an, um mit uns zu plaudern, und ehe wir's uns versahen, sprachen wir über ihre Pitbulls.

Sie erzählten uns, Pitbulls seien außergewöhnlich freundliche und sanfte Tiere, solange sie nicht bedroht oder angegriffen würden. Sie berichteten weiter, man habe Pitbulls ursprünglich um 1800 in England für Hundekämpfe gezüchtet. Da sie überaus hartnäckig waren, verloren sie nur selten einen Kampf gegen eine andere Rasse. Sie verbissen sich einfach in eine empfindliche Stelle des anderen Hundes und ließen erst wieder los, wenn der Kampf vorüber war. Gelegentlich werden auch Menschen mit ausdauerndem Kampfgeist als Pitbull bezeichnet. „Er ist ein richtiger Pitbull. Sie können sich darauf verlassen, dass er so lange am Ball bleibt, bis die Sache erledigt ist." Werden Sie so hartnäckig wie ein Pitbull, und Sie werden fast immer gewinnen.

Sehen wir uns noch einmal an, was Sie tun müssen, um zum Gewinner zu werden:

Finden Sie Ihre Vision. Hartnäckigkeit beginnt damit, dass Sie Ihre Vision finden. Teilen Sie Ihre Vision mit anderen. Begeistern Sie sie für das, was Sie erreichen möchten, und bitten Sie sie offen um ihre Unterstützung. Bilden Sie ein Team, das von der gleichen Vision geeint und motiviert wird.

Fordern Sie Kritik. Bis auf wenige Ausnahmen hört niemand gerne Kritik. Das sollten Sie aber. Denken Sie darüber nach. Was würde passieren, wenn Sie von jetzt ab niemand mehr kritisieren würde? Sie würden nicht mehr besser, als Sie es heute sind. Wenn Sie einen Golfprofi engagieren und 50 Dollar für eine halbe Stunde zahlen, was tun Sie dann? Sie zahlen diesem Menschen sehr viel Geld, damit er Ihr Golfspiel kritisiert und Ihnen hilft besser zu werden.

Rechnen Sie mit Hindernissen. Wenn Sie auf dem Weg zu Ihrem Ziel nicht damit rechnen, einige Hürden und Hindernisse überwinden zu müssen, dann ist es vermutlich nicht sehr hoch gesteckt. Sehen Sie Hindernisse als Herausforderungen an, die Ihren geistigen Horizont erweitern, wenn Sie sie überwinden, um ans Ziel zu kommen.

Bleiben Sie beharrlich. Ungeduld ist der größte Feind der Sieger. Ein Sprinter weiß, dass er beim 100-Meter-Lauf alles geben muss. Umgekehrt weiß ein Langstreckenläufer, dass er sein Tempo kontrollieren muss, um bei einem Marathon im Ziel anzukommen. Lohnende Ziele sind leider meist mehr als hundert Meter entfernt. Oft ist es mindestens ein Kilometer, also kontrollieren Sie Ihr Tempo, damit Sie Ihr Ziel auch erreichen. Achten Sie auf Anzeichen von Erschöpfung und auf Fehler, die Ihnen unterlaufen können, wenn Sie Ihr Tempo nicht kontrollieren. Lernen Sie, auf Ihr Tempo zu achten, und Sie werden immer der Gewinner sein.

Gute Arbeitnehmer erledigen ihre Aufgaben, ohne dazu aufgefordert werden zu müssen. Sie sind Gewinner, und nur Gewinner werden befördert.

Lieben Sie, was Sie tun

Das geschätzte Nettovermögen von Bill Gates beläuft sich derzeit auf mehr als 50 Milliarden Dollar. Wenn er und seine Frau jedes Jahr 100 Millionen ausgäben, bräuchten sie 500 Jahre, um diese Summe auszugeben. Allein die Zinsen würden ihm noch ein paar hundert Jahre länger reichen. Warum sollte er also jeden Tag wieder bei Microsoft zur Arbeit erscheinen? Was bewegt andere, aberwitzig reiche Menschen wie Ted Turner, Oprah Winfrey und Steven Spielberg, sich Tag für Tag in die Tretmühle zu begeben? Die Antwort auf diese Frage ist die gleiche wie auf die Frage, warum sie es überhaupt so weit gebracht haben: Sie lieben, was sie tun. Und weil das so ist, weigerten sie sich, den Fuß vom Gas zu nehmen, selbst als sie den finanziellen Höhepunkt ihrer Karriere erreicht hatten.

Wenn Sie Ihre Arbeit wirklich lieben, geht es in Ihrem Privat- und Berufsleben weiter aufwärts. Das ist es, was Sie antreibt, Sie morgens aufstehen lässt, Ihre Beziehungen festigt und dafür sorgt, dass Sie die Karriereleiter hinaufklettern, statt sie hinunterzurutschen. Ich spreche nicht über kurze Momente der Leidenschaft, sondern von Adrenalin, das so beständig durch Ihre Adern fließt wie Blut. Mögen Sie Ihre Arbeit? Oder noch besser: Lieben Sie, was Sie tun? Wenn Sie diese Frage verneinen, wie um alles in der Welt wollen Sie die Leute in Ihrem Unternehmen so täuschen, dass sie Sie befördern? Wenn Sie das wirklich können, sollten Sie möglicherweise über eine Schauspielkarriere nachdenken.

z.B

Leider gibt es sehr viele Menschen, die ihre Arbeit nicht mögen. Vor einiger Zeit arbeitete ein junger Mann namens Jerry für mich. Er hasste seinen Job. Zu unser beider Glück gelang es Jerry innerhalb relativ kurzer Zeit, etwas zu finden, das er wirklich liebte. Als ich Jerry einstellte, wusste ich intuitiv, dass er ein Gewinner war. Er kam frisch von der Universität und war einer der hellsten Köpfe, die ich je kennen lernen durfte. Leider wusste er nicht, was er tun wollte. Anfangs störte mich das nicht weiter, denn er konnte schneller Computerprogramme schreiben als jeder andere meiner Firma.

Ich jagte Jerry durch alle Abteilungen, weil ich ihm helfen wollte etwas zu finden, das er wirklich gerne machte, aber nichts schien ihn zu begeistern. In meiner Verzweiflung nahm ich ihn mit zu einer Aufsichtsratssitzung, um ihm zu zeigen, was in der echten Welt vor sich ging. Jerry durfte alle Schritte einer Aufsichtsratsentscheidung miterleben. Von der Darstellung eines Problems in Zahlen über das Erarbeiten von Lösungen mit anderen Abteilungen bis hin zur Entwicklung von strategischen Unternehmenszielen. Mann, der Junge war vielleicht aufgekratzt!

Auf dem Weg zurück ins Büro fragte ich Jerry, ob er schon wüsste, was er tun wollte. Er antwortete, er wolle ein leitender Angestellter werden, der Generaldirektor eines serviceorientierten Unternehmens wie Computech. Damals gab es dieses Buch noch nicht, das ich ihm hätte geben können, aber ich half ihm, einen Karriereplan zu entwickeln, dem er sich sofort mit Leib und Seele widmete. Unsere Muttergesellschaft, die Seattle First National Bank, machte ihn noch vor seinem 30. Geburtstag zum Generaldirektor einer ihrer Tochterfirmen. Er war der jüngste Generaldirektor in der 79-jährigen Geschichte der Bank.

Viele Menschen warten Ihr ganzes Leben darauf, dass sie etwas finden, das ihnen Spaß macht. Wenn man sie fragt, wie es ihnen geht, murmeln sie: „Ganz gut, denke ich.“ Wenn Sie immer nur darauf warten, dass Sie eines Tages schon wissen, was Sie wollen, setzen Sie sehr viel aufs Spiel. Sie verschwenden wertvolle Zeit, zerstören Ihre Motivation und schließen Ihre Chancen auf eine Beförderung kurz. Sollten Sie sich jemals in dieser Lage befinden, nehmen Sie sich ein Beispiel an einem guten Jobsucher.

Ein guter Jobsucher weiß, dass sich seine Erfolgschancen erheblich verbessern, wenn er aktiv nach einer Arbeit sucht, die ihm gefallen könnte. Die Suche selbst wird seine Leidenschaft. Er setzt sich eine Sache in den Kopf, die er mag oder gar liebt, und erzählt Ihnen voller Begeisterung: „Hey, ich liebe meinen Job. Das könnte meine ganz große Leidenschaft werden.“ Dann arbeitet er an dem, was er liebt, entwickelt sich weiter, bis er auf etwas stößt, das ihm noch besser gefällt.

Entscheidend ist, dass Sie mit Leidenschaft an Ihrer Beförderung arbeiten, wenn Sie das ganz große Los ziehen möchten. Wenn man sich die Geschichte der Menschheit ansieht, war es immer die Leidenschaft, die große Führer auf allen möglichen Gebieten und bei allen möglichen Vorhaben zum Gipfel menschlicher Leistungsfähigkeit trieb. Ein Gewinner besitzt diese Leidenschaft und vertraut darauf, dass sie ihn ans Ziel bringt. Und Sie können das auch.

Deshalb sehe ich mir in der Zeitung immer zuerst die Sportseiten an, denn dort stehen die Geschichten der Gewinner. Auf der Titelseite lesen Sie nur von den Niederlagen der Menschheit.

3 Selbstmarketing

Laut *Fortune*-Magazin schlossen mehr als 50 Prozent der derzeitigen Generaldirektoren ihr Universitätsstudium mit der Durchschnittsnote drei ab, mehr als Dreiviertel aller U.S.-Präsidenten lagen im unteren Drittel ihres Jahrgangs. Wenn Zahlen ganz offensichtlich kein Maßstab für Erfolg sind, was macht dann einen erfolgreichen Generaldirektor aus? Wirklich erfolgreiche Generaldirektoren sind oft die besten Verkäufer oder Verkäuferinnen in ihrem Unternehmen. Das ist meist auch der Grund dafür, weshalb sie überhaupt erst befördert wurden. Selbst wenn der Posten des Generaldirektors nicht zu Ihren beruflichen Zielen zählt, sollten Sie lernen sich gut zu verkaufen, wenn Sie eine realistische Chance haben möchten, Ihr Ziel zu erreichen – unabhängig davon, wie gut Sie sind. Wenn Sie sich nicht verkaufen können und es auch nicht lernen, wird Ihnen Ihr Vorhaben nur schwerlich gelingen, weil es wirklich niemanden gibt, der diese Arbeit für Sie erledigen kann. Eine Frage, die man Ihnen bei jedem Bewerbungsgespräch stellen wird, ist: „Sagen Sie mir, warum Sie der Beste für diesen Job sind?“ Sie sollten darauf mit der Gewandtheit eines erfolgreichen Verkäufers antworten können. In diesem Kapitel werde ich Ihnen helfen, einige hervorragende Antworten auf diese und ähnliche Fragen zu finden.

Der Generaldirektor lässt sich kurz und knackig als BVU, Bester Verkäufer des Unternehmens, beschreiben.

Verkaufen Sie sich mit Pepp

Wer erfolgreich Selbstmarketing betreibt, ist immer gerade dabei, eine Idee, eine Dienstleistung, ein Produkt oder sich selbst zu verkaufen. Arbeit bedeutet verkaufen, 365 Tage im Jahr, 24 Stunden am Tag. Wenn Sie herausfinden möchten, wie gut Sie im Verkauf sind, müssen Sie sich am Ende des Tages fragen: „Habe ich heute eine meiner Ideen an den Mann gebracht?“ Lautet die Antwort „Nein“, fragen Sie sich: „Habe ich überhaupt versucht etwas zu verkaufen?“ Wenn Sie wieder mit „Nein“ antworten müssen, haben Sie ein Problem – und zwar ein gewaltiges. Wie wollen Sie sich vermarkten, wenn Sie nicht Tag für Tag versuchen sich und Ihre Ideen zu verkaufen? Sie könnten mit einer Schachtel nagelneuer

Rolex-Uhren an der Straßenecke stehen und Sie für einen Dollar anbieten, doch wenn Sie die Leute nicht ansprechen und fragen: „Möchten Sie eine Uhr kaufen?", werden Sie keine einzige davon verkaufen.

Jedesmal, wenn Sie etwas verkaufen, sammeln Sie Punkte. Und scheuen Sie sich nicht Ihre Verkaufstaktik etwas aufzupeppen.

Vor einigen Jahren fand ich einen Weg, den Durchsatz von digitalen Computerboards in einem IBM-Produktionsbetrieb um unglaubliche 25 Prozent zu steigern. Als ich meine Idee einigen Vorstandsmitgliedern von IBM vorstellte, waren diese von dem Vorschlag und der damit verbundenen Möglichkeit Kosten einzusparen, sehr angetan.

Eine Woche später fand ich mich vor der IBM-Prüfungskommission wieder, die alle einschneidenden Veränderungen in der Produktion prüfen und genehmigen musste. Als ich meine, wie ich wusste, hervorragende Verkaufspräsentation beendet hatte, fragte mich eine der Anwesenden, wie hoch die durch diese Veränderung zu erwartenden Einsparungen seien. Als ich ihr sagte, dass IBM damit 100 Dollar in der Minute sparen könne, konterte Sie sofort mit der Aufforderung, auf die ich gewartet hatte: „Beweisen Sie's!" Ich stellte mich vor Sie hin, zog eine 100-Dollar-Note aus der Tasche, riss sie entzwei und reichte ihr die eine Hälfte. In ihr verblüfftes Gesicht sagte ich: „Die andere Hälfte bekommen Sie, wenn Sie sich die vorbereitete Demonstration angesehen haben, die mein Konzept beweisen soll, und sich meine Behauptung, wir könnten damit 100 Dollar in der Minute sparen, nicht bestätigt."

Normalerweise schieben die Manager an diesem Punkt ihre prall gefüllten Terminkalender vor und verlangen, dass für die Demonstration ein neuer Termin festgesetzt wird. Aber an diesem Tag konnten sie es kaum erwarten. Sie brannten darauf zu erfahren, wer die andere Hälfte der 100-Dollar-Note bekommen würde. Die Demonstration lief großartig, und weil ich meine Idee mit Pepp verkauft hatte, bekam ich einen Posten im Aufsichtsrat. Außerdem durfte ich beide Hälften der 100-Dollar-Note behalten. Nein, ich trage nicht immer eine 100-Dollar-Note in der Hosentasche herum – nur, wenn ich eine Idee mit etwas Pepp verkaufen will.

Wie Sie auf die „Große Frage" antworten

Vor einigen Jahren bemühte sich Senator Edward Kennedy darum, Präsidentschaftskandidat der Demokratischen Partei zu werden. Im Laufe eines Interviews fragte ihn Nachrichtenredakteur Roger Mudd, warum er Präsident der

Vereinigten Staaten werden wollte. Kennedy konnte die Frage nicht beantworten. Nicht dass seine Antwort schlecht gewesen wäre; er fand überhaupt keine Worte! Es schien, als habe er keinerlei Gründe dafür oder mache es nur, um den Ehrgeiz seines Vaters (Joe Kennedy) zu befriedigen. Das vernichtende Urteil der Öffentlichkeit lautete: „Wenn er nicht im Stande ist besser für sich einzutreten, warum sollten wir ihn dann wählen? Vermutlich taugt er einfach nichts.“ Die Kampagne wurde kurz nach dem Interview abgebrochen.

Senator Kennedy hatte denselben Fehler begangen, den jeden Tag viele Menschen machen, die befördert werden möchten. Er kämpfte um eine Beförderung, konnte aber nicht sagen, warum er der Beste für den Job war. Sicher konnten Sie das Phänomen auch schon bei Kollegen beobachten. Sie gehen zum Chef und bitten ihn um eine Beförderung, da Sie seit Anbeginn der Zeit für das Unternehmen arbeiten. Wenn der Chef dann fragt: „Und was haben Sie in letzter Zeit für mich getan“, sehen sie ihn mit demselben leeren Blick an wie Kennedy seinen Interviewer. Wenn Sie Ihren Wagen verkaufen möchten, sagen Sie dann zu einem potenziellen Käufer: „Kaufen Sie mein Auto, weil ich es verkaufen möchte!“? Nein, wenn Sie klug sind, erzählen Sie ihm von den Vorzügen und der attraktiven Sonderausstattung des Fahrzeugs, um ihn zum Kauf zu bewegen.

Immer wenn Sie sich präsentieren, sollten sie alle Zahlen, Fakten und Argumente, die Ihr Anliegen unterstützen, bei der Hand haben. Nehmen Sie sich die Zeit auszuführen, was Sie für die Firma getan haben, das eine Beförderung rechtfertigt. Vergleichen Sie Ihre Leistung mit der anderer Kollegen, die möglicherweise mit Ihnen um denselben Posten konkurrieren. Wenn Sie fertig sind, geben Sie Ihre Antwort auf die Frage: „Warum möchten Sie diese Stelle?“ Mit einer Antwort wie: „Ich möchte diesen Job, weil ich weiß, dass ich ihn gut machen kann“, werden Sie es nicht schaffen. Angemessener wäre es zu sagen: „Ich will diesen Job, weil er das Herzstück meiner Karriere ist und mir die Möglichkeit gibt, in unserem aufstrebenden Unternehmen neue Ideen umzusetzen. Ich habe mich in den vergangenen zwei Jahren darauf vorbereitet und bin am besten für diese Position qualifiziert, weil …“

Nehmen Sie sich die Zeit, auf einem Blatt Papier eine Zusammenfassung zu erstellen, die Sie der Person, mit der Sie sprechen, geben können. Führen Sie ganz oben die Gründe auf, warum Sie den Posten haben möchten. Dann notieren Sie in Stichpunkten Ihre bisherigen Leistungen, die zeigen, warum Sie der Beste für den Job sind.

Entwickeln Sie Selbstvertrauen

Vor einiger Zeit fand ich heraus, was für eine große Rolle das Selbstvertrauen in Verkaufsgesprächen spielt.

Ich war Geschäftsführer von Computech, einer kleinen Computer-Beratungsfirma in Seattle, die Programmierung, Computer-Leasing und Systemdesign anbot. Alles in allem waren wir nur zehn Leute. Der Vorstandsvorsitzende von Cole & Weber, einer bekannten Werbeagentur, hatte mich gebeten, ihm und dem gesamten Vorstand im Rahmen einer Besprechung zu erläutern, ob sie für ihre Datenverarbeitung einen eigenen Computer kaufen oder bei uns Computerzeit mieten sollten.

Die Konkurrenz, mit der ich es zu tun hatte, bestand aus den ganz Großen der Branche einschließlich IBM, DEC und Hewlett Packard. Und sie alle wussten, wie man in dieser Stadt Computer verkaufte. In ihren Augen war ich nur eine lästige Fliege, die man sich mit einer Klatsche leicht vom Hals schaffen konnte. Ich ließ mich von der Konkurrenz einschüchtern, und mein Selbstvertrauen hatte ein Loch, das so groß war, dass ein ganzer Müllwagen durchgepasst hätte.

Obwohl ich auf meinem Gebiet einen guten Ruf hatte und genug Computer-Dienstleistungen verkaufte, um gut davon leben zu können, gab es Zeiten, in denen ich den Auftrag nicht bekam, weil ich glaubte, mit meiner Minifirma gegen die ganz Großen keine Chance zu haben. Genauso dachte ich auch kurz vor meinem Termin mit dem Vorstand von Cole & Weber. Ich plante eine schnelle Präsentation, damit ich so schnell wie möglich wieder verschwinden und mein angeknackstes Selbstvertrauen wieder aufbauen konnte.

Einer meiner Mitarbeiter spürte meine Anspannung und sagte einen Satz, den ich nie mehr vergaß: „Sie verkaufen nicht Ihre Firma, Sie verkaufen sich selbst und die Ihrer Meinung nach beste Lösung für einen Kunden. Und weil Sie nur gegen den Burschen von IBM, DEC und Hewlett Packard antreten müssen, der die Präsentationen macht, befinden sich alle Konkurrenten auf der gleichen Ebene." Er hatte Recht! Ich zog meine Präsentation durch, zeigte dem Vorstand von Cole & Weber, wie viel sie sparen konnten, wenn Sie Computerzeit bei Computech leasten, statt einen eigenen Computer zu kaufen oder zu leasen, und bekam den Auftrag.

Während Sie die Karriereleiter im Laufe der Zeit immer höher hinaufklettern, verlieren Sie leicht aus den Augen, dass Sie sehr viel besser sind, als Sie glauben. Wenn sich ein Loch in unserem Selbstvertrauen auftut, merken wir das häufig nicht oder wir versuchen es zu ignorieren. Wir quälen uns und verlieren den Schwung, den wir früher einmal hatten. Lassen Sie nicht zu, dass Ihnen das passiert, denn es bremst Ihren beruflichen Aufstieg.

Stopfen Sie die Löcher in Ihrem Selbstvertrauen mit Beton, sobald Sie sie entdecken, und sie werden weiter die Karriereleiter hinaufsteigen statt abzurutschen.

Verhandeln Sie so, dass Sie bekommen, was Sie wollen

Vor einigen Jahren saß ich allein in der Cafeteria an einem Ecktisch neben einem Fenster mit Aussicht auf einen Ententeich. Meine Aufmerksamkeit galt Steve Meiers, der mit ein paar Freunden am anderen Ende des Raumes saß. Ich wusste, dass Sie sich im Aufbruch befanden, und wenn ich richtig kalkuliert hatte, würden sie auf dem Weg zum Ausgang an meinem Tisch vorbeikommen. Ich hatte vor, Steve aufzuhalten, wenn er auf dem Weg nach draußen an mir vorbeikam.

Steve leitete die Marketingabteilung, die Teil meines Dilemmas war. Ich war der Vizepräsident des Verkaufs und überzeugter Anhänger der Philosophie, dass Marketing und Verkauf Hand in Hand arbeiten sollten. In diesem Unternehmen war das anders. Die Marketing-Leute hielten die Leute vom Verkauf für überflüssig, denn schließlich stammten all die guten Ideen ja von ihnen. Umgekehrt sahen die Leute vom Verkauf die Marketingabteilung als einen Haufen Waschlappen, die im direkten Kontakt mit einem echten Kunden vollkommen überfordert wären.

Ich hielt diesen klischeehaften Konkurrenzkampf für völligen Blödsinn und hatte den Verdacht, dass Steve das ebenso sah. Wissen konnte ich allerdings nicht, da ich bislang gezögert hatte ihn darauf anzusprechen. Trotzdem war ich bei dem neuen Kundenservice-Programm, das ich einführen sollte, dringend auf seine Hilfe angewiesen. Vielleicht konnte ich mit Steve einen Waffenstillstand aushandeln, der überdies die Rivalität zwischen unseren Abteilungen beenden würde. Als Steve an meinem Tisch vorbeiging, sprach ich ihn an: „Haben Sie ein paar Minuten Zeit, Steve? Ich hätte da eine Idee, die ich gerne mit Ihnen durchsprechen würde.“ Steve willigte ein, sich etwas später am Nachmittag mit mir zu treffen.

Die Kunst der Verhandlung kann sowohl formalen als auch informellen Charakter haben. Wenn man sie richtig einsetzt, kann sie ein sehr mächtiges Verkaufswerkzeug für Ihre Beförderung sein. Verhandlungen sind nur dann erfolgreich, wenn Sie ein Tauschgeschäft darin sehen. Sie bieten dem anderen etwas, das er oder sie möchte, im Tausch gegen das, was Sie möchten. Auf unser Beispiel bezogen bedeutete das, ich wollte, dass Steve mir sein Fachwissen zur Verfügung stellte. Wie bekam ich heraus, was er im Gegenzug dafür wollte? Ich fragte ihn! Die Unterhaltung hätte ungefähr so aussehen können: „Steve, ich brauche Ihren Rat und Ihre Hilfe, um eine erstklassige Abteilung für Kundenservice auf die Beine zu stellen. Im Gegenzug biete ich Ihnen meine Unterstützung an, wann immer Sie möchten. Sagen Sie mir einfach, was Sie brauchen. Können wir heute Nachmittag darüber sprechen?"

Verkaufen ist ein Machtspiel – spielen Sie mit!

Haben Sie je erlebt, dass ein anderer die erwartete Beförderung bekam? Was war der Grund dafür? Fehlendes Fachwissen in einem wichtigen Bereich, ein schlechtes Beförderungsgespräch, längere Betriebszugehörigkeit, oder dass jemand Sie nicht leiden konnte? Die Ursache liegt vermutlich darin, dass Ihr Konkurrent genau das Richtige tat und seine Karten besser ausspielte als Sie. Der sinnvolle Einsatz von Macht kann zur rechten Zeit darüber entscheiden, wer den Abschluss macht oder, in diesem Fall, die Beförderung bekommt und wer nicht. Verlierer stehen immer dicht gedrängt am Rand und sagen: „Wenn das Spiel so gespielt wird, dann spiele ich nicht mit." Wenn sie nicht mitspielen, werden Sie nie gewinnen.

Wenn Sie bei diesem Spiel erfolgreich sein möchten, beobachten Sie die Meister ihres Faches. Ein Meister erkennt die Spielarten der Macht und weiß sie in jedem Bereich seines Berufslebens einzusetzen. Er sieht in jeder Begegnung mit einem anderen Menschen eine Gelegenheit zu testen, wie gut er das Machtspiel beherrscht. Er spielt es vierundzwanzig Stunden am Tag, kreuzt mit jedem die Klingen – vom Parkplatzwächter über die Kollegen bis hin zu seinen Vorgesetzten – und versucht instinktiv, jede Situation zu seinem Vorteil zu wenden.

Er sieht sogar alltägliche Begegnungen mit anderen Menschen als Training. Einige der besten Spieler, die ich kenne, verfeinern ihre Techniken auf Flohmärkten, wo sie hart verhandeln, um menschliche Emotionen wie Widerstand unter Druck, vorgetäuschtes Zögern und das Finden von Kompromissen zu studieren. Der Trick dabei ist, einen Verhandlungsstil zu finden, der Ihrem Charakter und Ihrer Persönlichkeit entspricht und mit dem Sie sich wohl fühlen. Feilen Sie an Ihrer Verkaufstechnik, indem Sie Möglichkeiten entwickeln, Ihre Macht so einzusetzen, dass sie Ihnen hilft befördert zu werden. Nachfolgend habe ich Grundtechniken aufgeführt, die Sie sich ansehen sollten:

Sie müssen wissen, wann Sie eine Schwäche ausspielen sollten. Die meisten Menschen glauben, in diesem Spiel müsse man immer stark sein und dürfe niemals Zeichen von Schwäche zeigen. Der Einsatz von Schwäche wird unterschätzt, besonders von Männern, die sich gerne als Macho hinstellen. Wenn sie für ein wichtiges Projekt mehr finanzielle Mittel brauchen, kann es durchaus angebracht sein, in die Waagschale zu werfen, dass das Projekt stirbt, falls diese Mittel nicht genehmigt werden. Denken Sie daran: Nur das quietschende Rad wird geölt.

Vermeiden Sie Siege über Ihre Vorgesetzen. Angenommen Ihre Chefin lädt Sie zu einer wichtigen Präsentation mit dem Vorstandsvorsitzenden des Unternehmens ein. Sie möchte die Zustimmung zu ihrem Plan zwei Abteilungen zusammenzulegen. Während Sie ihr zuhören, stellen Sie fest, dass einiges von dem, was sie sagt, ganz sicher falsch ist. Aber es gelingt Ihnen irgendwie den Mund zu halten. Nach der Präsentation wendet sich der Vorstandsvorsitzende an Sie und fragt Sie nach Ihrer Meinung. Sie haben jetzt zwei Möglichkeiten: Sie können die Situation entweder dazu nutzen, Ihre Macht über Ihre Chefin auszuspielen, und dem Vorsitzenden sagen, was mit der Präsentation nicht stimmt. Oder Sie gehen auf Nummer sicher und vermeiden es, sich selbst ans Messer zu liefern, indem Sie sagen: „Ich stimme den Ausführungen meiner Chefin zu der vorgeschlagenen Zusammenlegung in allen Punkten zu." Es zahlt sich nur selten aus, wenn Sie Ihre Macht über einen Vorgesetzen ausspielen.

Treffen Sie Entscheidungen, obwohl Sie es eigentlich gar nicht dürften. Manchmal ist es sinnvoll so zu tun, als hätte man die volle und uneingeschränkte Entscheidungsgewalt, selbst wenn das nicht der Fall ist. Zum Beispiel, wenn die Gruppe in einer Besprechung eine Entscheidung von Ihnen verlangt, die Sie zuerst mit Ihrem Chef abklären müssen. Wenn Sie sagen: „Oh je, da muss ich erst meinen Chef fragen", klingt das machtlos. Dagegen wirken Sie sehr viel machtvoller, wenn sie sagen: „Ich werde darüber nachdenken und mich im Laufe des Tages entscheiden." Das gibt Ihnen Zeit, sich bei Ihrem Chef rückzuversichern, und lässt die anderen in dem Glauben, die Entscheidung liege in erster Linie bei Ihnen.

Leiden ist eine wirkungsvolle Waffe. Kontern Sie Beschwerden oder unangenehme Bitten mit Ihren eigenen Problemen, um ein Gleichgewicht herzustellen. Wenn sich beispielsweise einer Ihrer Kollegen mit einem Problem an Sie wendet, mit dem Sie sich nicht befassen möchten, sagen Sie einfach: „Ich würde wahnsinnig gerne mit dir darüber reden, aber du glaubst ja nicht, wie voll mein Terminkalender ist. Ich weiß, du brauchst mehr Geld, aber die Situation ist für alle von uns schwierig." Wenn Sie dieses Spiel spielen, müssen Sie sehr viel seufzen, Ihren Kopf in die Hände stützen und immer extreme Müdigkeit zur Schau stellen.

Nutzen Sie die Macht der Information. Jeder, der Entscheidungen treffen muss, ist auf Informationen angewiesen. Trotzdem diskutieren wir in Besprechungen stundenlang über grundlegende Fragen der Unternehmenspolitik oder der Zielsetzung, ohne die vorhandenen Informationen bei der Entscheidungsfindung in Betracht zu ziehen. Waren Sie je in einer Besprechung, in der schließlich jemand sagte: „Ich denke, auf Grund der vorliegenden Informationen sollten wir Folgendes tun …"? Schon bei dem Wort „Information" verfallen die Anwesenden in ehrfürchtiges Schweigen, während sie sich anschicken zu hören, was denn der neue „Experte" mit den Informationen zu sagen hat. Wer seine Macht geschickt einsetzt, weiß, wann und wie er seine Informationen präsentieren muss, um zu bekommen, was er will.

Das sind nur ein paar Möglichkeiten, wie Sie Ihre Macht im Verkauf einsetzen können. Jedem Spieler steht ein ganzes Arsenal von Möglichkeiten und Kombinationen zur Verfügung.

! Vergessen Sie nie, dass Sie Ihre Macht stets kontrollieren müssen, um Ihre Beförderung zu sichern. Kontrollierte Macht bedeutet, dass Sie genau wissen, was Sie tun und wie Sie Ihre Macht in jeder beliebigen Situation einsetzen müssen. Vermeiden Sie unkontrollierte Ausbrüche, zum Beispiel wütend zu werden, die Ihnen einen nicht wieder gutzumachenden Schaden zufügen können.

Strategien für Gewinner

Wie reagieren Sie, wenn Sie auf jemanden treffen, der ein besserer Verkäufer ist als Sie? Welche Taktiken setzen diese Menschen ein, und wie können Sie ihnen mit Ihrer eigenen Taktik begegnen? Wenn Sie bestimmte Verkaufstaktiken erkennen oder die Schwächesignale auffangen, die manche Menschen aussenden, können Sie die Situation sehr viel leichter zu Ihrem Vorteil wenden. Und das geht so:

Fußhaltung. Die Unterseite des Fußes ist ein sehr empfindlicher Teil unseres Körpers. Die meisten Menschen zeigen ihre Fußsohlen nur, wenn Sie sich sicher und geborgen fühlen. Beobachten Sie einmal einen leitenden Angestellten, der in einer Besprechung die Gruppe mit einer Präsentation für eine kontroverse Idee gewinnen möchte. Er oder sie wird sich zurücklehnen und ein Bein über das andere schlagen, um Selbstsicherheit zu demonstrieren und zu zeigen, dass er alles unter Kontrolle hat. In dem Moment, in dem es ernst für ihn wird und er sich unangenehmen Fragen stellen muss, können Sie beobachten, wie er sich nach vorne lehnt und beide Füße in dem Versuch, seinen Standpunkt zu behaupten, fest auf den Boden stellt. In diesem Augenblick hat er unterbewusst das Gefühl verwundbar zu sein, und derjenige, der zu ihm spricht, hat zwei Möglichkeiten: Er beugt sich entweder ebenfalls nach vorne, so dass sich beide in Angriffsposition befinden, oder er lehnt sich zurück, schlägt die Beine übereinander und drückt so Gleichgültigkeit und Furchtlosigkeit gegenüber der kämpferischen Haltung des anderen aus.

Fußbewegungen. Die Füße verraten die Haltung eines Menschen auch, wenn Sie vor und zurück schwingen, um Ungeduld oder Zweifel auszudrücken. Wenn Sie bemerken, dass jemand plötzlich die Füße zurückzieht, so dass sie unter dem Stuhl außer Sichtweite sind, hat er entweder Angst, oder etwas, das gerade gesagt wurde, bereitet ihm Sorgen. Stehen die Füße Ihres Gegenübers fest vor ihm auf dem Boden, haben Sie es mit einem Menschen zu tun, der sich auf keinerlei Kompromisse einlassen will.

Schreibtischtaktiken. Analysieren Sie den Schreibtisch eines Menschen, denn er lässt möglicherweise Rückschlüsse auf die Persönlichkeit zu. Unsichere Menschen verstecken sich hinter einem riesigen Holzschreibtisch, der ihnen Schutz bietet. Einen solchen Menschen überzeugen Sie leichter von Ihren Ideen, wenn Sie ihn hinter seinem Schutzwall hervorlocken und ihn dazu bringen, sozusagen auf freiem Feld neben Ihnen auf einem Sofa oder einem Stuhl Platz zu nehmen. Laden Sie ihn zum Essen oder auf einen Kaffee in die Cafeteria ein. Wenn es Ihnen nicht gelingt, ihn hinter seinem riesigen Schreibtisch hervorzulocken, stellen Sie Ihre Aktentasche auf den Tisch, bevor Sie das Gespräch eröffnen. Das macht den anderen nervös, weil Sie in seine Schutzzone eingedrungen sind. Nur so können Sie seine Abwehrhaltung ins Wanken bringen, denn andernfalls ist er viel eher geneigt „Nein“ als „Ja“ zu sagen.

Telefontaktik. Am Telefon haben Sie die beste Ausgangsposition, wenn Sie jederzeit hinausrufen können, aber nur die eingehenden Anrufe annehmen müssen, die Sie auch annehmen möchten. Wenn weniger Anrufe bei Ihnen eingehen, als Sie selbst tätigen, zeugt das von Machtverlust, weil weniger Menschen mit Ihnen sprechen möchten. Wenn das der Fall ist, unternehmen Sie Schritte, um die Zahl der eingehenden Anrufe zu erhöhen. Wenn Sie im Flur jemanden treffen, der etwas mit Ihnen besprechen und einen Termin ausmachen möchte, bitten Sie ihn: „Rufen Sie mich an, dann kann ich im Terminkalender nachsehen.“ Oder noch besser: „Rufen Sie meine Sekretärin an und machen Sie einen Termin mit ihr aus.“ – selbst, wenn Sie Ihren Kalender in der Jackentasche haben.

Nachrichtendienst. Der gezielte Einsatz von Benachrichtigungen kann Wunder wirken, wenn Sie den Leuten zeigen möchten, wie wichtig Sie sind. Ich kenne einige erfolgreiche Menschen, die sich bei Geschäftsessen regelmäßig von ihrer Sekretärin oder einem Kollegen anrufen lassen, um ihren Gast zu beeindrucken. Noch besser funktioniert diese Taktik, wenn Sie die Anwesenden bei einem gesellschaftlichen Anlass innerhalb der Firma wissen lassen möchten, dass Sie auch da sind.

Bürotaktik. Ein großes Büro ist nur dann von Nutzen, wenn es so eingerichtet ist, dass jeder Besucher den längsten möglichen Weg zu Ihrem Schreibtisch zurücklegen muss. Wenn Sie ein eher kleines Büro haben, erreichen Sie das, indem Sie möglichst viele Hindernisse im Weg eines Besuchers aufbauen. Beistelltische, Stühle oder Sofas helfen die Größe Ihres Büros bestmöglich zu nutzen. Denken Sie daran: Je größer Ihr Büro, desto mehr taktische Möglichkeiten haben Sie. Unabhängig von der Größe des Büros sollte ihnen ein Besucher immer direkt gegenüber sitzen, so dass die volle Breite des Schreibtischs Sie von ihm trennt und Sie auf diese Weise Ihren taktischen Vorteil wahren können. Steht Ihr Stuhl mit dem Rücken zur Wand, sollten Sie für genügend Spielraum sorgen, damit Sie mit Ihrem Stuhl vom Schreibtisch abrücken können, wenn Sie mehr Abstand zu einem Besucher brauchen.

Zeit ist Macht. Der geschickte Umgang mit Zeit ist eine der besten Möglichkeiten, Autorität zu demonstrieren, selbst wenn man keine hat. Wer die Kontrolle über die Zeit hat, hat in den meisten Fällen auch die Kontrolle über die Situation. Wenn Sie Zeit taktisch nutzen möchten, erinnern Sie jeden, der sich mit Ihnen treffen möchte, daran, dass Ihre Zeit kostbar ist. Es gibt jedoch auch Situationen, in denen Sie diese Strategie umkehren sollten. Gehen wir einmal davon aus, Sie haben ein Treffen mit einer Kollegin vereinbart, um ein Problem zu besprechen, das sich zwischen Ihren beiden Abteilungen ergeben hat. Obwohl Sie ihr gesagt haben, dass Ihre Zeit begrenzt ist, brauchen Sie ihre Hilfe dringender als umgekehrt, um das Problem zu lösen. Wenn sie Ihr Büro zur vereinbarten Zeit betritt, nehmen Sie demonstrativ Ihre Uhr ab und legen Sie sie mit dem Ziffernblatt nach unten auf den Tisch. Sagen Sie: „Meine Zeit gehört Ihnen, so lange Sie brauchen." Beobachten Sie, wie die Bereitschaft Ihrer Kollegin zur Zusammenarbeit gleich zu Beginn der Besprechung ins Unermessliche steigt. Sie werden alles von Ihr bekommen, was Sie wollen. Wenn Sie umgekehrt die Uhr abnehmen und mit dem Zifferblatt nach oben auf den Tisch legen, machen Sie Ihrem Besucher wortlos klar, dass er lieber schnell auf den Punkt kommen sollte, weil sie nicht viel Zeit für ihn haben.

Beschäftigungstherapie. Je beschäftigter Sie in den Augen anderer erscheinen, desto leichter können Sie ihnen Ihren Zeitplan aufzwingen, um Ihre taktische Position zu verbessern. Eine Möglichkeit ist, eine Besprechung anzusetzen und den Zeitplan für die einzelnen Präsentationen festzulegen. Teilen Sie den Betreffenden mit, dass Sie sie rufen lassen, kurz bevor sie an der Reihe sind. Sehen Sie, was Sie vom Standpunkt der Macht gesehen damit erreicht haben? Sie kontrollieren jetzt den Zeitplan mehrerer Menschen, die dazu gezwungen sind, in ihrem Büro am Telefon zu sitzen und auf Ihren wichtigen Anruf zu warten.

Der Wunsch, jede beliebige Situation unter Kontrolle zu haben, sollte bei Ihrem Streben nach Beförderung oberste Priorität haben. In diesem Abschnitt habe ich einige Taktiken vorgestellt, die Sie einsetzen können, um die Ereignisse nach Ihren Wünschen zu beeinflussen. Wenn Sie sie regelmäßig einsetzen, werden Ihr Selbstvertrauen und Ihre Fähigkeit, andere von Ihren Ideen zu überzeugen, ins Unermessliche wachsen.

Wenn Sie etwas verkaufen möchten, gibt es keine Alternative zum Sieg. Darum denken Sie immer daran: Wenn Sie eine Idee verkaufen möchten, ist das wie ein Kampf mit einem Gorilla. Sie hören nicht etwa auf, wenn Sie müde sind. Sie hören erst in dem Moment auf, wenn der Gorilla müde ist.

Hinterlassen Sie einen großartigen ersten Eindruck

Für den ersten Eindruck gibt es keine zweite Chance. Sie hinterlassen täglich erste Eindrücke, und Ihr Erfolg oder Misserfolg hängt davon ab, wie Sie bei Einsatzbesprechungen, Gesprächen, Telefonanrufen, Besprechungen und einer Vielzahl anderer täglicher Begegnungen wirken. In unserer schnelllebigen Arbeitswelt werden auf Grund des ersten Eindrucks innerhalb weniger Minuten Abschlüsse gemacht oder verloren, Karrieren gefördert oder vernichtet, Beziehungen aufgebaut oder zerstört.

Forschungen haben ergeben, dass wir in weniger als vier Minuten einen dauerhaften ersten Eindruck hinterlassen. Wenn Sie in der vorgegebenen Zeitspanne keinen guten Eindruck hinterlassen, wird es sehr viel schwieriger, wenn nicht sogar unmöglich, den anderen zu überzeugen, ihn zu beeinflussen, ihm etwas zu verkaufen oder ihn dazu zu bringen, Ihre Ansichten zu akzeptieren. Vier Minuten können Ihren Traum von der Beförderung wahr werden lassen oder ihn zerstören. Psychologen zufolge haben 90 Prozent des Eindrucks, den wir vermitteln, nichts mit dem zu tun, was wir sagen. Mehr als die Hälfte unserer ersten Begegnung mit einem Menschen spielt sich auf nonverbaler Ebene ab. Die Art und Weise, wie wir wirken, ist dabei ausschlaggebend. Den Großteil dessen, was wir sagen möchten, vermitteln wir durch unseren Tonfall. Nur ein kleiner Prozentsatz hängt vom tatsächlichen Inhalt unserer Botschaft ab.

Der erste Eindruck setzt sich aus dem zusammen, was einem anderen während der ersten paar Minuten einer Begegnung an Ihnen auffällt. Das schließt Ihre Erscheinung, Mimik und Gestik, Tonfall und Wortwahl sowie eine Vielzahl anderer Dinge ein, die dem anderen helfen, sich einen ersten Eindruck von Ihnen zu verschaffen. Ist der erste Eindruck positiv, können Sie generell mit Unterstützung rechnen. Ist der Eindruck negativ, erschwert Ihnen das den Umgang und macht es Ihnen vielleicht sogar unmöglich, die Meinung des anderen zu ändern.

Wer weiß, wie man einen dauerhaft guten Eindruck hinterlässt, wird mit einer Beförderung belohnt – vom Manager, der versucht, die Zustimmung des Vorstandes zu seinem Budget zu bekommen, bis hin zum Verkäufer, der einen Abschluss machen möchte. In der Tat ist Ihnen vielleicht nicht bewusst, wie viel Zeit Sie an einem durchschnittlichen Tag damit verbringen, erste Eindrücke zu hinterlassen. Sie verbringen im Durchschnitt 85 Prozent Ihres Tages mit Kommunikation in irgendeiner Form (mit Sprechen, Zuhören oder Schreiben).

Der typische Angestellte hält zwischen zehn und zwölf Reden im Jahr. Dazu gehören Präsentationen vor der Belegschaft, Kollegen, Vorgesetzten, Vertretern der Öffentlichkeit und Geschäftspartnern.

Die meisten von uns verbringen mehr Zeit am Telefon als am Computer.

Der *Harvard Business Review* zufolge nimmt eine gute Kommunikationsfähigkeit direkt hinter der Berufserfahrung den zweiten Platz der beruflichen Erfolgsfaktoren ein.

! Wir hinterlassen täglich wichtige erste Eindrücke, ob wir uns nun mit Kunden, Vorgesetzten, Kollegen oder Angestellten treffen, um über unsere Ideen zu sprechen oder Verhandlungen zu führen. Wenn Sie einen guten ersten Eindruck hinterlassen, schaffen Sie die Voraussetzungen für eine positive Reaktion Ihres Kommunikationspartners und fördern auf diese Weise Ihre beruflichen Ziele. Gelingt es Ihnen nicht, einen guten ersten Eindruck zu hinterlassen, werden Sie nur selten eine zweite Chance bekommen, um sich zu rehabilitieren.

So verkaufen Sie Ihre Ideen

Wenn Sie die Kunst beherrschen andere davon zu überzeugen, dass Ihre Ideen großartig sind und umgesetzt werden sollten, ist das ein mächtiges Werkzeug und für Ihr berufliches Fortkommen entscheidend. Je mehr Ideen Sie an den Mann bringen, desto mehr Menschen werden denken, dass Sie einen wertvollen Beitrag zum Unternehmenserfolg leisten. Ich habe hier fünf wunderbare Techniken aufgeführt, die Sie immer dann einsetzen können, wenn Sie jemanden von Ihren Ideen überzeugen möchten:

Stellen Sie die Vorzüge heraus. Wenn Sie eine Idee verkaufen möchten, sollten Sie niemals einen Vorschlag machen, ohne zugleich seine Vorzüge zu nennen. Angenommen Sie sagen zu Ihrem Chef: „Ich möchte das Harding-Projekt übernehmen." Das ist die Idee, die Sie ihm verkaufen möchten, aber Sie haben Ihm noch nicht gesagt, was er dabei gewinnt. Also fügen Sie hinzu: „Dann kann ich meine hervorragende Beziehung zu Herrn Harding nutzen, um dieses Projekt wieder in Schwung zu bringen. Herr Harding wird gerne bereit sein, mit mir eine akzeptable Lösung zu erarbeiten."

Bevor Sie versuchen eine Idee zu verkaufen, finden Sie heraus, welche Argumente dafür sprechen, und führen Sie sie in der Reihenfolge ihrer Wichtigkeit aus. Sparen Sie Ihr wichtigstes Argument immer bis zum Schluss auf und setzen Sie es nur dann ein, wenn es unbedingt nötig ist.

Finden Sie die Gründe für möglichen Widerstand heraus. Wenn jemand anderer Meinung ist, müssen Sie die Gründe für seinen Widerstand herausfinden. Dies ist die Verhandlungsstrategie, die sich am schwersten umsetzen lässt, aber sie kann Ihnen auch den größten Nutzen bringen. Wir alle neigen dazu, einen Einwand sofort aufzugreifen und darauf zu reagieren, um ihn zu entkräften. Das Problem liegt darin, dass derjenige, der den Einwand gebracht hat, im Anschluss daran möglicherweise gar nicht mehr zuhört.

Er denkt nämlich darüber nach, mit welchen Argumenten er ihn untermauern könnte. Um Ihr Denken mit dem des anderen in Einklang zu bringen, müssen Sie nachfragen, damit Sie genau verstehen, was ihn zu seinem Einwand veranlasst hat. Sie müssen herausfinden, auf welche Argumente er sich stützt. Angenommen Sie versuchen, jemandem eine Möglichkeit Zeit sparenden Arbeitens schmackhaft zu machen, und bekommen zu hören: „Das ist viel zu kompliziert." Wie können Sie diesem Einwand begegnen, ohne zu wissen, was mit „kompliziert" gemeint ist? Ein weiterer Vorteil beim Nachfragen ist, dass Sie Interesse an den Bedenken des anderen bekunden.

Fragen sind mächtige, vielseitig anwendbare Verkaufswerkzeuge. Setzen Sie sie ein, wann immer Sie können.

Begründen Sie ihre Frage. Wann immer Sie eine Frage stellen, sollten Sie begründen, warum Sie es tun. Eine aus dem Zusammenhang gerissene Frage wirft beim Zuhörer weitere Fragen auf, zum Beispiel: „Warum will er das wissen?" Ihr Gegenüber wird sofort aufhören Ihnen zuzuhören und im Geiste nach möglichen Antworten suchen. Unter Umständen irritiert es ihn auch, wenn er nicht weiß, warum Sie eine Frage stellen. Vielleicht befürchtet er, Sie nehmen ihn ins Kreuzverhör, oder er fühlt sich unter Druck gesetzt, weil Ihre Frage mit der Forderung nach mehr Informationen verbunden ist. Diese Probleme können Sie aus der Welt schaffen, indem Sie Ihrer Frage zum Beispiel folgenden Satz vorausschicken: „Ich möchte Ihnen eine Frage stellen, um sicherzugehen, dass ich verstanden habe, was Sie meinen." Dadurch verhindern Sie nicht nur, dass Sie falsche Schlüsse aus dem Gesagten ziehen, sondern bekunden zugleich Ihr Interesse an dem, was der andere Ihnen mitteilen möchte. Das stärkt im Gegenzug wiederum die Aufmerksamkeit des anderen.

Begründen Sie Ihre Schlussfolgerungen. Wann immer Sie eine Schlussfolgerung ziehen, sollten Sie begründen, weshalb Sie diese für richtig halten. Wenn Sie angeben, auf welcher Grundlage Sie Ihr abschließendes Urteil gefällt haben, erhöht das Ihre Glaubwürdigkeit enorm. Manche Menschen sind nämlich sehr skeptisch, wenn sie nicht wissen, wie Sie zu Ihrem Ergebnis gelangt sind, und glauben folglich, Sie wüssten nicht, wovon Sie sprechen. Dieses Problem können Sie umgehen, indem Sie sagen: „Auf Grund der vorliegenden Zahlen halte ich es für sinnvoll meine Idee umzusetzen. Was meinen Sie dazu?" Indem Sie den anderen nach seiner Meinung fragen, geben Sie ihm Gelegenheit, Ihrem Vorschlag auf der Basis Ihrer Schlussfolgerung entweder zuzustimmen oder ihn abzulehnen. Wenn er ihn ablehnt, wissen Sie zumindest, dass ein Einwand besteht, und können entsprechend reagieren.

Untermauern Sie Ihre Verkaufsstrategie. Wenn Sie andere von Ihrer Idee überzeugen möchten, müssen Sie Ihre Behauptungen möglicherweise mit Fakten untermauern. Das kann eine Herausforderung für Sie sein, da Sie normalerweise nicht wissen, welche Fragen gestellt werden und welche Fakten Sie zur Hand haben müssen. Leider kann bereits ein kaputtes Glied alle anderen tadellosen Glieder in der von Ihnen aufgebauten Argumentationskette schwächen. Und selbst wenn das nicht gleich das Ende Ihrer Verkaufsverhandlungen bedeutet, kann es Ihre Position schwächen. Versuchen Sie, sich im Vorhinein mögliche Fragen vorzustellen, und wappnen Sie sich mit den nötigen Fakten, um dieses Problem zu umgehen.

Bitten Sie kritisch denkende Kollegen, Ihnen zu helfen, indem sie Ihnen schon vor der Präsentation mögliche Fragen stellen.

Stellen Sie die richtigen Fragen

Fragen sind eines der mächtigsten Verkaufswerkzeuge, die man einsetzen kann, und doch scheuen sich viele Menschen davor, in einem Verkaufsgespräch Fragen zu stellen. Vielleicht weil sie glauben dadurch ihre Unwissenheit zu verraten. Möglicherweise haben Sie auch die Erfahrung gemacht, dass zu viele Fragen den anderen eher irritieren. Wenn Sie sich nicht besonders gut durchsetzen können, fällt es Ihnen wahrscheinlich auch schwer Fragen zu stellen, denn man muss bestimmt auftreten, um Fragen stellen zu können. Trotz der vermeintlichen Nachteile ist das Stellen von Fragen der Teil des Verkaufsgesprächs, von dem Sie am meisten profitieren. Man braucht einen hellen Kopf, muss gut zuhören und strategisch denken können, wenn man die Früchte sorgfältig formulierter Fragen ernten will. Hier sind einige Möglichkeiten, wie Fragen Ihnen helfen können, sich und die eigenen Ideen zu verkaufen:

Einwände diagnostizieren. Wenn Sie versuchen, so etwas wie eine Idee zu verkaufen, müssen Sie den natürlichen Widerstand des anderen gegenüber Ihrem Vorhaben abbauen. Sie sind verpflichtet, auf die erhobenen Einwände einzugehen. Tun Sie das aber erst, nachdem Sie wissen, auf welche Argumente sich der andere stützt. Versuchen Sie eine Antwort auf die Frage zu finden: „Welche Argumente stehen hinter diesem Einwand?“ Wenn jemand anderer Meinung ist, ist das ein Zeichen dafür, dass er anders denkt als Sie. Bevor Sie eine Lösung finden können, müssen Sie zuerst die Ursache des Problems ermitteln. Fragen zu stellen ist eine der besten Möglichkeiten, um die Beweggründe des anderen aufzudecken und ihren Ursprung zu verstehen.

Unbegründete Einwände. Wie der Name schon sagt, handelt es sich hier um Einwände, die kaum oder gänzlich unbegründet und deshalb schwer zu ergründen sind. Nehmen wir einmal an, Ihr Gegenüber erzählt Ihnen, es lehne Ihre Idee ab, weil einer seiner Bekannten gesagt habe, sie könne nicht funktionieren. In diesem Fall müssen Sie ihn mit Ihren Fragen dazu bringen Ihrer Argumentation zu folgen, zum Beispiel: „Hat der Betreffende jemals versucht meine Idee umzusetzen? Hat er genaue Gründe genannt, warum es nicht funktionieren kann?“

Wenn Sie erst einmal die Schwachpunkte in der Argumentation gefunden haben, können Sie entsprechende Gegenargumente liefern, warum der Einwand unbegründet ist.

Einblick gewinnen. Fragen zu stellen ist der beste Weg, sich das Wissen und die Informationen zu verschaffen, die Sie brauchen, um Ihre Verkaufspräsentation zu untermauern. Fragen können auch dazu dienen, dem anderen Einblick in Ihr Denken zu geben, was eines Ihrer vorrangigen Verkaufsziele sein sollte. Angenommen Sie versuchen, eine Idee zur Senkung der Kosten zu verkaufen. Bevor Sie Ihren Vorschlag im Detail präsentieren, könnten Sie fragen: „Jim, glauben sie, dass wohlüberlegte Kostensenkungen im Augenblick für unser Unternehmen entscheidend sind?“ Wenn Sie ein „Ja“ hören, können Sie Ihren Vorschlag zur Kostensenkung vorstellen. Wenn Sie ein „Nein“ hören, sollten Sie lieber herausfinden, warum Jim dieser Ansicht ist, bevor Sie ihm Ihre Idee präsentieren.

Fragen anpassen. Sehen sie eine Frage als ein variables Verkaufswerkzeug. Offene Fragen liefern eine große Bandbreite an Informationen. Andererseits können Sie eine Frage auch so stellen, dass Sie genau die Information bekommen, die Sie haben möchten. Wenn Sie mit verschiedenen Fragestellungen arbeiten, hilft Ihnen das, sich selbst zu verkaufen. Sie bekommen auf diese Weise die gewünschten Antworten, die das Denken des anderen mit Ihrem in Einklang bringen. Ein Beispiel für eine offene Frage wäre: „Was halten Sie davon?“ Eine geschlossene Frage wäre: „Stimmen Sie mir zu?“ Fragen, die irgendwo dazwischen liegen, bitten beispielsweise um eine Zahl, einen Grund, eine Meinung oder eine Erklärung.

Einleitende Fragen. Eine andere Art von Fragen dient dazu, Informationen einzuführen, die der andere möglicherweise bislang noch nicht berücksichtigt hatte. Mit dieser Art von Fragen können sie das Denken Ihres Gegenübers sehr effektiv in eine neue Richtung lenken. Sie beginnen zum Beispiel mit der einleitenden Frage: „Was wäre, wenn ich Ihnen Zahlen vorlegen könnte, die meine Ansicht zwingend beweisen? Würde das Ihre Meinung ändern?“ Andere Möglichkeiten diese Art von Frage zu formulieren sind: „Wussten Sie, dass …?“ oder „Was denken Sie nun darüber?“

Aufgeworfene Fragen. Wann immer Sie eine Frage stellen, wirft das möglicherweise eine andere Frage auf, nämlich: „Warum wollen Sie das wissen?“ Der Mensch ist von Natur aus misstrauisch und manche Menschen wollen zuerst Ihre Beweggründe kennen, bevor Sie Ihnen eine Antwort geben. Liefern Sie deshalb die Begründung gleich mit, wenn Sie eine Frage stellen: „Ich stelle diese Frage, weil ich mehr Informationen benötige.“ Mit diesem Satz begründen Sie Ihre Frage, ohne eine allzu umfangreiche Erklärung abzugeben.

Generell sollte man nur Fragen stellen, von denen man weiß, warum man sie stellt. Wenn Sie das nicht wissen, ist es die Frage vermutlich nicht wert gestellt zu werden. Betrachten sie Fragen als Verkaufswerkzeuge, die Sie einsetzen können, um Menschen zu helfen logisch zu denken und die beste Entscheidung zu treffen.

Erweisen Sie sich als wertvoll

Für Ihre Beförderung ist entscheidend, dass Sie in den höheren Etagen Ihres Unternehmens als jemand gelten, der für Wachstum sorgt. Wer nicht in der Lage ist, dem Unternehmen einen wertvollen Dienst zu erweisen, wird auch nicht befördert. Wenn Sie im Verkauf arbeiten, lässt sich relativ leicht feststellen, wie groß Ihr Anteil am Unternehmenserfolg ist. Wie viele Abschlüsse Sie gemacht haben und um wie viel Sie die Verkaufszahlen in diesem und im letzten Jahr steigern konnten, sind dabei die entscheidenden Faktoren. Wenn die Zahlen für Sie sprechen, werden Sie befördert. Wie aber kann Ihr Wert für das Unternehmen festgestellt werden, wenn Sie nicht im Verkauf arbeiten? Was tun Sie für Ihr Unternehmen, dass Ihre Leistungen bemerkt und mit einer Beförderung honoriert werden?

Leider hat jeder Mensch andere Vorstellungen davon, wie eine wertvolle Leistung aussieht. Möglicherweise tun Sie etwas für Ihr Unternehmen und die oberste Führungsriege bekommt es gar nicht mit. Vielleicht finden Sie einen Weg, die Verpackungskosten zu senken, wodurch das Unternehmen einige tausend Dollar im Jahr spart. Sicher, Sie bekommen eine nette finanzielle Belohnung und eine Plastikplakette, die Sie an die Wand hängen können. Aber wenn es den leitenden Angestellen, der den Traum von Ihrer Beförderung letztendlich wahr machen kann, nicht interessiert, dann freuen Sie sich über Ihre Plakette, denn vermutlich wird es dabei bleiben.

Aber auch in diesen Fällen gibt es Möglichkeiten sich als wertvoll zu erweisen. Angenommen der schon erwähnte leitende Angestellte kann sich momentan nicht für Ihre Kostensenkung interessieren, weil das im Augenblick für ihn nur von sehr untergeordneter Bedeutung ist. Möglicherweise macht er sich mehr Sorgen über die Präsentation, die er nächste Woche halten muss, weil die von ihm vorbereiteten Diagramme alles andere als berauschend sind. Angenommen er selbst, seine Sekretärin oder jemand anderes verrät Ihnen seine Sorge. Packen Sie die Gelegenheit beim Schopf, sprechen Sie ihn darauf an und bieten Sie ihm an, seine Diagramme zu überarbeiten. Vielleicht nimmt er Ihr Angebot an und Sie erstellen ein paar Diagramme, die bei der Präsentation alle begeistern. Damit ist es Ihnen gelungen sich als wertvoll zu erweisen, und Sie sind zugleich auf Gold gestoßen. Raten Sie mal, wen dieser leitende Angestellte bei der Vorbereitung seiner nächsten Präsentation um Hilfe bitten wird?

Die Moral von der Geschichte ist, dass man niemals annehmen sollte, alles, was man tut, trüge automatisch zur Beförderung bei. Wenn Sie glauben, Sie hätten wertvolle Arbeit geleistet, ist das großartig, denn es gibt Ihnen das Gefühl, etwas geschafft zu haben. Das ist gewiss sehr ehrenhaft, aber erkennen auch andere den Wert Ihrer Leistung?

Wenn Sie Ihr Ziel nicht immer etwas höher stecken, kommen Sie auch nicht vorwärts. Hochspringer legen die Latte immer ein kleines Stückchen höher, um zu sehen, ob sie das selbst gesteckte Ziel erreichen können. Natürlich schaffen Sie es nicht beim ersten Sprung, aber mit der Zeit und mit viel Übung gelingt es Ihnen die neue Höhe zu überspringen. Lernen Sie, mehr von sich zu erwarten. Legen Sie die Latte ein kleines Stückchen höher und setzen Sie neue Standards, die den Leuten zeigen, was Sie können. Prüfen Sie für den Anfang Ihre Produktivität, die Qualität Ihrer Arbeit und wie oft Sie etwas Neues wagen. Finden sie neue, effektivere Wege etwas zu tun, überprüfen Sie Ihre Arbeit, um Fehler zu vermeiden, oder melden Sie sich einmal die Woche freiwillig für Aufgaben, die niemand gerne macht.

Visualisieren Sie

Das Visualisieren ist ein wunderbares Werkzeug, mit dem Sie sich mental darauf vorbereiten können, unter Druck Spitzenleistungen zu bringen. Es gibt Ihnen in einer unbekannten Situation oder vor einer neuen Herausforderung, zum Beispiel vor einem großen Publikum, ein Gefühl der Selbstsicherheit und der Kontrolle. Wenn es Ihnen gelingt, die unglaubliche Macht Ihrer Vorstellungskraft mit Hilfe des Visualisierens zu bündeln, werden Sie erstaunt feststellen, zu welchen Leistungen Sie fähig sind. Sie werden erkennen, dass sie ein Niveau erreicht haben, das Sie nie für möglich gehalten hätten.

Bevor Sie sich einer Situation stellen, in der Sie Druck ausgesetzt sind, erlauben Sie Ihrem Geist, ein positives Bild von Ihrem Ziel zu schaffen. Konzentrieren Sie sich nicht nur auf das, was Sie möchten, sondern auch auf das, was nicht passieren soll. Sehen Sie vor Ihrem geistigen Auge, wie Sie Ihr Ziel erreichen. Viele Spitzensportler visualisieren ihren Erfolg auf diese Weise.

Golf-Legende Jack Nicklaus ist ein hervorragendes Beispiel dafür. Er schreibt seinen Erfolg zu 10 Prozent der Vorbereitung seines Schlags, zu 40 Prozent seiner Haltung und seinem Schwung und zu 50 Prozent dem geistigen Bild zu, das er sich vor dem Schlag gemacht hat. „Ich schlage niemals ab, nicht einmal im Training, ohne bereits vorher ein gestochen scharfes Bild von dem Schlag vor meinem geistigen Auge zu haben", sagte er. Er stellte sich seinen Abschlag, die Flugbahn und den Ort vor, wo der Balls landen würde. Gewöhnlich landet er auch genau dort.

Wenn Sie sich ein positives geistiges Bild von dem machen, was Sie erreichen möchten, wird es Ihnen helfen sich entsprechend zu verhalten. Mit Hilfe des Visualisierens können Sie nicht nur Ihre eigene Leistung beeinflussen, sondern auch neue Arbeitsprozesse durchleuchten. Visualisieren Sie, um ein neues Produkt oder ein neues Programm zu überprüfen, an dessen Entwicklung Sie arbeiten. Gehen Sie im Geiste den ganzen Umsetzungsprozess von Anfang bis Ende durch, um sicherzugehen, dass Sie an alles gedacht haben. Das kann Ihnen helfen Probleme zu finden, die Ihnen bislang möglicherweise entgangen waren. Wenn Sie eine Strategie entwickeln, um Ihren Chef von einer Ihrer Ideen zu überzeugen, stellen Sie sich vor, *Sie seien Ihr Chef*, um seine oder ihre Wünsche und Bedürfnisse vorwegzunehmen. Wenn Sie in Kürze einen Vortrag vor einer großen Gruppe halten müssen, sollten Sie sich fragen, was Ihr Publikum hören will.

Dick Munro, der ehemalige Generaldirektor von Time-Warner, stellt sich bei der Vorbereitung auf wichtige Reden immer auch das Umfeld seines Vortrags vor. „Ich sehe vor meinem geistigen Auge, wie der Raum aussieht, wer da ist, wo die Leute sitzen und wie ich auf sie wirke." Wenn Sie dasselbe tun und sich dabei immer als Gewinner sehen, werden Sie für alle möglichen Situationen sehr viel besser gerüstet sein.

Wenn der Blinde den Blinden führt, fallen beide in die Grube. Ein erfolgreicher Präsentator behält bei allem, was er sagt und tut, die Kontrolle über das Publikum. Überlassen Sie niemals dem Publikum die Führung.

Großartig aussehen – und klingen

Wir verbringen beinahe jeden wachen Moment damit, mit anderen Menschen zu reden oder ihnen zuzuhören, doch genau genommen haben die meisten von uns nicht den Schimmer einer Ahnung, wie sie auf andere wirken, wie sie klingen oder gar was sie sagen. Zu Beginn einer Unterhaltung hat das Aussehen fast ebenso viel Gewicht wie die Art, wie Sie etwas sagen. In den ersten paar Minuten der Begegnung haben Sie die volle die Aufmerksamkeit Ihres Gegenübers. Augen und Ohren sind auf Sie gerichtet, während er sich einen ersten Eindruck von Ihnen verschafft. Ist dieser Eindruck vorteilhaft, wird er Ihnen auch weiterhin zuhören. Ist er unvorteilhaft, wird er entweder aufhören Ihnen zuzuhören oder die Unterhaltung unter einem Vorwand beenden. Sollten Sie einen unvorteilhaften ersten Eindruck hinterlassen, wird es Ihnen niemals gelingen, sich oder Ihre Ideen erfolgreich zu verkaufen. Wenn Sie also versuchen möchten, einen guten ersten Eindruck zu hinterlassen, sollten Sie die folgenden Punkte in Betracht ziehen:

Passen Sie Ihre Kleidung dem Umfeld an. Haben Sie bereits den Ausdruck gehört: „Kleide Dich Deiner Rolle gemäß“? Gewiss entziehen sich bestimmte unabänderliche Faktoren wie unsere Rasse, unser Geschlecht oder unser Alter unserem Einfluss. Trotzdem stehen uns einige Möglichkeiten zur Verfügung, wie wir unser Erscheinungsbild beeinflussen können, um die Wahrscheinlichkeit eines positiven ersten Eindrucks zu erhöhen. Im Allgemeinen sind Sie auf der sicheren Seite, wenn Sie sich ähnlich kleiden wie die Menschen, an die Sie sich wenden. Wenn Sie als Einziger im dreiteiligen Anzug zu einer Besprechung erscheinen und alle anderen eher sportlich gekleidet sind, heben Sie sich von der Masse ab. Möglicherweise macht das Ihr Publikum misstrauisch: „Wieso hat der sich so rausgeputzt? Der hält sich wohl für was Besseres!“ Und Sie wollen nicht, dass die Menschen so etwas denken, wenn sie anfangen sich einen ersten Eindruck zu bilden.

Wie klingen Sie? Ihre Stimme verrät viel über Ihre Persönlichkeit, Ihre Einstellung und wie angespannt Sie gerade sind. In Situationen wie Bewerbungsgesprächen, bei Vorträgen oder in Auseinandersetzungen kann sie Ihnen eine große Hilfe sein. Wenn Sie lernen, Anzeichen von Stress und Anspannung in Ihrer eigenen Stimme und der Stimme anderer zu erkennen, können Sie Schritte unternehmen, Ihre Stimme besser auf die jeweilige Situation einzustellen. Zudem können Sie Ihre Stimme entsprechend einsetzen, wenn Ihr Gesprächspartner seinen Standpunkt durch die seine verrät. Wenn Sie Ihre eigene Stimme und die Stimmen anderer analysieren, werden Sie herausfinden, woran Sie arbeiten müssen und was Sie ausklammern können.

Was sagen Sie? Mit effektiver Kommunikation können Sie einen guten ersten Eindruck verstärken und weiter ausbauen. Dazu müssen Sie wissen, was und wie Sie etwas sagen. In dem Film *Consolidated Brands* spielte Howard Bergmann einen Generaldirektor, der das Image seiner Firma in puncto Kundenservice verbessern will. Als eine Gruppe wütender Kunden vor seinem Büro ihre Zelte aufschlägt, überrascht er sie, indem er die Tür öffnet und sie hereinbittet. Bergman schüttelt jedem Kunden die Hand, fragt ihn nach dem Namen und arbeitet sich auf seine charismatische Art durch die Gruppe. Dann bittet er die Leute sich zu setzen, und während sich jeder einen Stuhl sucht, setzt er sich auf den Rand seines Schreibtisches. Er wartet geduldig, bis jeder Platz genommen hat, und sieht währenddessen jedem im Raum direkt in die Augen. Schließlich knöpft er das Jackett seines Anzugs auf und sagt mit freundlicher, aber kräftiger Stimme: „Wie ich höre, haben Sie Bedenken bezüglich eines unserer neuen Produkte. Ich würde sie gerne hören.“ Bergmans Vorgehen zeigt sehr gut, wie es aussieht, wenn das, was gesagt wird, mit der Art übereinstimmt, wie es gesagt wird.

Alle drei Informationskanäle (Körper, Stimme und Wortwahl) müssen miteinander harmonieren, damit Sie einen positiven ersten Eindruck hinterlassen. Dieses Gleichgewicht zwischen Sprache und Ausdruck ist von entscheidender Wichtigkeit. Wenn einer der Kanäle nicht mit den anderen harmoniert, senden Sie möglicherweise widersprüchliche Signale, und Ihr Zuhörer ist dann damit beschäftigt herauszufinden, was an Ihrem Aussehen oder Ihrer Sprechweise nicht stimmt. Die meiste Zeit wird man Ihrer Körpersprache und Ihrem Tonfall mehr Glauben schenken als Ihren Worten. Taten sprechen fürwahr lauter als Worte.

Nur keinen Stress

Wenn Sie etwas verkaufen möchten, kann das Stress bei Ihnen auslösen. Wenn Sie bei einer Präsentation gestresst sind, fühlen Sie sich verkrampft und angespannt und Ihr Verkaufsvortrag leidet darunter. Noch vor einigen Jahren glaubten Sportpsychologen, Athleten müssten extreme Anspannung verspüren, was den Adrenalinspiegel in die Höhe treiben und für entsprechend gute Leistungen sorgen würde. Inzwischen hat man herausgefunden, dass Entspannung der Leistung der Athleten weit zuträglicher ist als Stress.

Jeder hat schon einmal die unterschiedlichen Auswirkungen von Stress kennen gelernt, als er einen anderen dazu bringen wollte etwas zu tun. Der Stress beginnt in dem Moment, in dem der andere Einwände gegen das erhebt, was wir sagen. Unsere Nackenhaare sträuben sich und wir verkrampfen uns. Diese Anspannung unterbricht wiederum unsere Argumentationskette und verhindert eine vernünftige Reaktion auf den Einwand aus dem Publikum. Statt uns in Selbstbeherrschung und logischer Argumentation zu üben, die vonnöten sind, wenn wir jemanden von einer Idee überzeugen wollen, gehen wir zum Gegenangriff über. Und das verhindert leider unweigerlich, dass wir unsere ursprüngliche Idee verkaufen.

Zwingen Sie sich, sich vor jedem anstrengenden Gespräch zu entspannen. Schließen Sie die Augen und konzentrieren Sie sich ungefähr eine Minute lang nur auf Ihren Atem. Lehnen Sie sich zurück, legen Sie die Füße auf den Schreibtisch und die Hände ineinander, denken Sie an etwas Schönes und lächeln Sie. Wiederholen Sie dann in Gedanken so oft wie nötig: „Ich lasse nicht zu, dass meine Gefühle dieses Gespräch negativ beeinflussen." Verschieben Sie die Unterredung, wenn Sie sich nicht entspannen können.

Der Stress lässt sich aber auch dadurch in den Griff bekommen, dass sie sich klarmachen, dass eine endgültige Entscheidung noch nicht getroffen ist. Sie halten Ihren Vorschlag für sinnvoll, aber Sie müssen erst hören, was andere darüber denken, bevor Sie entscheiden können, ob es auch wirklich eine gute Idee ist. Vielleicht gibt es Gründe, die dagegen sprechen. Das lässt sich auch ohne großen Stress herausfinden, indem Sie den Einwänden der anderen Gehör schenken und sie mit Fragen auffordern, Ihnen ihre Gedanken mitzuteilen.

Wenn Sie sich ununterbrochen um die richtige Entscheidung bemühen, selbst wenn das das Aus für Ihren Vorschlag bedeutet, können Sie das Schlimmste vermeiden, was Ihnen passieren kann, wenn Sie sich selbst verkaufen – zum Gegner zu werden. In der Rolle des Gegners kann niemand überzeugen. Wenn Sie zum Gegner werden, zwingen Sie den anderen automatisch in die gleiche Position. Das Ende vom Lied ist, dass jeder so mit der Suche nach Argumenten beschäftigt ist, um die Einwände des anderen abzuwehren, dass Ihr ursprünglicher Vorschlag in der allgemeinen Diskussion untergeht.

Gegner sehen einander nicht objektiv. Sie denken nicht über die Gedanken des anderen nach, um zu sehen, ob sie irgendwie von Nutzen sein können.

Wenn Sie Ihre Vorstellungen verkaufen möchten, stärken Sie sich innerlich vor einem Gespräch, um den Stress in Grenzen zu halten. Sie müssen dazu bereit sein, sich objektiv mit der Position des anderen auseinander zu setzen, und sie mit der Ihren zu vergleichen. Rufen Sie sich fortwährend in Erinnerung, dass Sie dem Impuls widerstehen müssen, den anderen mit Argumenten niederzubügeln, ohne jemals zuzuhören, was er zu sagen hat.

Meistern Sie die Kunst der Überzeugung

Haben Sie sich schon einmal dabei ertappt, dass Sie dachten: „Dieser Idiot kapiert einfach nicht, was ich sagen will. Wie bringe ich ihn nur dazu, meinen Vorschlag zu akzeptieren?“ Lernen Sie, effektiv und überzeugend zu kommunizieren, und Sie werden es schaffen, die anderen zu überzeugen. Außerdem verfügen Sie damit zugleich über eine entscheidende Qualifikation, die Sie meistern müssen, wenn Sie befördert werden möchten. Bevor wir darüber sprechen können, wie Sie ein Meister der Überzeugung werden, sollten wir zuerst sicherstellen, dass Sie den Unterschied zwischen Überzeugung und Manipulation klar erkennen. Viele Menschen glauben zwar, Überzeugung sei nur ein netteres Wort für Manipulation, doch dazwischen liegt ein Riesenunterschied.

Laut Duden bedeutet Manipulation, einen Menschen durch bewusste Beeinflussung in eine bestimmte Richtung zu lenken. Überzeugung dagegen heißt, jemanden durch Argumente dahin zu bringen, dass er etwas für richtig oder notwendig hält. Grundsätzlich bedeutet zu überzeugen, dass Sie dem anderen ermöglichen zu verstehen, was Sie sagen und was Sie fühlen. Das motiviert ihn wiederum dazu, das zu tun, was Sie ursprünglich für das Beste hielten.

Ich erlebte in meiner militärischen Grundausbildung einen typischen Fall von Überzeugung, als ich mich mit einem Kumpel unterhielt, während einer der Sergeants einen Vortrag über Landminen hielt. Der Sergeant unterbrach unsere Unterhaltung abrupt mit den Worten: „Du solltest mir lieber zuhören, Junge. Es könnte Dir das Leben retten.“ Von da an hing ich an seinen Lippen, denn er hatte mich mit einem entscheidenden Argument überzeugt: meinem Leben. In der Geschäftswelt stehen Sie unaufhörlich vor der Herausforderung, andere Leute dazu zu bringen das zu tun, was Sie möchten. Wenn Sie der Chef sind, können Sie einen Untergebenen manipulieren: „Ich will, dass Sie das für mich erledigen. Stellen Sie keine Fragen. Tun Sie’s einfach.“ Sie können ihn aber auch überzeugen, indem Sie sagen: „Ich möchte, dass Sie diese Aufgabe erledigen. Aber bevor Sie damit beginnen, werde ich Ihnen erklären, warum das für Sie und unser Unternehmen so wichtig ist.“ Führungspersönlichkeiten überzeugen mit Argumenten. Idioten manipulieren mit Gewalt.

Es gibt drei Möglichkeiten, einen anderen mit Hilfe eines Argumentes davon zu überzeugen das zu tun, was Sie möchten. Eines der wirkungsvollsten ist der persönliche Vorteil. Der Sergeant benutzte mein Leben, ein mir sehr wichtiges persönliches Gut, als Argument, um mich davon zu überzeugen, dass ich zuhören sollte. Namen können als Referenz ebenfalls wirkungsvolle Argumente für den persönlichen Vorteil sein. Angenommen Sie möchten einen Termin mit der Vizepräsidentin ausmachen, die Einfluss auf Ihren beruflichen Aufstieg hat. Sie hat keine Ahnung, wer Sie sind, und das ist auch einer der Gründe dafür, warum Sie sie kennen lernen möchten. Jemand in Ihrem Netzwerk kennt sie gut und rät Ihnen, sich mit ihr zu treffen. Sie können Sie davon überzeugen, Sie zu empfangen, indem Sie sagen: „Ein gemeinsamer Bekannter, Dave Rye, hat mir vorgeschlagen, Sie anzurufen und ein halbstündiges Treffen mit ihnen zu arrangieren. Würde Ihnen zehn Uhr morgen Vormittag passen?"

Sinnvoll ist es auch, wichtige Argumente in Form von Fragen vorzubereiten. Eine Frage muss sehr genau gestellt werden, um wirkungsvoll zu sein, so dass der Zuhörer erst gründlich nachdenken muss, bevor er antwortet. Der Sinn und Zweck einer Frage besteht darin, dass der Zuhörer alle anderen Gedanken aus seinem Kopf verbannt und Ihnen zudem Informationen liefert, die Sie vielleicht dazu nutzen können, Ihn zu überzeugen. Sagen wir, Sie haben eine großartige Werbeidee für das neue Produkt, das Ihr Unternehmen in Kürze auf den Markt bringen wird. Irgendwie müssen sie den Vizepräsidenten der Marketingabteilung von Ihrer Idee überzeugen, was ein weiterer Pluspunkt für Sie wäre. Sie sprechen ihn also an und fragen: „Was halten Sie von dem neuen Produkt, das wir nächste Woche auf den Markt bringen werden?"

Die Frage lenkt die Aufmerksamkeit Ihres Zuhörers auf das neue Produkt und eröffnet Ihnen dadurch die Möglichkeit über Ihre Ideen zu seiner Einführung zu sprechen. Während Sie sich die Antwort anhören, schnappen Sie vermutlich wertvolle Informationen auf, die Ihnen helfen, Ihr Gegenüber zu überzeugen. Angenommen er sagt: „Das Produkt ist großartig, aber offen gestanden tun wir uns ziemlich schwer damit, eine gute Idee zu seiner Einführung zu finden." Bingo! Sie haben gerade einen Volltreffer gelandet und wenn Sie jetzt sagen: „Ich hätte da eine richtig gute Idee, wie Sie das Produkt einführen könnten. Möchten Sie sie hören?", sind sie nicht mehr aufzuhalten.

Der dritte Aspekt der Argumentation bedient sich einer starken Aussage. Nehmen wir folgendes Beispiel: Sie betreten zur vereinbarten Zeit das Büro Ihres Chefs, schließen die Tür und sagen: „Wenn wir nicht sofort etwas unternehmen, verlieren wir unseren besten Kunden. Ich habe einige Vorschläge, wie wir das verhindern können." Mit einem Satz haben Sie die volle Aufmerksamkeit Ihres Chefs auf das Problem gelenkt und gleichzeitig sein Interesse an Ihren Lösungsvorschlägen geweckt.

Gemeinsam sind diese drei Vorgehensweisen mächtige Werkzeuge, wenn es darum geht jemanden davon zu überzeugen, das zu tun, was Sie möchten. In dem Werbefilm für ihre Fitnessvideos setzte Jane Fonda alle drei Arten ein, und das klang ungefähr so: „Hallo, ich bin Jane Fonda und ich möchte Ihnen etwas Wichtiges mitteilen (persönlicher Vorteil). Gehören Sie zu den 50 Millionen Amerikanern, die jedes Jahr versuchen abzunehmen (Frage)? Diäten funktionieren einfach nicht, wie Sie feststellen werden, wenn Sie mein Video bestellen (starke Aussage)." Dieser 15 Sekunden lange Werbefilm veranlasste Millionen von Menschen dazu, vom Sofa aufzuspringen und Janes Fitnessvideo zu kaufen.

Wenn Sie Ihre Zuhörer zu Beginn einer Unterhaltung effektiv ködern, werden sie Ihnen konzentriert zuhören. Außerdem gibt es eine letzte Möglichkeit, die Sie ebenfalls in Betracht ziehen sollten. Wie veranlassen sie einen Menschen dazu etwas für Sie zu tun? Jeder Mensch ist auf der Suche nach seinem persönlichen Vorteil, und wenn jemand glaubt etwas dabei zu gewinnen, wenn er sich Ihrer überzeugenden Argumentation anschließt, wird er handeln. Jane Fonda versprach den Zuschauern ein kostenloses Exemplar ihres Fitnessbuchs, wenn sie das Video bis zu einem bestimmten Zeitpunkt bestellten, was ein Beispiel für einen materiellen Vorteil ist. Der persönliche Vorteil kann sich auch in Form von Sicherheit, Akzeptanz, Reichtum und Erfolg äußern.

Sie können einen Menschen auch dazu bringen, dass er sich für Sie einsetzt, indem Sie sich die angeborene Verlustangst zu Nutze machen. Ihr Chef will beispielsweise sicher nicht die besten Kunden verlieren und ist bereit zu handeln, wenn Sie ihm eine brauchbare Lösung für das Problem liefern. Nur wenn Ihre Zuhörer das, was Sie verlieren könnten, schätzen, werden sie handeln.

Sehen wir uns abschließend noch einmal die wichtigsten Punkte an, die Sie beachten müssen, wenn Sie Menschen davon überzeugen möchten etwas zu tun.

Setzen Sie, wann immer Sie können, alle drei Aspekte des Überzeugens bei der Eröffnung Ihrer Präsentation ein. Stellen Sie sicher, dass Sie Ihren Zuhörern die gesamte Präsentation hindurch mit Respekt begegnen. Vermeiden Sie abfällige Bemerkungen. Finden Sie heraus, welche Vorzüge Ihre Idee hat und auf welche Weise sie das Bedürfnis Ihrer Zuhörer erfüllt. Konzentrieren Sie sich auf die beiden wichtigsten Beweggründe Ihrer Zuhörer: ihren Wunsch nach einem persönlichen Vorteil und ihre Angst vor Verlust. Führen Sie schon im Vorfeld mögliche Einwände Ihrer Zuhörer auf, und erklären Sie, wie Sie jeden davon entkräften werden.

4 Selbstmotivation

Haben Sie je einen Motivationstrainer dabei beobachtet, wie er eine Gruppe von Menschen in einen hysterisch klatschenden, schreienden und winkenden Haufen verwandelt? Die wirklich guten Trainer schäumen über vor Selbstvertrauen, wenn sie ihrem Publikum versichern, dass ein Mensch alles erreichen kann, wenn er nur an sich glaubt. Und natürlich glauben wir an uns. Wir sind überzeugt davon, dass auch wir Wunder wirken werden, wenn das Seminar vorbei ist. Viele Motivationstrainer erwecken mit der Art, wie sie ihren Vortrag halten, meist mehr Aufmerksamkeit als mit ihren Worten.

Motivationstrainer spielen mit unseren Gefühlen und wissen genau, wie sie unser Herz zum Schlagen und unseren Adrenalinspiegel zum Steigen bringen. Das ist auch der Grund, warum die Menschen sehr viel Geld für diese „Vorträge" ausgeben. Wenn Sie allerdings nicht nur unterhalten werden, sondern zum Beispiel auch Ihre Motivation verbessern möchten, sind Vorträge dieser Art völlig nutzlos. Nach dem Vortrag springen Sie genau wie alle anderen im Publikum auf und werden von der vorübergehenden Massenhysterie eingefangen. Eine Viertelstunde nachdem das Seminar vorüber ist und Sie auf den Boden der Tatsachen zurückgekehrt sind, gehen Sie recht schnell wieder zur Tagesordnung über – und genau das ist das Problem. Das kurze Gefühl extremer Motivation beginnt bereits wenige Stunden nach dem Seminar wieder zu verblassen.

Während Sie an Ihrer Karriere basteln, müssen Sie einen Weg finden, *sich selbst* jeden Tag von neuem für 24 Stunden zu motivieren. Menschen, die mit sich und ihren Beförderungsaussichten zufrieden sind, liefern fortwährend gute Ergebnisse und beeinflussen jeden, den sie treffen, positiv. Die größte Herausforderung, die während Ihres Aufstiegs auf der Karriereleiter im Bereich der Motivation auf Sie wartet, besteht darin, die Motivation auch unter widrigen Umständen nicht zu verlieren.

6 x Selbstmotivation

Alle Menschen haben dieselben Grundbedürfnisse. Wenn diese Bedürfnisse nicht ausreichend befriedigt sind, verspüren wir eine entsprechend starke Motivation und den Wunsch, unsere augenblickliche Situation zu verbessern. Folgende sechs Voraussetzungen helfen Ihnen, Ihre Motivation und Ihre Chancen auf eine Beförderung zu erhöhen.

Sie müssen einen Grund für das haben, was Sie tun möchten. O.k., Sie möchten befördert werden. Erfüllt diese Herausforderung Sie auch wirklich mit Begeisterung? Ist es das, was Sie wirklich möchten? Wenn Ihre Antwort „Nein" lautet, werden Sie niemals motiviert genug sein, um tatsächlich befördert zu werden.

Sie müssen sich Aufgaben und Ziele setzen, sie fortwährend überprüfen und täglich daran arbeiten. Die Herausforderung liegt darin, Etappenziele zu verfolgen, die in Ihren großen Karriereplan passen.

Sie sollten an Zielen und Wünschen arbeiten, die Sie für gut halten, die Ihnen wertvoll erscheinen. Wenn Sie Ziele verfolgen, die keinen persönlichen Wert für Sie haben, werden Sie Ihre Motivation verlieren.

Arbeiten Sie nur an Zielen, die Sie für erreichbar halten. Wie wertvoll ein Ziel für sie auch sein mag, die meisten Menschen machen sich erst dann die Mühe es zu verfolgen, wenn sie eine realistische Chance sehen, es auch zu erreichen. Vielleicht träumen Sie davon, der Vorstandsvorsitzende Ihres Unternehmens zu werden, aber solange Sie denken, Ihre Ausbildung sei nicht ausreichend, werden Sie nichts tun, um Ihren Wunsch zu verwirklichen.

Die Umstände, unter denen Sie ein Ziel verfolgen, können Auswirkungen auf seinen Wert haben. Ihr Arbeitsumfeld kann sich auf den Wert der Ziele auswirken, die Sie anstreben. Zum Beispiel hat Ihr Chef Ihnen versprochen, Sie würden zum Abteilungsleiter befördert, wenn Sie ein bestimmtes Ziel erreichen. Als Ihnen das gelungen ist, müssen Sie feststellen, dass Sie eine weit entfernte Zweigniederlassung leiten werden, wodurch das Ziel möglicherweise seinen Wert für Sie verliert.

Nur wenn Sie motiviert sind, werden Sie Ihre Ziele auch verfolgen. Die Umkehrung ist ebenso gültig: Wenn Sie keine Ziele haben, sind Sie auch nicht motiviert.

Während Sie die in diesem Abschnitt beschriebenen Motivationstechniken anwenden, lernen sie sich selbst immer besser zu motivieren, indem Sie beobachten, was die Menschen motiviert, die Sie bewundern. Achten Sie auf ihren Tonfall, ihre Art zu sprechen, wie sie Augenkontakt herstellen, ihre Mimik, ihre Körperhaltung und ihr Selbstvertrauen. Ein durch und durch motivierter Mensch motiviert nicht nur sich, sondern jeden, dem er begegnet. Wenn Sie sich diese Qualifikation aneignen, werden Sie erstaunt sein, wie viel mehr Sie leisten können, wie mühelos Sie die Unterstützung anderer gewinnen und wie grenzenlos Ihre Motivation dabei wird.

Hören Sie niemals auf besser zu werden. In der heutigen Geschäftswelt könnte jeder mehr Geld verdienen, erfolgreicher und glücklicher sein, wenn er nur wollte. Warum also gelingt das vielen nicht? Weil sie irgendwann auf halbem Weg aufgehört haben an sich zu arbeiten. Sie wurden selbstzufrieden und waren nicht mehr bereit etwas dafür zu tun, dass sie das, was sie tun, immer besser machen. Und was noch wichtiger ist: Sie waren nicht mehr bereit etwas dazuzulernen, was ihren Wert für das Unternehmen oder in ihren eigenen Augen gesteigert hätte.

Denken Sie wie ein Gewinner

In unserer Leistungsgesellschaft sind wir dazu gezwungen, immer den Punktestand im Auge zu behalten, sei es nun beim Baseball oder in der Arbeitswelt. In diesem Abschnitt habe ich ein paar „Einzeiler" darüber zusammengefasst, was man braucht, um ein Gewinner zu sein, wie Sie Ihr persönliches Image und Ihre zwischenmenschlichen Beziehungen verbessern und Ihre Motivation steigern können. Es ist mir durchaus bewusst, dass der Sieg beim Karrierepoker eine ernste Angelegenheit ist. Trotzdem denke ich, es ist an der Zeit diese Herausforderung mit etwas mehr Humor zu sehen. Ich bin fest davon überzeugt, dass wir uns zurücklehnen und über uns selbst lachen können müssen, wenn wir beim Erklimmen der Karriereleiter unsere geistige Gesundheit bewahren möchten.

1. Gewinner machen feste Zusagen und halten sie ein. Verlierer machen Versprechungen und vergessen sie.
2. Wenn Gewinner Fehler machen, geben sie diese zu und bringen die Sache in Ordnung. Wenn Verlierer Fehler machen, sagen sie: „Es war nicht meine Schuld", und verdrücken sich.
3. Gewinner arbeiten härter als Verlierer, haben aber mehr Freizeit als Verlierer. Die sind nämlich zu sehr mit dem Nichtstun beschäftigt.
4. Gewinner arbeiten sich durch Probleme hindurch, um sie zu lösen. Verlierer umgehen sie.
5. Gewinner zeigen, dass sie einen Fehler bedauern, indem sie ihn wieder gutmachen. Verlierer entschuldigen sich, und machen denselben Fehler wieder.
6. Gewinner hören zu, bevor sie sprechen. Verlierer warten einfach, bis sie an der Reihe sind, und sagen dann irgendetwas, ohne gehört zu haben, was vorher gesprochen wurde.

7. Gewinner sagen: „Es muss noch einen besseren Weg geben." Verlierer sagen: „Wir haben das schon immer so gemacht. Wieso sollten wir etwas daran ändern?"
8. Gewinner respektieren Menschen, die mehr wissen als sie selbst, und versuchen von ihnen zu lernen. Verlierer nehmen es Menschen übel, wenn diese mehr wissen als sie, und kritisieren sie hinter ihrem Rücken.
9. Gewinner kennen nur ein Tempo: schnell! Verlierer müssen nicht auf ihre Geschwindigkeit achten, weil sie nur zwei Gangarten kennen: langsam und stopp.
10. Gewinner können ihre Stärken und ihre Schwächen realistisch einschätzen. Verlierer wissen nicht, welche Stärken oder Schwächen sie haben.
11. Gewinner respektieren die Gefühle anderer. Verlierer respektieren nur die eigenen Gefühle.
12. Gewinner geben mehr als sie nehmen, weil sie vorausschauen. Verlierer verlassen sich auf die Stärkeren und lassen ihren Frust an den Schwächeren aus.
13. Gewinner gestehen ihre Vorurteile ein und sind stets bemüht, sie zu korrigieren. Verlierer wissen nicht, wie man irgendetwas korrigiert.
14. Gewinner wissen, wann sie aufhören müssen, wenn sie ihre Argumente gebracht und den Abschluss gemacht haben. Verlierer reden weiter, weil sie nie wissen, wann sie fertig sind.
15. Gewinner behandeln alle Menschen gleich, egal ob diese etwas für sie tun oder sie nicht unmittelbar unterstützen können. Sie wissen nämlich, dass sie sich beim nächsten Mal auf sie verlassen können. Verlierer ignorieren alle, die ihnen nicht unmittelbar von Nutzen sind.
16. Gewinner wissen, dass sie niemals aufhören dürfen zu lernen, selbst wenn sie in den Augen anderer Experten sind. Verlierer denken, sie wüssten schon alles.
17. Was uns mit Gewinnern versöhnt, ist ihre Fähigkeit, über sich selbst zu lachen, ohne sich dabei herabzusetzen. Verlierer lachen nur über andere.
18. Gewinner haben Verständnis für die Schwächen der anderen, weil sie ihre eigenen Schwächen kennen. Verlierer gestehen sich nicht eine einzige ihrer Schwächen ein.
19. Gewinner wissen, dass man bereit sein muss, mehr zu geben als zu nehmen, wenn man gewinnen will. Verlierer nehmen immer mehr als sie geben, selbst wenn es Diebstahl ist.

Erfolg und Misserfolg berühren eine große Bandbreite menschlichen Strebens, einschließlich des eigenen Selbstbildes, der Wertvorstellungen, Motivationen und persönlichen Beziehungen. Wenn wir die Gewinner von den Verlierern scheiden, erlaubt uns das, etwas Abstand vom ernsten „Spiel des Lebens“ zu gewinnen und über uns selbst zu lachen – das ist eine unentbehrliche menschliche Eigenschaft. Wenn Sie wie ein Gewinner denken, werden Sie auch einer sein.

Werden Sie zum Gewinner. Bei allem, was Sie denken, sagen oder tun, haben Sie die Wahl zwischen Optimismus und Pessimismus, positiv und negativ. Ich kann Ihnen versichern, dass Optimisten sehr viel eher als Pessimisten bekommen, was sie wollen. Ihre optimistische Haltung zeigt den Menschen, in deren Hand Ihre Beförderung liegt, dass Sie gut vorbereitet und zuversichtlich sind. Außerdem heben Sie sich dadurch von allen anderen ab.

Werden Sie zum Unternehmer

Früher unterschieden sich Angestellte vollkommen von Unternehmern. Das war, bevor wir lernten, diese beiden Typen miteinander zu kreuzen. Wenn Sie noch nicht zu dieser neuen Gattung gehören, sollten Sie sich ranhalten, wenn Sie befördert werden möchten. Ihre firmenorientierte Seite sagt Ihnen, wann Sie sich lieber an Spielregeln und Abläufe halten sollten, damit Ihre Loyalität gegenüber dem Unternehmen über jeden Verdacht erhaben ist. Andererseits wird Ihre unternehmerische Seite Sie prompt daran erinnern, dass, obwohl Sie Ihrem Unternehmen gegenüber überaus loyal sind, dies umgekehrt nicht immer der Fall sein muss.

Machen wir uns nichts vor. Sie sind nicht mehr in Kansas und die gelbgepflasterte Straße ist voller Schlaglöcher. Die guten alten Zeiten, als Sie damit rechnen konnten, ein Leben lang für dieselbe Firma zu arbeiten, sind vorbei. Fragen Sie doch einen der 225.000 ehemaligen IBM- oder einen der 200.000 AT&T-Angestellten, die in den 80er und 90er Jahren im selben Boot saßen. Tatsache ist, dass Sie im Laufe Ihrer Karriere mehrmals den Arbeitsplatz wechseln werden, also gewöhnen Sie sich an den Gedanken.

In vielerlei Hinsicht arbeiten Sie auch nicht für ein Unternehmen, sondern für sich selbst. Wie jeder gute Unternehmer verkaufen Sie sich selbst, Ihre Talente und Ihr Wissen an einen Arbeitgeber, der dafür das zahlt, was ihm Ihre Fähigkeiten wert sind. Während Sie diese Fähigkeiten ausbauen, sollten Sie anfangen wie ein Unternehmer zu denken. Hier sind einige Ideen, um Ihnen den Anfang zu erleichtern:

Lernen Sie Hindernisse zu überwinden. Stellen Sie fest, wo Sie im Augenblick stehen, und finden sie heraus, welche Hindernisse Sie auf dem Weg zu Ihrem Ziel noch bewältigen müssen. Dann denken Sie darüber nach, wie Sie diese Hindernisse überwinden können.

Verbessern Sie Ihre Schlüsselqualifikationen. Listen Sie alle Schlüsselqualifikationen auf der Rückseite Ihrer Visitenkarte auf und beschließen Sie, jeden Tag auf einem Gebiet etwas besser zu werden.

Setzen Sie sich Aufgaben, um Ihre Fähigkeiten zu verbessern. Nehmen Sie sich am Ende jeden Tages einen Augenblick Zeit und fügen Sie Ihrer Aufgabenliste die Dinge hinzu, die Sie tun wollen, um Ihre Fähigkeiten zu verbessern.

Benutzen Sie keine Ausreden. Streichen Sie das Wort „Ausrede" und Sätze wie: „Ich habe keine Zeit", „Ich komme nicht weiter", „Ich weiß nicht, was ich will", sowie alles, was einer unternehmerischen Geisteshaltung widerspricht, aus Ihrem Wortschatz.

Fangen Sie an, wie ein Unternehmer zu denken. Beim Golf sehen Unternehmer nur das Grün. Angestellte sehen nur die Bunker.

Letzten Endes sollte es Ihr Ziel sein, so wertvoll zu werden, dass Ihnen die Headhunter die Türe einrennen und die Unternehmen sich gegenseitig überbieten, um von Ihnen erhört zu werden. Als Kreuzung aus einem Unternehmer und einem Angestellten werden Sie die Fähigkeit entwickeln, die großen Zusammenhänge zu sehen, und gleichzeitig genau wissen was Sie tun müssen, um das gewünschte Ergebnis zu erzielen. Sie wissen, dass Sie gut sind, denn Ihre Kollegen fragen Sie ständig um Rat und nach Ihren Ideen. Ihre Motivation kennt keine Grenzen, und wenn Sie auf ein Hindernis stoßen, betrachten sie es als Herausforderung und aufregende Lernerfahrung, nicht als Problem. Ihr berufliches Selbstvertrauen dehnt sich auch auf Ihr Privatleben aus, wo Sie alles unter Kontrolle haben.

Lernen Sie sich deutlich vorzustellen, wie Überflieger denken und handeln. Lesen Sie, was diese Menschen geschrieben haben, und setzen Sie sich damit auseinander. Hören Sie sich ihre Kassetten an und gehen sie auf Seminare, um sie reden zu hören. Laden Sie einen Überflieger aus der Arbeit zum Essen ein und hören Sie aufmerksam zu. Lernen Sie von den Meistern, soviel Sie können.

Gehen Sie eine Verpflichtung ein

Haben sie sich je gefragt, warum Maulesel nicht an einem Pferderennen teilnehmen? Maulesel sind Arbeitstiere. Wenn Sie ihnen genug Zeit geben, bringen sie Sie zuverlässig von A nach B, aber ein Pferderennen werden sie niemals gewinnen. Diese sportliche Aufgabe bleibt den Vollblütern vorbehalten. Halten Sie sich für einen Vollblüter und glauben Sie, dass die unbedingte Verpflichtung gegenüber Ihrer Aufgabe Sie zum Gewinner machen wird? Halten Sie einen Augenblick inne, während Sie auf die Ziellinie – Ihre Beförderung – zurasen, und denken Sie darüber nach, wo Sie eigentlich hinrennen. Überzeugen Sie sich davon, dass Ihre Gedanken auf das gerichtet sind, was Sie erreichen möchten. Gibt es Hindernisse in Ihrem Weg und sehen Sie die Hürden aus der richtigen Perspektive?

Auf seinem Totenbett wurde J. Paul Getty gefragt: „Mr. Getty, Sie sind einer der reichsten Männer der Welt. Wenn Sie Ihr Leben noch einmal leben könnten, was würden Sie anders machen?“ Er antwortete: „Oh, das ist schnell gesagt. Ich würde größere Geschäfte machen. Und stärkere Verpflichtungen eingehen!“ Ich glaube, dass zwischen der Verpflichtung, die Sie einem Ziel wie Ihrer Beförderung gegenüber eingehen, und dem, was Sie erreichen, eine direkte Verbindung besteht. Je stärker Ihre Verpflichtung, desto größer ist Ihre Motivation. Verpflichtung und Motivation stehen in einer Wechselbeziehung zueinander. Beides muss vorhanden sein, damit Sie vorwärts kommen. Machen Sie es nicht wie der Kamikazepilot, der mehr als 200 Einsätze flog. Er war zwar eine Verpflichtung eingegangen, aber nicht motiviert genug, den Job richtig zu machen.

Um sich einer Sache verpflichtet zu fühlen, müssen Sie zuerst klären, was Ihr Ziel ist. Was genau möchten Sie erreichen? Sind Sie Feuer und Flamme? Fühlen Sie sich motiviert? Wenn Ihre Motivation nicht von einem Engagement gestützt wird, an das Sie glauben, wird sie auch nicht von Dauer sein. Der Durchschnittsmensch nutzt nur etwa 20 Prozent seiner Gehirnkapazität. Wir alle verfügen über unglaubliche Reserven und ungenutzte Kapazitäten, um das zu tun, wozu wir uns verpflichten.

Leider halten uns unsere Ausreden mit am stärksten davon ab, eine Verpflichtung einzugehen. Wir wappnen uns mit allen erdenklichen Ausflüchten. Wie oft haben Sie sich dabei ertappt, dass Sie sagten: „Nun ja, anderen mag es vielleicht leicht fallen, Feuer und Flamme zu sein. Mir jedenfalls nicht. Ich muss an so vieles denken. Es läuft nicht so, wie ich es mir vorgestellt hatte.“ Die Liste der Ausreden, die wir alle schon einmal benutzt haben, ist endlos. Befreien Sie sich davon. Jetzt!

Zusammenfassend können wir sagen, eine Verpflichtung ist das Gefühl, das uns dazu anspornt, etwas für uns Wichtiges zu erreichen. Wenn Sie sich einer Aufgabe erst einmal verpflichtet haben, ist das Problem schon halb gelöst. Alles was Sie dann noch tun müssen, um über einen langen Zeitraum hinweg motiviert zu bleiben, ist Ihr Ziel aktiv zu verfolgen. Wenn Sie beharrlich am Ball bleiben, wird Ihnen die Kraft der Motivation den Rest Ihres Lebens gute Dienste leisten.

Der Großteil der beruflichen Fehlschläge beruht auf der Unfähigkeit vieler Menschen sich zu organisieren. Wenn Sie sich einem Ziel verpflichtet haben, gliedern Sie es in einzelne Aufgaben, die Sie erfüllen müssen, um Erfolg zu haben. Dann verpflichten Sie sich dazu, diese Aufgaben innerhalb eines bestimmten Zeitraums zu erledigen.

Glauben Sie an sich

Ein gesundes Selbstbild ist der Ausgangspunkt für Erfolg und Glück. Laut Dr. Joyce Brothers, einer bekannten Psychologin, bildet das „Selbstbild eines Menschen den Kern seiner Persönlichkeit. Es beeinflusst jeden Aspekt menschlichen Verhaltens, einschließlich der Fähigkeit zu lernen, zu wachsen und sich zu verändern, die Wahl der Freunde, des Partners und des Berufs. Es ist nicht zu hoch gegriffen, wenn man sagt, dass ein starkes, positives Selbstbild die beste Grundlage für Erfolg im Leben ist."

Wenn Sie erfolgreich und glücklich sein möchten, müssen Sie zuallererst an sich glauben. All die Ziele, die Sie sich selbst setzen, um sich zu motivieren, all das positive Denken, in dem Sie sich üben, wird Ihnen erst dann etwas nützen, wenn Sie sich selbst akzeptieren. Menschen mit einem schlechten Selbstbild stellen häufig fest, dass positives Denken allen hilft, nur nicht ihnen. Hier sind die Hauptursachen für ein schlechtes Selbstbild und was Sie dagegen tun können:

Eine negative Gesellschaft. Das Problem ist zum Teil darin begründet, dass wir in einer negativen Gesellschaft leben, die uns fortwährend mit negativen Ereignissen bombardiert. Schlagen Sie eine beliebige Zeitung auf. Es dürfte Ihnen kaum gelingen, auch nur eine positive Meldung auf der Titelseite zu finden. Unsere typischen Bemerkungen zeigen, wie sehr Negativität inzwischen vorherrscht. Wenn Sie jemanden nach seinem Befinden fragen, bekommen Sie zur Antwort: „Es geht schon" oder „Einigermaßen" statt „Einfach großartig, danke". Beantworten Sie die Frage, wie es Ihnen geht, ab jetzt immer mit: „Großartig", selbst wenn es Ihnen nicht so toll geht. Sie werden sich besser fühlen, nachdem Sie es gesagt haben!

Negative Verstärkung. Ein Mensch kann ein schlechtes Selbstbild entwickeln, wenn seine Fähigkeiten, sein Aussehen oder seine Intelligenz wiederholt von einer Autoritätsperson lächerlich gemacht wurden. Das kann ein Elternteil, ein Lehrer, die Freunde oder ein Chef gewesen sein. In vielen Fällen richten versteckte Andeutungen oder Anspielungen den Schaden an. Wie oft hat eine harmlose Bemerkung Sie in blinde Wut versetzt? Das Ende vom Lied ist, dass Sie anfangen sich durch die negativen Augen der anderen zu sehen. Lassen Sie das nicht zu!

Übertreibung. In manchen Fällen kann eine überspitzte Bemerkung dem Selbstbild einen harten Schlag versetzen. Sie sagen etwas während einer Besprechung, und ein anderer antwortet: „Schon wieder eine von Deinen dämlichen Ideen." Welch immense Last Ihnen das aufbürdet! Die Bemerkung impliziert, alle Ihre Ideen seien dämlich, was natürlich nicht stimmt. Achten Sie darauf, bei Übertreibungen dieser Art nicht überzureagieren.

Minderwertigkeitskomplex. Ein schlechtes Selbstbild könnte auch auf einen Minderwertigkeitskomplex zurückgehen, der sich in der Kindheit entwickelt hat und in das Leben als Erwachsener mit hineingenommen wurde. Hat die Zersetzung Ihres Selbstbildes erst einmal begonnen, findet Ihr Minderwertigkeitsgefühl gewöhnlich immer weitere Nahrung. Sie sollen die Vergangenheit nicht vergessen, aber Sie sollen auch nicht darin versinken.

Unfaire Vergleiche. Sie können Ihrem Selbstbild auch dadurch schaden, dass Sie unfaire Vergleiche zwischen persönlichen Erfahrungen anstellen. Das geschieht, wenn Sie Ihre Erfahrungen mit denen anderer Menschen vergleichen, deren Erfolge überschätzen und Ihre eigenen Leistungen abwerten. Wenn Sie glauben, bei allen anderen laufe immer alles perfekt, nur nicht bei Ihnen, leben Sie in einer Traumwelt.

Vergleichen von Eigenschaften. Wir entwickeln häufig die Marotte, unsere schlechtesten Eigenschaften mit den größten Talenten der anderen zu vergleichen. Eine Frau machte sich das zur Gewohnheit, endete schließlich als Putzfrau und lebte von der Sozialhilfe. Als sie ihre positiven Eigenschaften entdeckte, zum Beispiel ihr Talent Menschen zum Lachen zu bringen, begann sie am Broadway aufzutreten und in Hollywood-Filmen mitzuspielen. Heute gilt Phillis Diller als eine der besten Komödiantinnen aller Zeiten.

Wenn man alle Ursachen für ein schlechtes Selbstbild zusammennimmt, ist es kaum verwunderlich, dass so viele Menschen an dieser weit verbreiteten und ansteckenden Krankheit leiden. Um eine Ansteckung zu verhindern, ist es wichtig, die Symptome eines schlechten Selbstbildes zu kennen. Nur dann sind Sie in der Lage, die eigenen Schwierigkeiten mit Ihrem Selbstbild in den Griff zu bekommen. Wenn Sie Ihre Probleme identifizieren und sich ihnen mit Zuversicht stellen, ist die Lösung nicht mehr fern. Ebensowenig wie Ihre Beförderung.

Wenn Sie sich eine Sache angewöhnen, entscheiden Sie sich damit gleichzeitig auch für das, wozu diese Angewohnheit letzten Endes führt. Meist gewöhnt man sich etwas recht schnell an. Gute Angewohnheiten machen das Leben leichter, schlechte machen es schwerer. Schlechte Angewohnheiten schleichen sich im Laufe der Zeit meist langsam ein, und ehe man sich's versieht, ist man ihnen ausgeliefert.

Nutzen Sie die Kraft des positiven Denkens

In seinem Buch *Die Kraft des Positiven Denkens* schrieb Norman Vincent Peale, dass die meisten Menschen entweder eine positive oder eine negative Einstellung zu etwas haben. Lernen Sie eine positive Einstellung zu entwickeln. Eine positive Sichtweise auch unangenehmer Dinge und Gefühle wird Ihnen helfen, diese besser zu bewältigen.

Ich selbst entdeckte die Macht des positiven Denkens, als ich eines Morgens das IBM-Gelände in Boulder, Colorado, betrat und beobachtete, wie drei Blinde vor dem Haupteingang aus einem Bus ausstiegen. Es waren genau wie ich IBM-Mitarbeiter, die zur Arbeit gekommen waren. Der einzige Unterschied lag darin, dass sie nicht selbst fahren konnten.

Während ich die Kollegen beobachtete, dachte ich an die heikle Besprechung mit meinem Chef, die in einer Viertelstunde angesetzt war. Wir wollten über Probleme sprechen, die bei einem wichtigen Kunden aufgetaucht waren. Der Lärm, der vom Bus zu mir herüberdrang, lenkte meine Aufmerksamkeit erneut auf die Blinden, die sich lachend gegenseitig aus dem Bus halfen. Fasziniert folgte ich ihnen in das Gebäude und durch die Empfangshalle, während sie einander mit einem Lächeln auf den Lippen und lachenden Herzens auch weiterhin den Weg zu ihren jeweiligen Arbeitsplätzen wiesen. Nachdem sie verschwunden waren, schloss ich, dass ich keinerlei Grund zur Negativität hatte. Um ehrlich zu sein, war ich von der positiven Einstellung, die diese Männer soeben bewiesen hatten, ziemlich beschämt. Ich war hier der Behinderte!

Wann immer Sie am Boden zerstört sind, versichern Sie sich, dass Sie den Dingen die richtige Bedeutung beimessen. Das ist eine der schnellsten Möglichkeiten, die ich kenne, um zur Macht des positiven Denkens zurückzufinden. Dank der drei Blinden entwickelte sich die anschließende heikle Besprechung mit meinem Chef zu einem der konstruktivsten Gespräche, die ich jemals hatte. Ich begann es mit den Worten: „Natürlich haben wir ein paar Probleme. Aber ich denke, wir können sie auf folgende Art und Weise lösen.“ Im Verlauf des Gesprächs schmolzen auch die letzten Reste des Eisbergs, und alle unsere vermeintlichen Probleme wurden gelöst.

Demonstrieren Sie Entschlossenheit

Manche Menschen sind großartig darin, sich entschlossen von großen Problemen und Rückschlägen zu erholen.

z.B Lod Cook, der Generaldirektor von Atlantic Richfield, ist das Paradebeispiel eines Mannes, der dank seiner Entschlossenheit alle Probleme meisterte. Lod wuchs zur Zeit der Wirtschaftsdepression in einer kleinen Stadt namens Grand Cane in Louisiana auf. Ein Holzfeuer wärmte sein Elternhaus. Hinter dem Haus stand der Donnerbalken, davor eine Quelle. Trotz der bescheidenen Verhältnisse, aus denen er stammte, ermutigten ihn seine Eltern immer dazu, entschlossen vorwärts zu streben.

Kurz nachdem er seinen Abschluss an der Universität gemacht hatte, fing Lod bei Atlantic Richfield als Angestellter der Personalabteilung an. Er arbeitete gerne mit Menschen zusammen, und mit der Zeit entdeckte er, wie man die verschiedensten Persönlichkeiten dazu brachte, an einem Strang zu ziehen. 1977 übernahm Lod die Leitung von Arcos Transportabteilung und vertrat deren Interessen bei der Trans-Alaska-Pipeline. Die Pipeline war das gemeinsame Eigentum sieben großer Unternehmen, welche die Leitung zusammen mit Vertretern regionaler und staatlicher Behörden gebaut hatte. Die Katastrophe brach herein, als eine der großen Pumpstationen niederbrannte.

Bis auf Lod hatten die meisten Leute, die an dem Projekt beteiligt waren, sehr viel Erfahrung mit Pipelines. Auf der Suche nach einer Möglichkeit, die eingeschränkte Pumpleistung zu steigern, schlug Lod vor, ein bislang ungetestetes Zusatzmittel namens DRA (ein Mittel zur Erhöhung der Fließgeschwindigkeit des Öls) einzusetzen. Sein Plan war, das Rohöl mit DRA zu versetzen und auf diese Weise die Pumpleistung der restlichen Stationen zu erhöhen. Die Kollegen lachten ihn aus. Entschlossen stellte sich Lod ins Labor, mischte DRA mit Öl und entdeckte, dass es funktionierte.

Doch das war der einfache Teil der Lösung. Die anderen sechs Konkurrenzfirmen und Eigentümer der Pipeline von einer Idee zu überzeugen, die ihre Experten zuvor als schwachsinnig verworfen hatten, war schon schwieriger. Lod bildete ein Team und überzeugte die Mitglieder davon, einem Versuch mit DRA zuzustimmen. Die Pipeline war ursprünglich für 1,4 Millionen Barrel Öl am Tag ausgelegt. DRA erhöhte ihre Kapazität auf über 4 Millionen Barrel am Tag. Lods Beharrlichkeit hatte sich gelohnt, und später wurde er zum Generaldirektor befördert, was wieder einmal beweist, dass sich Hartnäckigkeit im Karrierepoker auszahlt.

Machen Sie Ihre Arbeit gut und nutzen Sie Ihre angeborene Fähigkeit dazuzulernen. Werden Sie ein Meister Ihres Fachs. Lernen Sie alles, was es über die Produkte und Dienstleistungen Ihres Unternehmens zu wissen gibt; informieren Sie sich über Ihre Branche und den Aufbau der wichtigsten Konkurrenzunternehmen. Besuchen Sie Seminare und lesen Sie alle einschlägigen Handelsblätter. Und sehen Sie dabei immer aus wie ein Profi. Achten Sie auf Ihre Garderobe und eine gepflegte Erscheinung, damit man Sie auch bemerkt. Wenn mehr und mehr Menschen Sie um Rat fragen und um Ihre Unterstützung bitten, wird das auch denjenigen auffallen, die über Ihre Beförderung entscheiden.

Warten Sie auf die beste Gelegenheit

Ein Spiel wird niemals auf einmal gewonnen. Basketball ist das perfekte Beispiel dafür. Ein Basketballspiel setzt sich aus einem 48 Minuten langen Strom von Ballbesitz, Blocks, Ballgewinnen, Würfen und Ballabgaben zusammen, so wie Ihr Berufsalltag aus einem 365 Tage langen Strom von Ereignissen besteht. Es überschreitet die Grenze des Menschenmöglichen, jeden Ballbesitz in einen Punkt zu verwandeln, und genausowenig können Sie aus jeder Begegnung am Arbeitsplatz als Sieger hervorgehen. Egal welche Rolle Sie in Ihrem Unternehmen spielen, es wird immer kleinere Begegnungen geben, die sich innerhalb eines größeren Rahmens abspielen, wie Scharmützel in einer Schlacht. Jeder noch so kleine Sieg erhöht Ihre Chancen auf den endgültigen Triumph. Warten Sie auf die beste Gelegenheit.

Magic Johnson ist ein hervorragendes Beispiel für einen Mann, der auf seine Chance warten konnte. Ihm beim Basketballspielen zuzusehen war, als betrachte man ein lebendes Kunstwerk. Im Laufe eines seiner vielen Spiele kam er in den Besitz des Balls. Er wusste genau, wie er sein

Spiel inszenieren musste. Er begann damit, dass er seine Mitspieler an bestimmte Stellen des Feldes dirigierte, als er in einem Bogen um die Verteidiger dribbelte. Man konnte sehen, wie seine Augen gleichzeitig die Spieler, das Spiel und den Punktestand verfolgten, so dass er genau wusste, wann der richtige Zeitpunkt gekommen war.

Irgendwann sagte ihm seine innere Uhr, dass jetzt der Zeitpunkt gekommen war den Wurf zu machen. Er wechselte die Hand und dribbelte mit links weiter, hob die rechte Schulter und drehte den Kopf zur Grundlinie, als bereite er sich auf seinen Wurf vor. Die Verteidiger reagierten, verlagerten ihren Schwerpunkt auf die Grundlinie, als Johnson die andere Schulter senkte, in die entgegengesetzte Richtung abdrehte, nach vorne schoss und zwei weitere Verteidiger auf sich zog. Als sie ihn einkreisten, um ihm den Weg abzuschneiden, setzte Johnson zu einem Hakenwurf an. Seine Verteidiger sprangen hoch und bildeten mit nach oben gesteckten Armen eine drei Meter hohe Blockade. Johnson setzte den vorhersehbaren Bogen des Hakenwurfs fort. Plötzlich drehte er das Handgelenk, änderte den Abwurfwinkel des Balls und gab an einen Laker-Spieler ab, der von der entgegengesetzten Grundlinie herangelaufen kam. Niemand berührte ihn, als er den Ball in den Korb knallte und den Punkt machte.

Das Markenzeichen eines Gewinners ist seine exakte goldene innere Uhr, auf die er sich bei der Wahl des richtigen Zeitpunktes verlässt. Zudem behält er stets den Überblick über alles, was im Spiel vor sich geht. Verhalten Sie sich bei Ihren Bemühungen um eine Beförderung, als wären Sie ein Profi-Basketballer. Wie in jedem Spiel kommt irgendwann der Moment, der über Sieg oder Niederlage entscheidet. Ein wahrer Gewinner weiß das und nutzt diesen Augenblick, indem er einen so großen Einsatz erbringt, dass er nicht aufzuhalten ist.

Wenn Sie möchten, dass man Sie bemerkt, seien Sie der glücklichste Mensch im ganzen Unternehmen. Eine Möglichkeit sich selbst aufzumuntern ist, zuerst alle anderen aufzumuntern. Ein weiser Mann sagte einmal: „Wer aufhört besser zu werden, hat aufgehört gut zu sein. Das Wort ‚unmöglich' gibt es nur im Wörterbuch der Verlierer."

Motivieren Sie andere zum Zuhören

Es kann eine große Herausforderung sein, einen anderen Menschen zum Zuhören zu bewegen. Zuerst einmal muss er sich auf das konzentrieren, was Sie sagen, während er gleichzeitig Gedanken und Gefühle abwehrt, die ebenfalls um seine Aufmerksamkeit buhlen. Dann muss er Ihre Idee mit seinen eigenen Erfahrungen vergleichen, um sich ein Bild davon machen zu können. Und zu guter Letzt muss er geduldig abwarten, dass Sie ihm Ihren Vorschlag Schritt für Schritt unterbreiten. Außerdem macht sich Ihr Zuhörer Gedanken, ob er auf Ihren Vorschlag noch etwas erwidern soll.

Wenn Sie jemanden bitten, sich einen Ihrer Vorschläge anzuhören, sollten Sie sicher sein, dass Sie auch tatsächlich etwas Hörenswertes zu sagen haben. Sind Ihre Gedankengänge interessant und leicht verständlich? Bringen Sie Ihre Hauptargumente zuerst, so dass Ihr Gegenüber denkt: „Hey, das klingt gut. Könnte sich lohnen zuzuhören.“? Wenn Sie sich zu viel Zeit lassen, laufen Sie Gefahr, Ihre Zuhörer zu verärgern und auf Grund dessen ihre Aufmerksamkeit zu verlieren.

Die erste Herausforderung besteht darin, Ihre Zuhörer davon zu überzeugen zuzuhören. Stellen Sie Ihre Idee an den Anfang und erklären Sie Ihren Zuhörern, was sie davon haben, wenn sie Ihnen weiter zuhören. Fassen Sie den interessantesten Teil Ihrer Ausführungen in einem oder zwei Sätzen zusammen und betonen Sie dabei die Vorteile Ihres Vorschlags. Beginnen Sie damit, denn die ersten zwei Minuten sind für Ihre Präsentation ausschlaggebend. In dieser Zeit entscheiden Ihre Zuhörer, ob sie Ihnen weiterhin zuhören oder ob Sie kein Interesse an Ihrem Vorschlag haben.

z.B Hier ist ein Beispiel für einen aussagekräftigen Gesprächsauftakt: „Jim, ich hätte da eine Idee, über die ich mich gerne mit Ihnen unterhalten würde. Wenn wir unsere beiden Abteilungen zusammenlegen, spart das dem Unternehmen mehr als eine Million Dollar im Jahr, und wir bekommen beide die Beförderung, die wir wollen.“

In diesem Beispiel nutzte ich die Aussicht auf eine Beförderung, um Jim dazu zu bringen, sich meine Idee einer Zusammenlegung der Abteilungen anzuhören. Vielleicht ist er der angedeuteten Beförderung gegenüber skeptisch (das heißt, wer neuer Chef der gemeinsamen Abteilung wird), doch er wird Ihnen schon allein deshalb zuhören, damit seine Neugier befriedigt wird. Die nächste Herausforderung besteht darin, Jims Denken in die gleichen Bahnen zu lenken wie das Ihre. Sie möchten schließlich, dass er sich Ihre Idee irgendwann im Verlauf der Unterhaltung zu Eigen macht. Statt zu fragen: „Was halten Sie von MEINER Idee?“, sollten Sie fragen: „Was halten Sie von einer Zusammenarbeit dahingehend, dass wir UNSERE Abteilungen zusammenlegen?“, um den Vorschlag zu einer gemeinsamen Idee zu machen.

Eine weitere Möglichkeit, das Denken Ihres Zuhörers mit dem Ihren in Einklang zu bringen, besteht darin, sein Verständnis der Situation mit Ihrer Aussage zu vergleichen. Sie könnten etwa sagten: „Jim, verstehe ich das richtig, Sie sind also ebenfalls der Meinung, dass wir dem Vorstand den Vorschlag einer Zusammenlegung präsentieren sollten?“ Wenn das Feedback ausbleibt, müssen Sie Ihre Frage umformulieren: „Jim, wären Sie bereit, zusammen mit mir eine Präsentation vor den Vorstandsmitgliedern zu halten?“

Hier sind noch ein paar weitere Tipps, die Ihnen helfen, andere zum Zuhören zu motivieren:

Grenzen Sie das Risiko ein. Wann immer Sie einen Vorschlag machen, bringen Sie den anderen in Zugzwang. Schließlich könnte er etwas dabei verlieren, wenn er Ihren Vorschlag annimmt. Wenn nicht, riskiert er möglicherweise das, was er sich aufgebaut hat. Nachdem Sie Ihren Vorschlag unterbreitet haben, ist nichts mehr wie vorher. Der andere muss die Verantwortung für eine Entscheidung übernehmen, die sowohl positive als auch negative Konsequenzen haben kann. Wenn es darum geht, eine Entscheidung zu treffen, überschätzen die Menschen gerne die Risiken. Um sie dazu zu bringen, das Risiko realistisch einzuschätzen, sollten Sie sie daran erinnern, dass es riskant sein kann, wenn sie Ihre Idee *nicht* umsetzen.

Erregen Sie Aufmerksamkeit. Einer der größten und häufigsten Fehler bei Präsentationen ist es zu glauben, der andere höre uns zu, nur weil er ruhig dasitzt. Wir reden und reden, haben noch so viel zu sagen und können der vermeintlich guten Gelegenheit nicht widerstehen, alles loszuwerden. Und wir möchten nicht, dass der andere unsere Gedankengänge mit Bemerkungen oder Fragen unterbricht. Wenn uns jemand unterbricht, teilt er uns auf diese Weise mit, dass er mit dem Zuhören aufhören und sich über etwas Klarheit verschaffen muss. Reagieren Sie darauf, indem Sie sagen: „Könnte Ihre Frage warten, bis ich fertig bin?“, dann riskieren Sie, dass der andere völlig abschaltet. Wenn Sie eine unmittelbare Antwort nicht für nötig halten, könnten Sie stattdessen sagen: „Ich werde gleich auf Ihre Frage zurückkommen. Falls nicht, unterbrechen Sie mich bitte.“ Auf diese Weise wird Ihr Zuhörer Ihrer Präsentation auch weiterhin folgen, um zu sehen, ob Sie seine Frage beantworten werden.

Präsentieren Sie Ihr Thema reizvoll. Egal welchen Vorschlag oder welches Thema Sie erörtern, es liegt in Ihrer Macht, ob es langweilig oder anregend, deprimierend oder inspirierend klingt. Selbst wenn Ihnen die Stimmung des anderen aufs Gemüt schlägt, sollten Sie sich aufraffen und der Diskussion neuen Schwung verleihen, indem Sie Begeisterung zeigen. Wenn es Ihnen gelingt, Ihren Zuhörer für ein bestimmtes Thema zu begeistern, werden Sie ihn auch davon überzeugen.

Machen Sie es Ihrem Publikum leicht. Nur wenn Sie die Bedürfnisse des anderen befriedigen, können Sie ihn von Ihren Ideen überzeugen. Das ist ziemlich einfach, wenn Sie sich Folgendes vergegenwärtigen: Schildern Sie Ihren Vorschlag gleich zu Beginn des Gesprächs und prüfen Sie sofort, ob Ihr Zuhörer alle Punkte verstanden hat und Ihnen zustimmt. Haben Sie Geduld, wenn er Einwände erhebt, und beantworten Sie alle Fragen. Ja, ermutigen Sie ihn sogar dazu, weitere Fragen zu stellen. Wer keine Fragen stellt, hört Ihnen möglicherweise gar nicht zu. Sagen Sie ihm, wenn Sie seine Ansicht teilen. Wenn er ein Argument bringt, dem Sie nicht zustimmen, stellen Sie mit vorsichtigen Fragen sicher, dass Sie genau verstehen, worin das Problem besteht, bevor Sie eine Lösung vorschlagen.

Viele Menschen geben dem Wunsch nach, ihre ganze Idee auf einmal zu präsentieren, statt sie langsam, Schritt für Schritt zu entwickeln. Sie fürchten eine ablehnende Antwort und glauben, das verhindern zu können, indem sie dem Zuhörer einen Überblick verschaffen. Doch wenn sie den anderen mit mehr Informationen überschütten als dieser verarbeiten kann, schaden sie sich selbst. Wenn Ihr Gegenüber beschließt, dass es ihm zu mühselig ist herauszufinden, was Sie sagen möchten, und die Dinge im Auge zu behalten, die keinen Sinn für ihn ergeben, hört er auf zuzuhören.

Mäßigen Sie sich bei allem, was Sie tun. Oft sind wir versucht, neue Ideen sofort umzusetzen, was auf Kosten anderer Aufgaben geht. Bewahren Sie das rechte Maß. Das wird Sie daran erinnern, dass große Leistungen nur dann erbracht und große Ziele nur dann erreicht werden, wenn man einen durchdachten Plan in Ruhe, Schritt für Schritt und Tag für Tag verfolgt.

Besiegen Sie Ihre Angst

Schon beim Klang des Wortes „Angst“ läuft es uns kalt den Rücken hinunter. Angst ist eines der größten Hindernisse. Sie kann Ihre Motivation und Ihre Bemühungen um eine Beförderung zunichte machen. Lähmende Angst ist hochgradig ansteckend und wird von einer Generation an die nächste Generation weitergegeben. Wenn Ihre Eltern fortwährend vor den Schrecken des Versagens warnten, sitzen vermutlich ein paar schlimme Angstzellen in Ihrem Hinterkopf. Es ist Zeit, sie da herauszuholen, denn sie wirken sich negativ auf Ihre Beförderung aus. Doch dazu müssen Sie zuerst einmal verstehen, welcher Zusammenhang zwischen Angst und Versagen besteht.

Laut Duden ist Angst ein beklemmendes, banges Gefühl bedroht zu sein. Das Gefühl der Bedrohung kann gelegentlich real sein und uns vor Gefahren schützen. Als wir klein waren, lehrte uns die Angst, dass wir die heiße Herdplatte lieber nicht noch einmal berühren oder nicht aus zu hoher Höhe springen sollten.

Als wir älter wurden, entwickelten wir einen gesunden Respekt vor Autorität. Wenn wir zu schnell fuhren, mussten wir ein Bußgeld zahlen. Da uns das nicht besonders gefiel, sorgte unsere Angst die meiste Zeit dafür, dass wir uns an die Höchstgeschwindigkeiten hielten. Die Angst eine Sechs zu schreiben, hielt uns davon ab, unserem Lehrer einmal richtig die Meinung zu sagen. Mit der Zeit lernten wir die positiven Seiten der Angst zu schätzen und sie nicht länger zu ignorieren.

Umgekehrt kann Angst aber auch zerstörerisch, lähmend und sogar tödlich sein. Die negative Seite der Angst führt dazu, dass Sie sich auf Dinge konzentrieren, um die Sie sich eigentlich nicht sorgen sollten, zum Beispiel, ob Sie nun befördert werden oder nicht. Angst erzeugt Erfolgszwang, was ernsthafte emotionale Probleme verursachen kann. „Werden sie mich für einen Versager halten, wenn ich nicht befördert werde?“ Bei manchen Menschen kann Angst zu ernsthaften Erkrankungen wie hohem Blutdruck oder sogar zum Tod durch Herzinfarkt führen. Zum Glück äußert sich unsere Angst meist weniger deutlich. Unseren Zielen ist sie deshalb aber nicht weniger abträglich. Angst kann Sie tatsächlich davon abhalten, das zu tun, was Sie tun sollten, und so einen Fehlschlag besiegeln. Ihre Angst nicht befördert zu werden kann Sie beispielsweise davon abhalten, sich aktiv um eine Beförderung zu bemühen. Auf diese Weise sind Sie dazu verdammt, den Rest Ihres Lebens denselben alten Job zu machen. Ein Beispiel ist die Einstellung des Hausmeisters in unserem Unternehmen, der mir erzählte: „Ich bin so tief gesunken, tiefer geht's nicht – und das ist in Ordnung so.“ Ich schätze, man kann das wohl so sehen, abgesehen davon, dass dieser Kerl ein Informatikdiplom und eine riesige Versagensangst hat.

z.B Einen dramatischeren Fall von lähmender Angst gab es vor einiger Zeit am Lake Tahoe. Einer meiner Freunde nahm an einem Tennis-Freundschaftsturnier teil, das von dem Ort ausgerichtet wurde, an dem er Urlaub machte. Das Turnier hatte gerade erst begonnen, und er spielte gegen einen älteren Herren, der angeblich gut in Form war. Dieser hob den Schläger zum ersten Aufschlag, als er plötzlich zusammenbrach. Es bestand Verdacht auf Herzinfarkt. Alle liefen wild durcheinander und überlegten, was sie tun konnten, während sie darauf warteten, dass der Notarzt eintraf.

Als der Rettungsdienst den Mann endlich ist Krankenhaus gebracht hatte, konnten die Ärzte nur noch seinen Tod feststellen. Mein Freund hatte ihn ins Krankenhaus begleitet und nach dem Ausstellen des Totenscheins fragte ihn der

Dienst habende Arzt der Notaufnahme: „Warum haben Sie nicht sofort eine Herzmassage gemacht? Dann wäre er vermutlich noch am Leben.“ Mein Freund antwortete: „Ich hatte Angst, ich könnte ihm die Rippen brechen.“ Der Arzt beendete das Gespräch mit dem Satz: „Gütiger Himmel, an ein paar gebrochenen Rippen ist noch niemand gestorben.“ Mein Freund brauchte einige Zeit, bis er darüber hinwegkam, dass er sich von seiner Angst davon hatte abhalten lassen, einem Menschen möglicherweise das Leben zu retten.

Der erste Schritt zum Sieg über die Angst ist, gute und schlechte Angst unterscheiden zu lernen. Positive Angst hilft Ihnen das zu schützen und zu bewahren, was gut für Sie, Ihr Team und Ihr Unternehmen ist. Gewöhnlich liegt der Schwerpunkt der positiven Angst auf den langfristigen Konsequenzen richtigen Handelns. Negative Angst verhindert, dass Sie tun, was gut und richtig für Sie und andere ist. In der Regel stehen dabei die kurzfristigen Konsequenzen mangelnder Initiative im Vordergrund.

Wie stellen Sie fest, ob negative Angst Sie von Ihren Vorhaben ablenkt und verhindert, dass Sie etwas dafür tun? Indem Sie gnadenlos ehrlich zu sich sind. Diese Übung fällt Männern möglicherweise schwerer als Frauen. Wenn Sie zu den Machos gehören, die gelernt haben sich vor nichts und niemandem zu fürchten, dann hat man Ihnen beigebracht sich selbst zu belügen. Nur Menschen, bei denen der Gehirntod schon eingetreten ist, spüren keine Angst. Was möchten Sie erreichen, und welche Ängste weckt die Vorstellung, nicht ans Ziel zu kommen? Schreiben Sie all das auf.

Im nächsten Schritt müssen Sie jede dieser Ängste sorgfältig untersuchen und sich fragen: „Gibt es eine Möglichkeit diese Angst zu kontrollieren oder sie ganz auszuschalten?“ Lautet Ihre Antwort „Ja“, erstellen Sie einen Handlungsplan, und besiegen Sie Ihre Angst. Lautet die Antwort „Nein“, vergessen Sie’s. Nehmen wir beispielsweise an, Sie befürchten sich in Besprechungen nicht besonders klar ausdrücken zu können, was eine Schlüsselqualifikation in Ihrer neuen Position ist. Können Sie etwas dagegen tun? Ihre Antwort lautet „Ja“, wenn Sie beschließen einer Rednervereinigung beizutreten, um Ihre rhetorischen Fähigkeiten zu verbessern. Ihre zweite Angst ist, was die Leute wohl denken werden, wenn Sie den Posten nicht bekommen, von dem jeder weiß, dass Sie ihn wollen. Weil Sie keinerlei Einfluss auf das haben, was andere Menschen über ein Ereignis denken, das noch nicht einmal eingetreten ist, ist Ihre Angst unbegründet und unerheblich. Befreien Sie sich davon, damit Sie sich wichtigeren Angelegenheiten widmen können. Wenn Sie gelernt haben Ihre Angst zu besiegen, wird Ihnen der Umgang mit Fehlschlägen leichter fallen.

Fehlschläge können wunderbare Lehrer und sogar mächtige Mentoren für Ihre Zukunft sein, wenn Sie die richtige Einstellung zu ihnen entwickeln. Mein

Onkel sagte einmal zu mir: „Dave, ein Mann, der keine Fehler macht, ist ein Mann, der keine Entscheidungen trifft.“ Gesetzt den Fall Sie haben vor, im Laufe Ihres Berufslebens auch weiterhin Entscheidungen zu treffen, dann sollten Sie sich damit abfinden, dass sich einige davon als Fehlentscheidungen erweisen werden, und lernen die Angst davor zu verlieren. Wenn Sie sich bewusst darum bemühen, vergangenen und zukünftigen Fehlern die Rolle des Lehrmeisters zuzuweisen, werden Ihre Fehler Sie in allem, was Sie tun, bestärken.

Vertrauen ist das Schmiermittel, das dafür sorgt, dass ein Unternehmen reibungslos läuft. Es ist auch ein entscheidender Bestandteil der Motivation.

5 Kommunikation mit Macht und Einfluss

Zumindest in der Geschichte, die ich Ihnen jetzt erzählen werde, war das Schwert mächtiger als die Feder. Vor einigen Jahren arbeitete ich für ein Tochterunternehmen von Philip Morris. Damals leitete ich all jene Abteilungen, die sonst niemand wollte, einschließlich Beschaffung, Lager, Logistik, Kundenberatung, Produktion und MIS (*Management Information System*). Eines schönen Montagmorgens kam der Vizepräsident vom Hauptsitz des Unternehmens an unseren abgelegenen Standort in Ventura, Kalifornien, geflogen und verkündete, dass wir ein Computersystem namens MRP einzuführen hatten, das der Berechnung der nötigen Ressourcen diente. Olie White, der Erfinder von MRP, rührte damals fleißig die Werbetrommel für sein System, und der Begriff war in aller Munde. Olie leitete im ganzen Land erfolgreich Seminare, in denen er die Vorteile von MRP propagierte, das die gesamten Herstellungskosten eines Produktes erfassen sollte. Weil es sich um ein computergestütztes System handelte und ich für die MIS-Abteilung verantwortlich war, fiel mir die Aufgabe zu, MRP in unserem Betrieb einzuführen.

Die Herausforderung, der man sich bei der Einführung von MRP gegenüber sieht, besteht darin, allen von MRP betroffenen Abteilungen und Gruppen des Unternehmens die Anforderungen des neuen Systems unmissverständlich klarzumachen. Da MRP beispielsweise in der Lage ist, die absoluten Kosten eines Produktes zu ermitteln, und der Verkauf und die Marketingabteilung unmittelbar von der Preisfestsetzung betroffen sind, möchten sie natürlich bei der Definition der Preisparameter gehört werden. Die Leute aus der Buchhaltung und der Finanzabteilung sorgen sich, ob sie auch die korrekten Zahlen verwenden, und die Verwaltung erwartet eine überschlägige Kalkulation. Leider war mir keine dieser Abteilungen unterstellt, aber alle hatten etwas dazu zu sagen, was in das neue System integriert werden sollte und was nicht. Um das Dilemma zu lösen, wurde ein abteilungsübergreifendes Team gebildet, das sich einer Unmenge überaus wichtiger Preis- und Kostenfragen gegenüber sah. Drei Monate später war das Team bei der Fixierung der grundlegenden Systemdefinitionen keinen Schritt weitergekommen, und das Hickhack ging weiter.

Inzwischen war auch dem Vizepräsidenten unser Dilemma zu Ohren gekommen. Er setzte eine Besprechung an, um den Stand des Projektes mit dem MRP-Team zu erörtern. An einem weiteren schönen Montagmorgen hörten wir uns also an, was der Vizepräsident zu unseren Bemühungen zu sagen hatte. Ich werde seine einleitenden Worte niemals vergessen: „Mitglieder des MPR-Teams, es ist mir zu Ohren gekommen, dass es Ihnen Schwierigkeiten bereitet sich über die Einführung von MRP zu einigen. Lassen Sie mich Ihnen ein paar Richtlinien an die Hand geben, die Ihnen helfen werden sich auf die bevorstehende Aufgabe zu konzentrieren. Wenn es Ihnen nicht gelingt MRP innerhalb der nächsten drei Monate vollständig einzuführen, sind Sie gefeuert – ohne Ausnahme. Haben Sie noch irgendwelche Fragen?"

Wir hatten keine Fragen, und als wir schweigend den Besprechungsraum verließen, hatte jeder von uns eine gesunde Hochachtung vor dem, was uns dieser Mann gerade mitgeteilt hatte. Unser Vizepräsident hatte demonstriert, wie man Macht und Einfluss in der Kommunikation einsetzt.

Die Streitereien zwischen den Abteilungen hörten sofort auf, und innerhalb der Frist von drei Monaten wurde MRP erfolgreich eingeführt. Wenn Sie sie richtig einsetzen, wird Ihnen die Macht der Kommunikation beim Erklimmen der Karriereleiter gute Dienste leisten.

! Die Feder mag zwar mächtiger sein als das Schwert, aber nichts ist mächtiger als die Zunge – besonders wenn es darum geht, im gesellschaftlichen Rahmen einen guten ersten Eindruck bei einflussreichen Menschen zu hinterlassen. Im sozialen Umfeld ist nur die Körpersprache noch wichtiger als das, was wir sagen. Bei einer Begegnung von Mensch zu Mensch reicht körperliche Attraktivität nicht aus. In dem Moment, in dem Sie den Mund aufmachen, bestätigen oder korrigieren Sie den ersten Eindruck, den sich jemand von Ihnen gemacht hat. Abraham Lincoln sagte einmal: „Besser schweigen und als Narr erscheinen als sprechen und jeden Zweifel beseitigen." Wenn Sie hart und aggressiv klingen, wird man Sie vermutlich für hart und aggressiv halten. Wenn Sie furchtsam und unsicher klingen, wird man Sie so sehen. Und wenn Sie stark und selbstbewusst klingen, stehen die Chancen gut, dass man Sie auch für stark und selbstbewusst hält.

Wie erfolgreiche Kommunikation Sie weiterbringt

Ein großer Prozentsatz aller geschäftlichen Unterredungen findet entweder von Angesicht zu Angesicht oder aber am Telefon statt. Die Art, wie Sie sprechen und sich ausdrücken, kann Ihnen helfen das Verhalten anderer zu steuern und Ihr eigenes Wachstum und Ihre Entwicklung fördern. Persönliche Begegnungen sind vermutlich am besten geeignet, um jemanden zu loben, ihn zurechtzuweisen, zu ermutigen oder auf andere Weise auf ihn zu reagieren. Sie können Ihnen auch helfen besser mit jemandem zurechtzukommen, was großen Einfluss auf Ihre berufliche Leistung haben kann. Wenn Sie zum Beispiel gemeinsame Ziele festsetzen und einen Arbeitsplan erstellen möchten, um diese Ziele zu erreichen, müssen Sie gut reden und gut zuhören können. Auch der umgekehrte Fall kann eintreten. Wenn in einem Büro oder an einem anderen Arbeitsplatz zwei oder mehr Menschen nicht gut aufeinander zu sprechen sind, sinkt unweigerlich die Arbeitsleistung. Wenn Sie einer davon sind und das jemandem auffällt, der Einfluss auf Ihre Beförderung hat, gibt das Punktabzug für Sie – egal, wer an der Situation schuld ist.

Ganz gleich, was wir beruflich machen, wir sind alle in der Kommunikationsbranche tätig. Wie häufig es uns gelingt das Richtige zu sagen, hat nicht nur direkte Auswirkungen auf unsere Karrierechancen, sondern auch darauf, wie viel persönliche Befriedigung wir bei der Arbeit erfahren. In einer neueren Umfrage der *Harvard Business Review* gab die Mehrheit der befragten Führungskräfte an, gute Kommunikationsfähigkeiten spielten eine sehr große Rolle dabei, wer für eine Position im gehobenen Management des Unternehmens in Frage käme und wer nicht.

Die meisten von uns sind sich zwar dessen bewusst, wie wichtig Kommunikation ist. Trotzdem schenken wir unseren kommunikativen Fähigkeiten lange nicht die Aufmerksamkeit, die sie eigentlich verdienen. Stattdessen schlagen wir uns ein Leben lang mit Problemen in beruflichen und privaten Beziehungen herum, die scheinbar nichts damit zu tun haben, ohne je innezuhalten und darüber nachzudenken, wie gut wir uns mit Worten ausdrücken können. Sagen Sie das Richtige?

Gespräche können Ihnen auch helfen sich selbst und das, was um Sie herum geschieht, besser zu durchschauen. Aus jeder Verhandlung oder jeder Diskussion zur Lösung eines Problems lernen Sie durch Reden und Zuhören. Bei Verhandlungen müssen Sie unbedingt herausfinden, was dem jeweils anderen das Wichtigste ist und wo eine Einigung erzielt werden kann. Wenn Sie gemeinsam mit anderen nach der Lösung eines Problems suchen, kann möglicherweise jeder von ihnen einen Teil dazu beisteuern. Diese Teile können nur im gemeinsamen Gespräch zu einer Gesamtlösung vereinigt werden.

Ob wir im Gespräch das Richtige sagen, darüber entscheidet ein Element mündlicher Kommunikation, das gerne übersehen wird: die Klarheit. Klarheit ist ein kleiner, aber unbedingt notwendiger Faktor, der die persönliche Kommunikation erfolgreich und lohnend macht. Klarheit bedeutet, dass der andere das, was wir sagen, auch versteht. Wenn das über weite Strecken der Fall ist, verläuft die persönliche Kommunikation angenehm und gewinnbringend. Das bekannte

Gefühl missverstanden zu werden, nimmt ebenso ab wie unsere Anspannung. Wenn Sie sich klar und deutlich ausdrücken, bekommen sowohl Ihre privaten als auch die beruflichen Begegnungen ein völlig neues, aufregendes Element menschlicher Nähe.

Wenn Sie in Ihren Gesprächen konsequent Erfolge erzielen, haben Sie eine grundlegende Fertigkeit der Kommunikation gemeistert, die beim Erklimmen der Karriereleiter äußerst hilfreich sein wird.

Wer ist Ihr Publikum?

Manche Menschen sind wie Funkgeräte, deren Empfang gestört ist. Sie sind in der Lage, mit unglaublicher Geschwindigkeit Worte zu senden, doch da der Empfänger beschädigt ist, können sie nicht hören, was der andere sagt. Je höher Sie auf der Karriereleiter klettern, desto wichtiger wird das Zuhören für Sie. Man wird Sie mit Vorschlägen bombardieren, und es ist Ihre Aufgabe, sich diese Vorschläge anzuhören, damit Sie zuverlässig entscheiden können, welche Ideen weiterverfolgt werden sollten. Nachfolgend habe ich vier Möglichkeiten aufgeführt, wie Sie ein besserer Zuhörer werden:

Entfernen Sie Ihre Filter. Wir alle haben sie. Filter sind die Watte, durch die wir anderen zuhören. Wenn Ihre Filter Sie erst einmal davon überzeugt haben, dass Zuhören Zeitverschwendung ist, werden Sie die ankommenden Worte nicht mehr aufnehmen. Auch wenn Sie kein Interesse an dem haben, was der andere sagt, halten die Filter Sie vom Zuhören ab. Überprüfen Sie Ihre Filter, und konzentrieren Sie sich bewusst darauf, jedem Gesprächspartner wirklich zuzuhören, selbst wenn Sie intuitiv wissen, dass er nichts zu sagen hat.

Beißen Sie sich auf die Zunge. Überlegen Sie es sich gut, ob Sie einen anderen unterbrechen wollen, wenn Sie eigentlich zuhören sollten. Während sie dem anderen zuhören, denken die meisten Menschen an das, was sie selbst sagen möchten. Gleichzeitig zuzuhören ist aber unmöglich. Ein kluger Zuhörer wartet ab, bis der andere zu Ende gesprochen hat, und sagt: „Geben Sie mir noch einen Augenblick Zeit, um über das Gesagte nachzudenken." Dann denkt er über die Worte des anderen nach, ehe er etwas erwidert, wobei ihm zugute kommt, dass er jedes Wort mitbekommen hat.

Erkennen Sie den Sinn des Zuhörens. Wenn sie wissen, dass Sie zuhören, weil Ihnen das einen Vorteil verschafft, dürfte Ihnen das Zuhören sehr viel leichter fallen. Sie hören zu, um Sympathie zu demonstrieren, damit ein Mensch, der Ihnen vertraut, seiner Unzufriedenheit Luft machen kann, um Feedback auf eine Ihrer Fragen zu bekommen oder aus einer Reihe von anderen Gründen. Wenn

Sie erst einmal erkannt haben, welches persönliche Ziel Sie beim Zuhören verfolgen, werden Sie sich besser konzentrieren können.

Überprüfen Sie das Gehörte auf seine Richtigkeit. Wenn Sie einer komplizierten Unterhaltung lauschen, in der es möglicherweise um ein größeres Problem geht, sollten Sie Ihre Antennen ausfahren, um auch wirklich alles mitzubekommen, was die Beteiligten sagen. Interpretieren Sie ihre Worte richtig? Eine Möglichkeit das herauszufinden ist, Ihr Schweigen als Zuhörer zu brechen und eine angemessene Frage zu stellen: „Ich möchte sichergehen, dass ich Sie richtig verstanden habe …“ oder „Wollen Sie damit sagen, dass …“.

Zeit, die Sie mit Zuhören verbringen, ist in jede Art von Beziehung sinnvoll investiert. In der Tat können Sie nur dann eine bedeutende Beziehung zu einem anderen aufbauen, wenn Sie auch gewillt sind ihm zuzuhören. Und während Sie sich im Zuhören üben, schärfen Sie zugleich Ihre Intuition. Zudem werden Sie Ähnlichkeiten zwischen den Menschen entdecken, was Sie ihren Bedürfnissen gegenüber empfänglicher macht und Ihre Menschenkenntnis verbessert. Alle diese Qualitäten werden Ihnen bei Ihrer Beförderungskampagne von Nutzen sein.

Kommunizieren Sie mit dem Herzen

Haben Sie sich je mit jemandem unterhalten, der Ihnen direkt in die Augen sah, aber als Sie fertig waren, hatte er nicht eines Ihrer Worte gehört? Sie wussten, das er Ihnen nicht zuhörte, denn er bemühte sich krampfhaft die Augen offen zu halten oder hatte diesen verträumten Ausdruck auf dem Gesicht. Auch mir ist das schon passiert, und ich fragte mich, warum mir niemand zuhörte, bis ich schließlich herausfand, dass ich selbst schuld daran war. Bekanntlich hört man mit den Ohren und sieht mit den Augen, und ich hatte nur zu den Ohren gesprochen. Deshalb entschieden die Augen, das Gespräch ginge sie nichts an, und schlossen sich. Wenn Sie ein hervorragender Kommunikator werden möchten, sollten Sie lernen nicht nur die Ohren, sondern auch die Augen Ihrer Zuhörer anzusprechen. Warum die Augen? Weil die Augen der Schlüssel zum Herzen sind.

Wenn Sie ein Argument zuerst den Ohren mitteilen und es dann für das Herz illustrieren, können Sie die Augen Ihrer Zuhörer aufleuchten sehen. Dann wissen Sie, dass Sie ihnen geholfen haben mit dem Herzen zu sehen, was sie zuerst nur mit den Ohren hören konnten. Ihre Lippen verziehen sich zu einem wissenden Lächeln, während Sie sich mit einem weiteren Argument erneut an die Ohren wenden. Diese Kunst erfolgreicher Kommunikation müssen Sie beherrschen, wenn sie weiterhin im Rennen um eine Beförderung bleiben möchten.

Wenn es Ihnen nicht gelingt, Ohren, Augen und Herz eines Menschen anzusprechen, werden Sie schnell merken, dass Sie zu Ihrem Gegenüber keinen Zugang bekommen. Humor ist eine gute Möglichkeit, Zugang zum Herzen eines Menschen zu bekommen, denn jeder liebt das Lachen, und Humor ebnet den Weg zu einer tief empfundenen Kommunikation. Die Wahrheit mag langweilig sein, aber wenn sie mit Humor präsentiert wird, wärmt der Wiedererkennenseffekt das Herz. Schlechte Nachrichten werden gerne mit der Frage: „Wollen Sie zuerst die gute oder die schlechte Nachricht hören?“ angekündigt. Die schlechte Nachricht dringt ganz sicher ans Ohr des Zuhörers. Die Aussicht auf eine gute Nachricht dringt möglicherweise bis in sein Herz.

Ich nahm einmal an einer Vorstandssitzung teil, als der Vorsitzende den Anwesenden folgende schlechte Nachricht überbrachte: „Die schlechte Nachricht ist, wir werden vom XYZ Unternehmen übernommen.“ Ich muss wohl nicht extra erwähnen, dass jeder im Saal die Worte des Vorsitzenden gehört hatte. Als er sagte: „Die gute Nachricht ist, dass der Kurs unserer Aktien durch das Übernahmeangebot um 25 Prozent steigen wird“, gewann er die Herzen der Aktionäre. Wenn Sie Ihre Zuhörer dazu bringen können, Ihrem Gedankengang zu folgen und sich persönlich angesprochen zu fühlen, sind Sie auf dem besten Wege ein hervorragender Kommunikator zu werden.

Es hat sich schon so mancher den Mund verbrannt – und sich auf diese Art die Karriere ruiniert. Sie sollten mit vertraulichen Informationen außerordentlich vorsichtig umgehen. Es könnte Sie leicht Ihre Karriere kosten, wenn den falschen Menschen zu Ohren kommt, dass Sie die undichte Stelle sind.

Kommunikationsstrukturen

Mangelnde Kommunikation kann sich schädlich und nachteilig auf Projekte auswirken. In vielen Fällen sind Menschen gezwungen, wichtige strategische Entscheidungen zu treffen, ohne dass ihnen die dazu notwendigen Informationen rechtzeitig vorliegen. Während Sie die Karriereleiter erklimmen, hängen die Zustimmung, die Sie erfahren, und sogar Ihr Überleben davon ab, wie Sie mit anderen kommunizieren und wie gut Sie die Informanten behandeln, auf die Sie sich verlassen müssen. Sehen wir uns an, was eine effektive Kommunikation verhindern kann:

Persönliche Motive. Innerhalb eines Unternehmens können die Absichten und Motive von Einzelpersonen ausgesprochen stark sein. Wenn sich deren Ziel nicht mit dem Ihren deckt, wird ihr persönliches Streben nach Erfolg ihre Bereitschaft, Ihnen Informationen mitzuteilen, abschwächen.

Ablehnung. Wenn jemand Ideen oder Entscheidungen eines anderen ablehnt, geschieht das meist aus einer „Ich-kann-das-besser"-Haltung heraus. In diesem Fall bricht die Kommunikation zusammen.

Hierarchien. Je stärker hierarchisch ein Unternehmen strukturiert ist, desto größer ist die Wahrscheinlichkeit, dass die Kommunikation innerhalb eines Betriebes zusammenbricht.

Organisationsstrukturen. Die einzelnen Abteilungen und Funktionen innerhalb eines Unternehmens können so eigenständig und auf ihre Unabhängigkeit bedacht sein, dass das die Kontakte zu anderen Abteilungen und eine kooperative Kommunikation erschwert.

Leistungsbewertung. Die meisten Leistungspläne sehen vor, Mitarbeiter für ihre individuelle Leistung zu belohnen. Dadurch fehlt der Anreiz sich über den jeweiligen Einflussbereich hinaus offen auszutauschen.

Selbst wenn es schwierig oder gar unmöglich für Sie ist, einige der Kommunikationshindernisse innerhalb Ihres Unternehmens zu beseitigen oder darauf einzuwirken, so gibt es doch einen Bereich, auf den Sie Einfluss haben. Ein überraschend häufiger Grund für mangelnde Kommunikation ist, dass viele Menschen nicht wissen, wen sie nach bestimmten Informationen fragen können. Wissen ist die Basis jeder effektiven Kommunikation – und stützt sich wiederum darauf, dass Sie wissen, wer etwas weiß. Sie müssen wissen, wen Sie fragen können, wenn Sie zusätzliche Informationen benötigen. Oft fehlt Ihnen der richtige Ansprechpartner, aber Sie kennen sicher jemanden, der das wiederum möglicherweise weiß. An diesem Punkt wird Ihr Netzwerk zu einem entscheidenden Hilfsmittel im Kommunikationsprozess.

So telefonieren Sie richtig

Das Telefon ist in allen Phasen der Kommunikation der Schlüssel, ob Sie nun eine neue Idee vorstellen, die Lage bezüglich eines Ihrer Vorhaben sondieren oder Feedback bekommen möchten. Die Geschäftswelt ist heute ständig in Bewegung. Das Telefon ist häufig der einzige Weg, um diesen ständigen Veränderungen beizukommen, da Sie viele der Menschen, die Sie erreichen müssen, kaum persönlich antreffen werden. Wenn sie einen Kontakt herstellen möchten, kann das Telefon sehr viel wirkungsvoller sein als eine persönliche Begegnung.

Natürlich gibt es immer Situationen, in denen eine Unterredung von Angesicht zu Angesicht durch nichts zu ersetzen ist. Aber selbst dann benötigen Sie meist das Telefon, um einen Termin für die Besprechung festzusetzen.

Der wichtigste Unterschied zwischen einer Unterhaltung am Telefon und einem persönlichen Gespräch ist offenkundig. Wenn Sie telefonieren, ist Ihr Gegenüber nicht körperlich anwesend. Sie sehen weder sein Gesicht noch haben Sie Augenkontakt, und auch die Körperhaltung kann Ihnen keinen Hinweis darauf geben, wie gut Sie sich ihm mitteilen. So macht die Gefahr der Entpersonalisierung dann auch den Löwenanteil der Probleme aus, mit denen Sie sich bei der telefonischen Kommunikation herumschlagen müssen. Ihr Tonfall, Ihre Wortwahl, Ihr Geschick beim Knüpfen des Kontaktes sowie effektives Zuhören sind bei Telefongesprächen entscheidend. Im Folgenden habe ich einige Kommunikationstechniken aufgeführt, die sich wunderbar für Telefonate eignen.

Strahlen Sie Präsenz aus. Ihre Präsenz setzt sich aus der Gelassenheit und dem Selbstvertrauen zusammen, die Sie am Telefon ausstrahlen. Winston Churchill war bei den Radioübertragungen während der deutschen Luftangriffe auf England im Zweiten Weltkrieg der Inbegriff von Präsenz. Er gab jedem Engländer das Gefühl, er spräche zu ihm persönlich, eine Fertigkeit, die Sie immer dann meistern müssen, wenn Sie zum Hörer greifen. Stimmliche Präsenz entsteht durch den Klang einer Stimme, Sprechgeschwindigkeit, Aussprache, Tonfall, Selbstvertrauen und das Maß der Begeisterung. Außerdem benötigen Sie eine schnelle Auffassungsgabe, um auch ohne optische Hinweise erkennen zu können, was der andere meint, so dass Sie schnell eine angemessene Antwort geben können. Einer meiner Freunde, ein junger Mann von 31 Jahren, rief bei einem Hightech-Unternehmen in Sillicon Valley an, und bat den 60-jährigen Generaldirektor um ein Gespräch. Dieser meinte: „Sie klingen recht jung“, worauf mein Freund voller Selbstvertrauen und Enthusiasmus sagte: „Wenn Sie glauben, ich klinge jung, warten sie, bis Sie mich gesehen haben.“ Klarer Fall, der Generaldirektor konnte es kaum erwarten, und ein Gesprächstermin wurde vereinbart. In Unterhaltungen von Angesicht zu Angesicht ist es leicht, Begeisterung zu zeigen, doch am Telefon kostet es einige Mühe.

Klingen Sie interessiert. Je besser Sie Ihre Stimme einsetzen, desto interessanter klingt es, wenn Sie bestimmte Worte betonen. Wenn Sie zum Beispiel sagen: „Ich denke, wir müssen JETZT handeln“, betonen Sie am Telefon, wie wichtig der richtige Zeitpunkt ist. Versichern Sie sich, dass Ihre Bestimmtheit mit Respekt gegenüber dem Teilnehmer am anderen Ende der Leitung gepaart ist, indem Sie weder ungeduldig, verärgert, kritisch, arrogant noch herablassend klingen.

Stellen Sie einen Kontakt her. Wenn es Ihnen nicht gelingt, eine Verbindung zu Ihrem Gesprächspartner am Telefon herzustellen, werden Sie ihn kaum von Ihrer Idee überzeugen können. Außerdem wird er nur die Hälfte dessen aufnehmen, was Sie sagen. Das liegt nicht nur in der menschlichen Natur, sondern ist gleichzeitig eine Regel der Telekommunikation. Auch wenn der persönliche Kontakt meist in einer einleitenden Frage wie: „Wie war Dein Wochenende?" besteht, sollte die persönliche Ebene während des gesamten Gesprächs spürbar sein. Wenn Sie den anderen nicht kennen, kann es schwierig sein, einen persönlichen Kontakt herzustellen, bevor Sie nicht ein paarmal miteinander telefoniert und sein Vertrauen gewonnen haben. Der richtige Zeitpunkt für eine persönliche Bemerkung ist meist gegen Ende des Gesprächs, wenn Sie beispielsweise fragen: „Sie möchten also übers Wochenende fortfahren?"

Verraten Sie etwas über sich selbst. Zu wissen, wann und wie man dem anderen etwas über sich selbst mitteilt, gehört ebenfalls zum erfolgreichen Aufbau von Beziehungen. Persönliche Informationen können den anderen dazu bringen, Ihnen ebenfalls etwas über sich zu erzählen. In den meisten Branchen kommen wichtige Transaktionen nur dann zustande, wenn eine persönliche Beziehung vorhanden ist. Auch Ihre Beförderung hängt zum Teil davon ab, wie die Beziehungen aussehen, die Sie am Telefon herstellen.

Bitten Sie um Informationen. Wie Sie mit Hilfe der richtigen Fragen an die gewünschten Informationen kommen, macht den Kern erfolgreicher Telekommunikation aus. Antworten auf erste Fragen können hilfreich sein, um den besten Weg zu finden, wie Sie zum Ziel Ihres Anrufs kommen. Leider tappt man leicht in die Telefon-Falle und überhäuft den anderen gleich zu Beginn mit Fragen, weil man das Gespräch unbedingt ins Rollen bringen möchte. Lassen Sie sich nicht in die Karten sehen, ehe Sie wissen, welches Blatt der andere hat. Wenn Sie zum Beispiel Ihre Chefin anrufen, weil Sie ihre Zustimmung zum Besuch der CeBIT Computermesse in Hannover brauchen, könnte Ihre Eröffnungsfrage lauten: „Was halten Sie von der CeBIT?" Wenn sie Ihnen nun erzählt, dass das ihrer Meinung nach reine Zeitverschwendung ist, möchten Sie möglicherweise auf Ihre ursprüngliche Frage verzichten, da sie mit größter Wahrscheinlichkeit ablehnen wird. In diesem Beispiel haben Sie mit Hilfe Ihrer Frage die ablehnende Haltung herausgefunden, was nicht unbedingt schlecht sein muss. Zumindest wissen Sie jetzt, woran Sie sind, und können mit weiteren Fragen ergründen, warum Ihre Chefin die CeBIT für reine Zeitverschwendung hält.

Achten Sie aufmerksam auf Hinweise. Experten für telefonische Kommunikation werden Ihnen sagen, dass bei persönlichen Begegnungen der Großteil der Informationen auf nonverbalem Wege, etwa über die Körpersprache übermittelt wird. Am Telefon können Sie diese nonverbalen Hinweise nicht sehen, was offensichtliche Probleme aufwirft. Wenn Sie allerdings den Tonfall, die Betonung, die Geschwindigkeit und die Aussprache eines Menschen am Telefon ganz genau verfolgen, können Sie ebenfalls einiges in Erfahrung bringen. Schon im persönlichen Gespräch ist es ausgesprochen wichtig, dass man zuhören kann. Am Telefon freilich ist diese Fähigkeit absolut unerlässlich. Damit Ihnen eine telefonische Unterhaltung so viele Informationen wie nur möglich liefert, sollten Sie nicht nur darauf hören, was der andere sagt, sondern auch, wie er es sagt – oder nicht sagt. Klingt er interessiert oder gelangweilt? Spricht er langsam und entspannt oder klingt er gehetzt und ängstlich? Wenn die Stimme am Ende der Sätze oder bei Schlüsselwörtern leiser wird, könnte das ein Hinweis darauf sein, dass der andere entweder keinen Bezug zum Thema hat oder es ihn nicht interessiert. Achten Sie auch darauf, welche Fragen Ihnen gestellt werden. Sie verraten viel darüber, wie groß das Interesse des anderen ist.

Geben Sie dem Gespräch einen Rahmen. Die meisten Menschen werden Ihre Fragen mehr als bereitwillig beantworten, wenn Sie ihnen zuvor sagen, wie sehr Sie ihre Meinung schätzen. Wenn Sie den Boden für Ihre Fragen richtig bereiten, wird man Sie mit den gewünschten Informationen überhäufen. Nachdem Sie die richtigen Fragen gestellt, dem anderen aufmerksam zugehört und sich Notizen gemacht haben, sollten Sie alle nötigen Informationen beisammen haben, um Ihr Anliegen so zu formulieren, dass Sie dabei den Standpunkt Ihres Gesprächspartners berücksichtigen. Wenn Sie seine Art der Wahrnehmung, seine Vorlieben und Bedürfnisse kennen, sind Sie in der Lage, Ihr Anliegen so darauf abzustimmen, dass Sie bekommen, was Sie möchten.

Fragen Sie nach. Rückfragen sind eine Möglichkeit, Feedback zu bekommen und zu sehen, ob Sie und Ihr Gesprächspartner auf der gleichen Wellenlänge liegen. Mit Hilfe von Fragen wie: „Stimmen Sie mir in diesem Punkt zu?“ finden Sie heraus, wie er auf das, was Sie sagen, reagiert. Weil sie die Reaktion des anderen nicht sehen können, sind Rückfragen für ein telefonisches Gespräch von äußerster Wichtigkeit. Sie verhindern, dass Sie bis zum Ende eines Anrufs warten müssen, ehe Sie wissen, ob der andere an Ihrem Vorschlag interessiert ist, oder überhaupt versteht, was Sie sagen. Angenommen Sie haben gerade Ihren Chef angerufen, weil Sie wissen möchten, was er von Ihrer Präsentation bei der Sitzung des oberen Managements am Vortag hält. Ganz besonders interessiert Sie, ob er erkannt hat, wie wichtig die von Ihnen vorgelegte Schätzung der Verkaufszahlen ist. Nachdem Sie kurz erläutert haben, wie Sie auf diese Zahlen gekommen sind, könnten Sie die folgende einfache Frage stellen: „Ergaben meine Zahlen für Sie einen Sinn, oder hätten Sie Verbesserungsvorschläge für diesen Teil meiner Präsentation?“ Natürlich möchten Sie letztendlich hören, wie er Ihre ganze Präsentation fand, aber sie können das Thema erst anschneiden, wenn Sie wissen, ob er Ihre Kernaussage verstanden hat.

Machen Sie sich Notizen. Während Sie telefonieren, sollten Sie sich immer Notizen über das vom Partner Gesagte machen. Gesprächsnotizen helfen Ihnen nicht nur sich auf die wichtigen Aussagen des anderen zu konzentrieren, sondern auch, Ihre Strategie auf den Schlüsselwörtern des anderen aufzubauen. Verkäufer sind sich der Wichtigkeit von Gesprächsnotizen überaus bewusst. Ich kenne eine hervorragende Verkäuferin namens Kathy, die einen Auftrag mit einem Volumen von einer Million Dollar an Land zog, nachdem ihr Kunde das günstigere Angebot der Konkurrenz erwähnt und gesagt hatte: „Es scheint ein wirklich gutes Angebot zu sein.“ Offensichtlich war sich der Kunde nicht sicher, dass Kathy ebenfalls ein gutes Angebot machen konnte. Als sie ihn daran erinnerte, dass er von ihrem Unternehmen bisher immer hervorragende Computer und besten Service bekommen hatte, stimmte ihr der Kunde zu, dass sich der Wechsel zu einem unbekannten Anbieter nicht lohne.

Behalten Sie Ihre Arroganz für sich

Ab dem Moment, in dem Sie am Telefon oder persönlich das Wort an jemanden richten, ist es wichtig, dass Sie selbstsicher wirken, ohne arrogant oder aggressiv zu klingen. Abgesehen davon, dass man sich durch Arroganz bei anderen unbeliebt macht, liegt das wahre Problem darin, dass Arroganz gewöhnlich mit Selbstgefälligkeit und mangelnder Vorstellungskraft einhergeht. Wenn Sie in einem Gespräch – sei es auf niedrigster oder auf höchster Ebene – arrogant wirken, beschneiden Sie Ihre Chancen auf eine Beförderung ganz erheblich, was die folgende Geschichte verdeutlichen soll.

z.B Karen war Leiterin der Buchhaltung eines Fortune-500-Unternehmens. Sie war außerordentlich scharfsinnig und handhabte die Finanzen der Firma mit großem Geschick. Bei einem Universitätsabschluss in Computerwissenschaften und als geprüfte Buchhalterin konnte man annehmen, dass Karen in die Fußstapfen des Finanzdirektors treten würde, wenn „der gute alte Ed“ in den Ruhestand ging und sein Stuhl frei würde. Karen hatte jedoch die Angewohnheit, Untergebene und Kollegen am Telefon mit der Arroganz einer Kobra abzuspeisen.

Kurz vor der Bekanntgabe ihrer Beförderung entschied sich der Generaldirektor des Unternehmens zu einem Rundgang durch die Buchhaltung. Er wollte wissen, was Karens Leute von ihr hielten. Als er feststellen musste, dass die Kollegen Karen für einen der arrogantesten Menschen hielten, dem sie je begegnet waren, war es aus mit ihrer Beförderung. Sie kündigte am nächsten Tag. Unterschätzen Sie niemals die Bedeutung der Menschen, mit denen Sie sprechen. Selbst wenn sie kein Mitspracherecht bei Ihrer Beförderung haben, können sie Ihre Hoffnungen mit einer einzigen Aussage zunichte machen!

Behalten Sie die Kontrolle

Die folgenden Tipps können Ihnen helfen, die Kontrolle in einer Unterhaltung zu behalten:

Legen Sie einen Köder aus. Ein Köder ist eine effektive Möglichkeit, Kontakt zu jemandem herzustellen, den Sie nicht kennen. Sie können das Gespräch zum Beispiel damit eröffnen, dass Sie sich auf jemanden berufen: „Ich rufe auf Empfehlung eines gemeinsamen Freundes an", oder Ihre Recherchen als Köder benutzen: „Ich habe Ihren großartigen Artikel in der Firmenzeitung gelesen und …".

Nennen Sie den Grund Ihres Anrufs. Einem Menschen, den Sie nicht kennen, müssen Sie den Grund, weshalb Sie ihn sprechen möchten, in einem wohl formulierten Eröffnungssatz mitteilen. Wenn es sich um einen offiziellen oder halboffiziellen Anruf handelt, nennen Sie kurz Ihr Anliegen und den Zweck Ihres Anrufs. Der Zweck ist die Kehrseite der Medaille. Er sagt Ihrem Ansprechpartner, was für ihn dabei herausspringt. Wenn Sie mit einem längeren Telefonat rechnen, empfiehlt es sich die einzelnen Punkte im Voraus festzulegen, so dass Sie beide über den Gesprächsverlauf einer Meinung sind. Ihr Eröffnungssatz könnte in etwa so klingen: „Vielen Dank, Joe, dass Sie sich Zeit genommen haben, um mit mir über die Beschäftigung von Freien Mitarbeitern bei Ihrem Sonderprojekt zu sprechen. Ich würde das Team gerne leiten (Ihr Anliegen). Ich rufe an, um Ihnen meine Qualifikationen zu erläutern, die den Erfolg des Teams garantieren werden."

Bauen Sie Brücken. Nach der erfolgreichen Gesprächseröffnung denken Sie vielleicht, Sie könnten jetzt Ihr Anliegen vorbringen. Beißen Sie sich auf die Zunge, ergreifen Sie nicht gleich das Wort, sondern hören Sie sich zuerst an, was der andere zu sagen hat, bevor Sie eine Ihrer Ideen offenbaren – selbst wenn die Unterhaltung außerordentlich gut zu laufen scheint. Sammeln Sie so viele Informationen wie möglich, damit Sie Ihren Vorschlag so formulieren können, dass Sie den größtmöglichen positiven Effekt erzielen. In unserem Beispiel würde es sich empfehlen mit einer Frage an den Eröffnungssatz anzuschließen: „Joe, hatten Sie schon Gelegenheit, einen Blick auf meine Qualifikationen für den Posten des Teamleiters zu werfen, die ich Ihnen gestern per E-Mail geschickt habe? Was halten Sie davon?“

Begegnen Sie Einwänden. Einwände können jederzeit in einem Gespräch auftauchen, unabhängig davon, wie überzeugend Ihr Eröffnungssatz war oder welch wunderbare Brücke Sie geschlagen haben. Einwände sind ein wichtiger Bestandteil der zwischenmenschlichen Kommunikation. Verzweifeln Sie also nicht, wenn man verbale Pfeile auf Sie abschießt. Sehen Sie’s von der positiven Seite: Einwände sind ein sicheres Zeichen dafür, dass der andere genau weiß, worauf Sie hinauswollen. Wenn Sie nicht mit Einwänden umgehen können, schränken Sie die Effektivität Ihrer Kommunikation deutlich ein. Versichern Sie sich, dass Sie die Einwände des anderen richtig verstanden haben, ehe Sie darauf eingehen. Das tun Sie mit einer entsprechenden Frage, zum Beispiel: „Joe, Sie meinten, ich sei für die Position des Teamleiters ungeeignet. Könnten Sie das etwas genauer ausführen?“

Beenden Sie ein Gespräch mit Stil. Gelegentlich kommt es vor, dass Sie in einem gänzlich uninteressanten Gespräch gefangen sind. Wie unterbrechen Sie Ihr Gegenüber, ohne ihn zu beleidigen? Warten Sie, bis er Atem holt, und werfen einen Grund ein die Unterhaltung zu beenden. Fragen Sie, wie spät es ist, und sagen dann: „Ich komme zu spät zu einer Besprechung. Können wir diese interessante Unterhaltung ein andermal fortsetzen?“ Der andere wird automatisch „Ja“ sagen, und Sie haben das Gespräch beendet, ohne ihn zu verärgern.

Vermeiden Sie Slang, vertrauliche oder umgangssprachliche Ausdrücke in allen beruflichen Gesprächen, es sei denn, Sie unterhalten sich mit einem guten Freund, dem Sie vertrauen. Bis auf einige wenige Ausnahmen werden Sie auch mit dem Erzählen von Witzen keine Pluspunkte sammeln können. Im Gegenteil, Sie könnten sich sogar schaden, wenn Sie jemanden dabei beleidigen. Es spielt keine Rolle, für wie clever Sie sich halten, darum lassen Sie schlaue Bemerkungen. Bemühen Sie sich um Klarheit, tragen Sie Ihre Argumente vor und sprechen Sie in einem freundlichen, aber ehrlichen, professionellen Ton.

Lehnen Sie immer stilvoll ab. Jeder Narr kann anderen ein „Nein“ hinknallen und sich abwenden. Stil hat, wer seine Ablehnung begründet. Das sind die wahren Profis, die auch befördert werden.

Nutzen Sie die Macht der E-Mail

Wenn man es richtig anstellt, kann das Wort – oder in unserem Zeitalter die E-Mail – mächtiger sein als das Schwert. Zumindest hat ein wohl gesetztes Wort aber Einfluss darauf, wie das Schwert fällt.

In den späten 80er Jahren hatte IBM wie viele andere Unternehmen die unangenehme Aufgabe, ganz neu anzufangen. Es hatte sich das damals populäre Motto: „Der Kunde hat immer Recht", auf die Fahnen geschrieben.

Um das Konzept der Kundenfreundlichkeit fest in den Köpfen der Mitarbeiter zu verankern, schickte Generaldirektor John Akers eine E-Mail an alle 425.000 IBM-Beschäftigten und teilte ihnen mit, sie könnten ihm im Falle eines unzufriedenen Kunden die Details per E-Mail mitteilen.

Als Akers diese E-Mail schickte, machte eine Lehrerin aus Flagstaff, Arizona, gerade eine Woche bei meiner Kollegin Dale Urlaub, die wie ich bei IBM arbeitete. Während Ihres Besuchs erwähnte Sie ein Problem, das Ihre Schule mit IBM hatte. Sie hatten einen IBM AS400 Computer bekommen, konnten ihn aber nicht installieren, weil das Stromkabel fehlte. Der IBM-Händler hatte ihnen gesagt, es gebe ein Problem mit diesen Kabeln und IBM tue sein Möglichstes, um eines zu besorgen. Die Lehrerin erklärte Dale weiter, dass in Kürze das neue Schuljahr beginne und sich Verzweiflung in der Schulverwaltung breit machte, die immer noch ohne Computer war.

Dale griff in die Tasten statt zum Füllfederhalter, jagte eine E-Mail an John Akers hinaus und setzte ihn von dem Problem in Kenntnis. Wie man sich erzählt, telefonierte Akers höchstpersönlich mit dem IBM-Händler in Flagstaff und sagte: „Ich habe gehört, Sie haben Schwierigkeiten, ein Kabel für einen AS400 zu bekommen. Ich wette, dass ich in den nächsten fünf Minuten eines für Sie auftreiben kann." Am selben Nachmittag landete ein IBM-Learjet auf dem Flughafen in Flagstaff, wo ein völlig überwältigter IBM-Händler das Kabel in Empfang nahm. Dank der Macht der E-Mail war die Schulverwaltung von Flagstaff rechtzeitig zum Beginn des Schuljahres flott.

Dynamische Besprechungen

Alle klagen über das Wetter und über Besprechungen, aber nur wenige wissen, was man dagegen tun kann. Besprechungen sind zwar im Gegensatz zum Wetter eine menschliche Erfindung, was aber nicht heißt, dass wir sie besser unter

Kontrolle hätten. Doch wir leben in einer Zeit, in der die Meinung vorherrscht, bei wichtigen Entscheidungen seien zwei oder mehr Köpfe besser als einer.

Eine Szene aus dem Film *Wall Street* führte mir den Hauptgrund vor Augen, warum Besprechungen scheitern. Bei einer großen Versammlung mit Hunderten von Menschen stritten die leitenden Angestellten des Unternehmens mit den ungeduldigen Aktionären, warum die Gewinne gesunken waren. In der besten aller Welten würden sie mit vereinten Kräften nach einer Lösung für ihr gemeinsames Problem suchen. Stattdessen forderte jede Interessengruppe Ergebnisse, die allein ihren Mitgliedern zugute kommen sollten. Einer der leitenden Angestellten des Untenehmens, gespielt von Michael Douglas, griff zum Mikrofon und riss die Kontrolle über die Versammlung an sich, als er rief: „Gier ist gut." Mit diesem Satz brachte er die Gedanken der verschiedenen Gruppen im Raum auf einen gemeinsamen Nenner. Umgehend formierten sie sich unter ihrem neuen „Gier-ist-gut"-Führer zu einer einzigen Kraft.

Schwerpunkt der Versammlung war es, alternative Möglichkeiten zur Maximierung der Unternehmensprofite zu finden. Das ursprüngliche Problem bei der fiktionalen *Wall-Street*-Versammlung lag darin, dass man dieses Schwerpunktthema nicht schon im Vorfeld festgesetzt hatte. So dauerte es unverhältnismäßig lange, bis sich alle auf ein gemeinsames Thema geeinigt hatten. Wie gut es Ihnen gelingt, effektive Besprechungen zu halten, bei denen sich die Teilnehmer auf ein zentrales Thema und Ziel konzentrieren, spielt eine wichtige Rolle beim Sammeln von Pluspunkten für Ihre Beförderung.

Viele Menschen haben deshalb so wenig Verständnis für Besprechungen, weil es sehr lange dauert, bis echte Ergebnisse vorliegen. Kein Wunder, dass niemand gerne an Besprechungen teilnimmt. Bitten wir die Teilnehmer, sich auf eine Besprechung vorzubereiten? Teilen wir ihnen bereits im Vorfeld den genauen Zweck der Besprechung mit? Gewöhnlich nicht, was dazu führt, dass sie auf Grund mangelhafter Vorbereitung doppelt so lang dauert, wie sie eigentlich dauern müsste. Glück für Sie, wenn trotzdem etwas dabei herauskommt. Machen Sie sich ernsthaft Gedanken sowohl über Besprechungen, für die Sie verantwortlich sind, als auch über Sitzungen, zu denen Sie gebeten werden. Verfolgen Sie hartnäckig die Ziele jeder Besprechung, an der Sie teilnehmen.

Die Checkliste für Ihre nächste Besprechung

Viele Menschen haben keine Vorstellung davon, wie man eine Besprechung organisiert und dafür sorgt, dass sinnvolle Arbeit geleistet wird. Reibungslose, effektive Problemlösungen finden sich nicht von allein. Sie entstehen mit der Zeit. Wenn die Besprechung richtig organisiert und geplant wurde, kann das wahre Wunder für Ihre Beförderungsaussichten wirken. Umgekehrt könnte es Sie mehr Pluspunkte kosten, als Ihnen lieb ist, wenn Sie für eine schlecht organisierte Besprechung verantwortlich sind.

Man sollte niemals Besprechungen einberufen, um Probleme zu lösen, die unwichtig sind oder die Kompetenzen der Gruppe überschreiten. Wenn das Team allerdings vom Management zusammengerufen wurde, um ein Problem zu lösen, das über die Befugnisse der Gruppe hinausgeht, ist es durchaus angemessen auch auf schwerwiegendere Probleme einzugehen. Im Folgenden habe ich acht Punkte zu Ablauf und Organisation aufgeführt, die Sie beachten sollten, wenn eine von Ihnen geplante und gehaltene Besprechung effektiv sein soll:

Häufigkeit. Wie häufig sich eine Gruppe trifft, hängt größtenteils davon ab, wie viele Probleme gelöst werden müssen und wie komplex sie sind. Wenn es lediglich darum geht Informationen zu übermitteln, reicht eine Besprechung aus. Es sei denn, Sie stoßen auf unvorhergesehene Schwierigkeiten. Wenn Sie eine Reihe von Besprechungen planen, sollten diese jede Woche am gleichen Tag zur gleichen Zeit stattfinden, um eine regelmäßige Teilnahme zu gewährleisten.

Dauer. Meetings sollten zu einem festen Zeitpunkt beginnen und enden, der unbedingt einzuhalten ist. Im Idealfall dauert eine einzelne Besprechung nicht länger als zwei Stunden. Es ist besser, eine Reihe von Sitzungen zu halten, als zu versuchen alle Tagesordnungspunkte in eine Besprechung hineinzustopfen.

Priorität. Bevor Sie anfangen, sollten Sie jeder von Ihnen organisierten Besprechung eine Priorität zuordnen. Besprechungen mit vielen Teilnehmern sollten schon allein deshalb eine hohe Priorität bekommen, weil die Zeit dieser Leute, gemessen an ihrem Stundenlohn, sehr viel Geld kostet. Jeder Teilnehmer sollte für seine Aufgabe bei der Besprechung die volle Verantwortung übernehmen und für den Fall, dass er verhindert ist, einen Vertreter ernennen.

Ort. Besprechungen, die mit einem Essen kombiniert sind, liefern nur selten die gewünschten Ergebnisse. Man kann nicht essen und gleichzeitig ebenso aufmerksam zuhören wie jemand, der nicht isst. Konferenzsäle mit zweckmäßigen Sitzgelegenheiten sind am besten für Sitzungen geeignet.

Tagesordnung. Bereiten Sie die Tagesordnung für das Meeting schon einige Zeit im Voraus vor. Dann können Sie die Teilnehmer über die Themen informieren, die behandelt werden, und ihnen mitteilen, wer für welchen Beitrag vorgesehen ist. Auch der Besprechungszweck kann auf der Tagesordnung aufgeführt sein, so dass sich jeder auf das Ziel konzentriert, das erreicht werden soll.

Schwerpunkte. Machen Sie es sich zur Gewohnheit, die einzelnen Tagesordnungspunkte zu gewichten. Das kann zu Beginn der Besprechung mit einer schnellen, einfachen Abstimmung über jeden Tagesordnungspunkt geschehen.

Erforderliche Maßnahmen. Es gibt vier Hauptmöglichkeiten, mit einem Punkt, in dem Handlungsbedarf besteht, zu verfahren: 1. Man findet eine annehmbare Lösung, 2. man überträgt die Lösung des Problems einer anderen Gruppe, 3. man beauftragt einen Einzelnen oder eine Gruppe einiger Teilnehmer damit, Lösungsvorschläge zu erarbeiten und diese der Gruppe vorzutragen, oder 4. man streicht das Problem aus welchem Grund auch immer per Mehrheitsbeschluss von der Tagesordnung. Auf keinen Fall sollte ein Punkt einfach übergangen werden.

Notizen. Zeichnen Sie nicht jedes Wort auf, das in einer Besprechung fällt. Es würde die Teilnehmer verärgern, und Sie bekämen gekünstelte Antworten auf schwierige Fragen oder zu schwierigen Themen. Es ist jedoch sinnvoll das, was in der Sitzung beschlossen oder verworfen wurde, in Form einer Zusammenfassung festzuhalten. Versenden Sie diese Zusammenfassung oder das Fazit als eine Art Nachweis der gemeinsamen Beschlüsse per E-Mail an alle Teilnehmer.

Das Protokoll sollte den Teilnehmern möglichst sofort im Anschluss an die Besprechung zugestellt werden. Es sollte zumindest einen Überblick über alle gefassten Beschlüsse geben, aufzeigen, wie mit den einzelnen Tagesordnungspunkten verfahren wurde, und wer welche Aufgabe bis wann zu erledigen hat.

Geschichten erzählen mit Stil

John Hansen, einer meiner Kollegen, trat vor kurzem seinen Posten als Präsident eines Unternehmens an, das Umsätze in Milliardenhöhe macht. Als er sich darauf vorbereitete, die Tochterunternehmen zu besuchen, um dort seinen Fünf-Jahres-Plan vorzustellen, fragte er mich nach einem harmlosen Witz, mit dem er das Eis brechen könne. Ich erzählte ihm den Witz von dem neuen Präsidenten, der seinen Vorgänger um einen Rat bat, als dieser das Büro räumte. „Mein Rat befindet sich in diesen drei verschlossenen Umschlägen. Es handelt sich um einen Notfallplan. Wenn Sie das erste Mal auf ein Problem stoßen, für das Sie keine Lösung finden, öffnen Sie Umschlag Nummer eins. Der Inhalt wird Ihnen sagen, was zu tun ist. Mit den anderen beiden Umschlägen verfahren Sie ebenso, aber sparen Sie sie auf, solange es geht." Er überreichte die Umschläge dem neuen Präsidenten, der sie sorgfältig in den obersten Schublade seines Schreibtisches verstaute.

Einige Monate später biss sich der neue Präsident an einem Problem die Zähne aus. Er hatte bereits mehrere erfolglose Versuche unternommen es zu lösen. In seiner Verzweiflung griff er in die Schublade, holte Umschlag Nummer eins heraus, öffnete ihn und las: „Ganz egal, was Ihr Problem ist: Geben Sie mir die Schuld. Auf diese Weise gewinnen Sie Zeit und können weiter nach einer Lösung suchen." Es war ein guter Ratschlag, und er funktionierte.

Ein Jahr später befand sich der Präsident erneut in der Zwickmühle und griff zu Umschlag Nummer zwei, um das Problem zu lösen. Die Nachricht in dem zweiten Umschlag lautete: „Strukturieren Sie um. Auf diese Weise gewinnen Sie mindestens weitere sechs Monate." Also strukturierte er das Unternehmen um und stellte fest, dass der Rat besser war als erwartet. Durch die Umstrukturierung hatte er nicht nur Zeit gewonnen, sondern tatsächlich einige Verbesserungen bewirkt.

Ein Jahr nach der Umstrukturierung befand er sich abermals in einem schier unlösbaren Dilemma. Verzweifelt öffnete er den dritten Umschlag. Als er die Nachricht las, schlug seine freudige Erwartung in Enttäuschung um: „Jetzt ist es an Ihnen, drei Umschläge für Ihren Nachfolger vorzubereiten." Mit diesem Witz brachte John seine Vizepräsidenten wie gewünscht zum Lachen, indem er sich selbst zur Zielscheibe des Witzes machte, und stellte gleichzeitig Kontakt zu seinen Mitarbeitern her.

Die Kunst geschmackvolle Anekdoten zu erzählen kann Wunder wirken, wenn Sie in einer spannungsgeladenen Atmosphäre vor eine Gruppe von Leuten treten. Eine Anekdote erfüllt mehrere wichtige Aufgaben. Zum einen gibt sie Ihrem Publikum ein Gefühl der Sicherheit, denn Lachen baut Stress ab. Zum anderen helfen ein ansprechend erzählter Witz oder eine Geschichte eine gemeinsame Basis herzustellen. Sie sind der Sprecher, also wird man Sie auch für den Leiter der Sitzung halten. Eröffnen Sie die Sitzung jedoch mit einer Geschichte, fällt es dem Publikum leicht, Sie als einen der ihren zu akzeptieren. Wenn Sie Ihrem Publikum einen Grund zum Lachen geben, wird es Sie dafür schätzen.

Bereiten Sie Ihren Auftritt vor

In einer neueren Umfrage zum Thema Angst sollten die Befragten angeben, ob sie mehr Angst davor hätten zu sterben oder vor Publikum zu sprechen. Die Mehrzahl der Teilnehmer antwortete, sie fürchteten sich mehr davor, aufzustehen und vor ein Publikum hinzutreten als vor dem Sterben. Die Fähigkeit erfolgreich mit größeren oder kleineren Gruppen zu kommunizieren ist jedoch eine Schlüsselqualifikationen für Ihre Beförderung.

Talkshows zu moderieren gehört beim Fernsehen zu den ältesten Aufgaben. Ein Freund und Moderator erklärte mir, eine Talkshow sei genau wie eine Rede nur eine Rolle, die man spiele. Vielleicht halten Sie den Vergleich zwischen einer Ihrer Reden und einem öffentlichen Auftritt für unangemessen, weil Sie im Geschäftsleben stehen. Sie benutzen das Vokabular der Finanzen, der Industrie und der Wirtschaft, weil das die Sprache ist, mit der Sie sich wohl fühlen, aber wenn Sie Ihre Rede nicht zu einem Ereignis machen, wird Ihnen kein Mensch zuhören. In dem Moment, in dem Sie aufstehen, zum Podium gehen und den Mund öffnen, um sich an Ihr Publikum zu wenden, werden Sie zum Entertainer. Je eher Sie diese Vorstellung akzeptieren, desto erfolgreicher können Sie sich selbst vermarkten. Die folgenden sechs Tipps sollen Ihnen helfen, Ihre Auftritte als Redner zu verbessern:

Nehmen Sie das Mikrophon nicht in die Hand, wenn die Übertragung dadurch gestört werden könnte. Lassen Sie es auf dem Ständer.

Ziehen Sie keine Aufmerksamkeit auf Ihre Hände. Wenn Sie einen Schluck Wasser brauchen, trinken Sie so schnell wie möglich.

Legen Sie Ihre Notizen auf den Tisch oder das Rednerpult, und werfen Sie falls nötig einen Blick darauf. Wenn Sie sehr schlecht sehen, heben Sie Ihre Notizen so weit wie nötig an und legen sie dann wieder auf das Pult zurück.

Wenn eines Ihrer Beine zittert, verlagern Sie Ihr Gewicht auf das andere Bein. Wenn beide Beine zittern, treten Sie etwas zurück, lehnen sich nach vorne und halten sich am Tisch oder Pult vor Ihnen fest.

Vermeiden sie koffeinhaltige Getränke vor dem Sprechen. Wer zu Nervosität neigt, kann von Tee, Kaffee oder Cola kribbelig werden.

Zeigen Sie nicht, wenn Sie nervös sind. Der Schwerpunkt Ihrer Rede sollte auf ihrem Inhalt liegen, und Anzeichen von Schwäche helfen Ihnen nicht gerade, Ihre Botschaft zu übermitteln.

Sind Sie je einem Redner begegnet, der Sie bereits beim Gang zum Podium beeindruckte, noch ehe er überhaupt ein Wort gesagt hatte? Als er zu sprechen begann, hörten die Menschen ihm zu, denn er strahlte Selbstvertrauen aus, war informativ und jeder verstand, was er sagte. Ein guter Sprecher erregt mit jedem Wort das Interesse des Publikums, und wenn es gerade passt, verbucht er einen Lacher für sich. Die Zuhörer sind von seiner Rede beeindruckt und denken: „Der Typ ist großartig. Er wird es in diesem Unternehmen einmal weit bringen." Es leuchtet ein, dass die meisten wirklich guten Manager hervorragende Redner sind. Arbeiten Sie bei jeder wichtigen Rede daran, den bestmöglichen Eindruck zu hinterlassen.

Ködern Sie Ihr Publikum

Was macht eine Präsentation verlockend, aufregend, fesselnd und verführerisch? Ein Köder. Ein Köder ist eine Bemerkung, deren einzige Funktion es ist Aufmerksamkeit zu erregen. Wenn sie fernsehen, Radio hören, Zeitungen oder Zeitschriften lesen, versucht man immerzu Sie zu ködern. Die Köder einer Zeitung nennt man „Schlagzeilen". Fernseh- und Radiosender bezeichnen ihre Köder als „Jingles". Können Sie sich an Wendy's Werbeklassiker erinnern, in dem eine alte Dame einen Hamburger der Konkurrenz aß und dann fragte: „Und wo ist das Rindfleisch?" Was für ein Köder!

Bei einem Köder kann es sich um eine Aussage oder einen Gegenstand handeln, mit dem Sie bei einer Präsentation die Aufmerksamkeit Ihres Publikums erregen. Bringen Sie ihn gleich zu Beginn zum Einsatz, um die Aufmerksamkeit aller auf sich zu ziehen. Wenn Sie Ihren Köder richtig auslegen, ist das eine hervorragende Möglichkeit, Ihr Publikum zu fesseln. Auf der Suche nach einem Köder mit Knalleffekt sollten Sie die folgenden Fragen beantworten:

1. Was ist das Originellste an Ihrer Präsentation? Lässt es sich in einen knackigen Satz verpacken?
2. Was ist das Interessanteste und Aufregendste an Ihrer Präsentation? Lässt es sich in einen knackigen Satz verpacken?
3. Was ist das Dramatischste an Ihrer Präsentation? Lässt es sich in einen knackigen Satz verpacken?
4. Was ist das Lustigste an Ihrer Präsentation? Lässt es sich in einen knackigen Satz verpacken?
5. Stimmen Köder und Ziel Ihrer Präsentation überein?
6. Wird Ihr Publikum den Köder schlucken?
7. In welcher Beziehung steht der Köder zum Aufbau Ihrer Präsentation?
8. Erregt der Köder Interesse oder Aufmerksamkeit des Publikums?
9. Eignet sich der Köder als Einleitung für Ihre Präsentation?

Angenommen Sie haben einen wirklich guten Köder für eine bevorstehende Präsentation gefunden: Entscheiden Sie, ob Sie ihn lieber als Aussage oder als Frage formulieren möchten; beide Möglichkeiten stehen Ihnen offen. Ich ziehe Fragen vor, wann immer es möglich ist. Sinn und Zweck eines Köders ist es, Aufmerksamkeit zu erregen, und gewöhnlich sind die Menschen aufmerksamer, wenn man ihnen eine Frage stellt. Welcher der folgenden Köder spricht Sie mehr an: „Alle großen Führungskräfte haben eines gemeinsam", oder „Was haben alle großen Führungskräfte gemeinsam"? Wenn Sie sich zwischen Aussage und Frage entschieden haben, basteln Sie Ihren Köder. Falls es eine Frage ist, müssen Sie sie sofort beantworten, nachdem Sie sie gestellt haben.

Das folgende Beispiel soll zeigen, wie Sie Ihr Publikum mit Hilfe eines Köders fesseln können, der gleichzeitig als roter Faden Ihrer Präsentation dient. Angenommen Sie treffen Ihre leitenden Angestellten, um über die kümmerlichen Gewinne Ihrer Abteilung zu sprechen. Ihr Ziel ist es, die Abteilung innerhalb von drei Monaten wieder auf den rechten Weg zurückzubringen. Sie wissen, dass Ihre Leute Angst haben Entscheidungen zu treffen, weil sie befürchten etwas falsch zu machen und den Job zu verlieren. Sie möchten nun alle dazu bringen, die Entscheidungen zu treffen, die nötig sind, damit die Abteilung wieder Profit abwirft.

Zu Beginn Ihrer Präsentation dient Ihnen die folgende Frage als Köder: „Wenn Sie sich weiter auf Ihren Lorbeeren ausruhen und zusehen, wie diese Abteilung den Bach hinunter geht, wie lange werden Sie dann Ihrer Meinung nach noch hier sitzen?“ Mit diesem Frageköder haben Sie die Aufmerksamkeit aller geweckt. Nun geben Sie schnell die Antwort, die Ihnen die uneingeschränkte Kooperation Ihrer Mitarbeiter sichert: „Wenn Sie nicht sofort anfangen unbequeme Entscheidungen zu treffen, können Sie Ihrem Job Lebewohl sagen. Ich schlage vor, das Problem auf folgende Art und Weise zu lösen.“ Unser hypothetischer Köder hat das Ziel, die Aufmerksamkeit der Zuhörer zu erregen und sie zum Handeln zu motivieren.

Auch Humor kann als Köder dienen, doch ein Köder sollte in erster Linie Interesse wecken. Ich teile die Ansicht mancher Menschen nicht, die Humor für unangemessen halten. Nur ein entspanntes Publikum reagiert optimal; andernfalls wird es sich einfach nicht an der Diskussion beteiligen. Humor kann zu Beginn einer Präsentation Wunder wirken. Mit Witzen sollten sie allerdings vorsichtig sein. Wenn sich herausstellt, dass niemand Ihren Witz komisch findet, steht viel auf dem Spiel.

Manchmal erreichen Sie mit einem optischen Köder sehr viel mehr als mit bloßen Worten. Milo Frank veranstaltete bei einem großen Unternehmen einen Workshop zur Verbesserung der Kommunikationsfähigkeiten, und fünf leitende Angestellte stellten dem oberen Management ihre Ideen vor, die Frauen im Unternehmen zu fördern. In der Mitte des Raumes standen zwei Stühle, unter jedem ein Paar Damenschuhe. Der Eröffnungssatz war: „Wo sind die Frauen, denen diese Schuhe passen?“ Der Eröffnungssatz wurde durch einen phantastischen optischen Köder ergänzt. Vor einigen Jahren wurde ich bei einem Kommunikationsseminar, in dem wir lernen sollten die Aufmerksamkeit des Publikums zu fesseln, Zeuge eines extremen optischen Köders. Er war brillant. Als der Sprecher die Bühne betrat, schlug er der Länge nach hin. Was aussah wie ein spektakulärer Ausrutscher, entpuppte sich als Köder, als er grinsend aufstand und sagte: „Jetzt habe ich Ihre ungeteilte Aufmerksamkeit, nicht wahr?“

Wenn es Ihnen nicht gelingt die Aufmerksamkeit Ihres Publikums gleich zu Beginn Ihrer Präsentation zu fesseln, leidet die Kernaussage darunter. Sammeln Sie persönliche Erlebnisse und Anekdoten, die gute Köder sein könnten, in einem Notizbuch. Man weiß nie, wann man sie für eine Präsentation brauchen kann.

Hervorragende Präsentationen

Hervorragende leitende Angestellte und Führungspersönlichkeiten aus allen Berufszweigen und Branchen haben etwas Wichtiges gemeinsam: Sie wissen, wie Sie sich selbst und ihre Ideen präsentieren und ihre Argumente anbringen müssen. Es ist immer eine Freude einen guten Redner zu beobachten, seiner perfekten Wortwahl und seinem vollkommenen Tonfall zu lauschen. Wir beobachten seine entspannte, aber souveräne Haltung und seinen vollendeten Einsatz von Körpersprache, während er sich jedem einzelnen Zuhörer zuwendet, um zu zeigen, dass ihm jeder im Publikum wichtig ist. Sollte sich Ihnen die Gelegenheit bieten eine Präsentation vor einer großen Gruppe Angestellter Ihres Unternehmens zu halten, können Sie in relativ kurzer Zeit bei sehr vielen Menschen einen bleibenden Eindruck hinterlassen, was über persönliche Kontakte nicht möglich gewesen wäre.

Angenommen Sie wurden gebeten, bei einer Sitzung aller Führungskräfte, bei der 20 Abteilungs- und Filialleiter anwesend sein werden, eine 15-minütige Präsentation zu halten. Ihre Präsentation ist hervorragend und Sie bekommen stehende Ovationen. Sehen Sie sich an, was Sie damit erreicht haben: Sie haben innerhalb kürzester Zeit die wichtigen Entscheidungsträger des Unternehmens beeindruckt. An wen werden sie wohl denken, wenn sich die nächste Chance zu einer Beförderung bietet?

Für eine erfolgreiche Präsentation braucht es mehr als nur Vorbereitung und Übung. Gute Redner verfügen über zusätzliche Talente. Haben auch Sie diese Talente? Gehen Sie die folgende Liste durch und setzen Sie ein Häkchen vor die Begabungen, die Sie besitzen. Niemand kann alle diese Punkte erfüllen, aber ein erfolgreicher Redner entwickelt seine Fähigkeiten ständig weiter, und zwar so:

Kontrolle. Vollendete Redner haben ihre Präsentation unabhängig von inneren oder äußeren Ablenkungen immer unter Kontrolle.

Wissen. Es genügt nicht, wenn ein Redner den Inhalt seines Vortrags kennt. Das Publikum muss auch den Eindruck haben, dass er sehr viel über das Thema weiß, über das er spricht.

Beobachtungsgabe. Ein guter Redner weiß in jedem Augenblick, an welchem Punkt seines Vortrags er sich befindet. Er spürt, wie seine Präsentation ankommt, und ändert die Richtung (d. h. wiederholt einen Punkt), wenn er merkt, dass sich Verwirrung im Publikum breit macht.

Taktgefühl. Geschmacklose Bemerkungen oder Witze stören jede Präsentation. Gute Redner haben ein ausgeprägtes Taktgefühl.

Aufmerksamkeit. Je nach Art des Vortrags müssen Redner auch Fragen aus dem Publikum beantworten. Sie besitzen eine schnelle Auffassungsgabe und geben klare, aussagekräftige Antworten auf alle Fragen.

Überzeugungskraft. Die meisten Präsentationen sollen das Publikum dazu veranlassen, etwas Bestimmtes zu denken oder zu tun. Gute Redner wissen den ganzen Vortrag hindurch zu überzeugen.

Begeisterung. Gute Redner akzeptieren die Tatsache, dass sie bis zu einem gewissen Grad Entertainer sind. Sie strahlen deshalb eine riesengroße Begeisterung für ihr Thema aus, die auf das Publikum überspringt.

Offenheit. Ein guter Redner ist bereit, bei einem Vertrag zu einem unangenehmen oder kontroversen Thema die Karten auf den Tisch zu legen und dem Publikum seine ehrlichen und oft widersprüchlichen Gefühle mitzuteilen.

Beweglichkeit. Professionelle Redner vermeiden es, eine starre Haltung zu einem Thema einzunehmen. Sie möchten weder ihr Publikum vergraulen noch den Austausch von Gedanken unterdrücken.

Natürlich ist es wichtig, dass Sie die entscheidenden Charakteristika eines guten Redners besitzen. Diese gehen jedoch unter, wenn der Vortrag selbst schlecht ist. Hinter einer interessanten, kraftvollen Präsentation steckt mehr als das Geübte herunterzubeten und ein Fachmann auf dem Gebiet zu sein. Es erfordert eine fortwährende Neustrukturierung des Inhalts, dynamische Sprechtechniken und den Austausch mit dem Publikum.

Gepflegt bis in die Fingerspitzen

Bei jeder persönlichen Unterhaltung zwischen zwei oder mehr Menschen tauschen wir Botschaften nicht nur mit Hilfe des gesprochenen Worts, sondern auch durch die Körpersprache aus, die verrät, was unausgesprochen bleibt. Körpersprache, das sind Blicke und Bewegungen, die Ihre Worte entweder bekräftigen und unterstützen oder im Widerspruch zu ihnen stehen.

Michael Deaver inszenierte die Pressekonferenzen von Präsident Ronald Reagan. Er ließ Reagan seine Pressekonferenzen stets vor den geöffneten Türen des East Room des Weißen Hauses halten, da der Präsident dort lebendiger und einflussreicher wirkte. Reportern erzählte Deaver: „Die offene Tür und das Licht, das in den Raum fällt, setzen den Präsidenten in ein sehr viel besseres Licht.“ Margaret Mead verriet einst Präsident Jimmy Carter: „Es kommt nicht darauf an, was Sie sagen. Es kommt darauf an, wie Sie aussehen.“ In der Geschäftswelt gelten die gleichen Regeln. Glauben die Angestellten, der Chef sei zu kühl und stehe weit über dem gemeinen Fußvolk? Warum sollte er bei der Besichtigung eines Produktionswerks nicht Arbeitskleidung und einen Schutzhelm tragen, um mit Hilfe der Körpersprache ein positives Bild zu übermitteln? Unterschätzen Sie niemals die Macht Ihrer Erscheinung. Sie kann Menschen bewegen und Ihre Chancen auf eine Beförderung entweder unterstützen oder ihnen einen herben Schlag versetzen.

Die Geschichte meines Freundes Bill Mitchell ist ein Paradebeispiel dafür, wie der falsche Umgang mit dem eigenen Erscheinungsbild Karriereaussichten zunichte machen kann. Bill war Finanzdirektor eines kalifornischen Tochteruntenehmens von Philip Morris. Er hat einen Abschluss der Columbia Universität in der Tasche und ist für den Posten des Finanzdirektors mehr als nur geeignet. Weil dieses Tochterunternehmen nicht zur Unternehmensstruktur von Philip Morris passte, wurde es verkauft und Bill durch den Finanzdirektor der Firma ersetzt, die es übernahm. Mit anderen Worten Bill war arbeitslos.

Er bat mich um Rat, wie er bei der Suche nach einer Führungsposition vorgehen sollte. Ich sagte: „Bill, du wirst deinen Bart und deinen Schnauzer abrasieren müssen, wenn Du Dein Image als Finanzdirektor aufbessern willst. Ob es Dir passt oder nicht, die Finanzmanager, bei denen du dich vorstellen wirst, haben einen erzkonservativen Geschmack.“ Bill konterte sofort mit den Worten: „Wenn die mich nicht nehmen, wie ich bin, können sie mir gestohlen bleiben.“

Obwohl ich Bill verstehen konnte und ihm zu erklären versuchte, dass er seinen Bart ja wieder wachsen lassen konnte, wenn er erst einen Job hatte, weigerte er sich standhaft, die Auswirkung seines Aussehens auf den Bereich der Körpersprache zu erkennen. Ein Jahr später war Bill immer noch auf der Suche. Er hatte nicht ein einziges Angebot bekommen. Zum Glück hatte er genügend gespart, um letztendlich seinen Bart behalten, ein kleines Geschäft kaufen und es so führen zu können, wie er es für richtig hielt.

Natürlich ist Ihr Erscheinungsbild nicht die einzige Möglichkeit, Ihr Image durch Körpersprache aufzubauen. Hier sind einige weitere Beispiele für den Einsatz von Köpersprache:

Um einen Kommentar zu loben. Führen Sie Ihre Finger an die Lippen und küssen Sie sie genau in dem Augenblick, in dem Sie sie wieder vom Mund entfernen.

Um zu zeigen, dass Sie nachdenken. Verschränken Sie die Finger ineinander, die beiden Daumen zeigen nach oben und berühren sich. Heben Sie die Hände an das Kinn, während Sie gedankenversunken an die Decke blicken.

Um zu zeigen, was Sie von einem schlechten Vorschlag halten. Legen Sie den Zeigefinger an die Schläfe und drehen Sie ihn hin und her.

Um zu zeigen, dass Sie anderer Meinung sind. Zupfen Sie mit Daumen und Zeigefinger einer Hand am Ohrläppchen.

Um Aufmerksamkeit zu signalisieren. Legen Sie den Zeigefinger an die Nase.

Tausende von Büchern wurden darüber geschrieben, was wir einander mit unserem Aussehen und unserer Körpersprache mitteilen. Manche Menschen verbringen ihr ganzes Leben damit, die Körpersprache zu studieren und andere danach zu fragen, wie man sie einsetzt. Es ist zwar nicht übermäßig schwierig, Körpersprache erfolgreich einzusetzen, aber man kann nicht einfach hingehen, sich das nötige Wissen aneignen und dann von sich behaupten, man wäre ein Experte auf diesem Gebiet. Man muss es auf die altmodische Weise lernen, Schritt für Schritt. Während Sie lernen Ihre Körpersprache immer besser zu beherrschen, verlaufen Ihre Unterhaltungen mit anderen immer reibungsloser und Ihr Selbstvertrauen wächst. Sie kommen immer besser zurecht, lernen besser zu kommunizieren, und ehe Sie sich's versehen, ist ein Selbstläufer daraus geworden und alles, was Sie zu anderen sagen, schürt ihre Begeisterung.

Das Buch *Versteckte Signale. Körpersprache im Beruf* von Julius Fast zeigt Ihnen nicht nur, wie Sie mit Hilfe Ihrer eigenen Körpersprache Argumente stärken können, sondern lehrt Sie auch die Körpersprache anderer zu lesen, damit Sie deren Gedankengänge besser beeinflussen können.

Vermitteln Sie Ihre Vision

In seinem Buch *Presentations Plus* behauptet David Peoples, Menschen nähmen 75 Prozent aller Informationen über die Augen, 13 Prozent über die Ohren und

12 Prozent über Geruchs-, Tast- und Geschmackssinne auf. Da wir visuell orientiert sind, hinterlassen Präsentationen, die sich optischer Hilfsmittel wie Dias und Graphiken bedienen, bleibendere Eindrücke, als Worte allein es können. An Dinge, die man gesehen hat, kann man sich sehr viel besser erinnern als an Dinge, die man nur gehört hat.

Wann immer Sie können, sollten Sie in Bildern sprechen, damit Ihr Publikum genau versteht, was Sie sagen möchten – selbst wenn Sie diese Bilder mit Worten malen müssen. Vor kurzem war ich zu einer Abendgesellschaft der *Society for the Prevention of Cruelty to Animals* (SPCA) eingeladen. Die Vision, in die der Vorsitzende das Thema seiner Rede verpackte, sprach eine deutliche Sprache: „Stellen Sie sich vor, Sie sind allein und kurz vor dem Verhungern. Sie laufen eine betonierte Straße entlang, um Sie herum Gebäude aus Beton. Die Häuser haben weder Türen noch Fenster. Die Straße scheint endlos und Sie haben keinerlei Hoffnung. In dieser Situation befinden sich eine Katze oder ein Hund, die in der Stadt ausgesetzt wurden oder sich verlaufen haben."

Ihr Zuhörer sollte das, was Sie sagen, nicht nur hören, sondern auch sehen. Wenn Sie eine Geschichte mit Bildern erzählen, kann sich Ihr Zuhörer die Zusammenhänge leichter vorstellen. Die beiden folgenden Beispielsätze sagen im Grunde das Gleiche aus. Welcher gefällt Ihnen besser?

1. Defizite haben negative Auswirkungen auf die Wirtschaft.
2. Wie ein Gift breiten sich die Defizite aus und zerstören unsere Wirtschaft.

Der erste Satz ist nichtssagend und langweilig. In Ihrer Vorstellung entsteht kein Bild von dem, was passiert. Bei dem zweiten Satz waren nur ein paar Wörter mehr nötig, um ein Bild der Ereignisse zu entwerfen. Es sollte Ihnen leichter gefallen sein den zweiten Satz zu lesen und zu verstehen, weil er plastischer ist. Diese Worte helfen Ihnen sich vorzustellen, was passiert. Bilder sind in allen Bereichen der täglichen Kommunikation von Nutzen.

Wie oft haben Sie diesen langweiligen Satz schon von einer Stewardess gehört: „Wir dürfen Sie bitten angeschnallt sitzen zu bleiben, bis das Flugzeug seine endgültige Parkposition erreicht hat." Ich erinnere mich an eine Stewardess, die sagte: „Wenn Sie sich die Peinlichkeit ersparen möchten im Gang hinzufallen, bleiben Sie bitte angeschnallt sitzen, bis das Flugzeug seine endgültige Parkposition erreicht hat." Ihr Zusatzkommentar brachte die Passagiere zum Lachen und sorgte dafür, dass sie sitzen blieben.

Anschauliche Worte helfen Ihnen, ein Bild in den Köpfen Ihrer Zuschauer entstehen zu lassen. Worte erschaffen Bilder, und ob Sie nun über einen Hund, das Haushaltsdefizit oder das Anschnallen im Flugzeug sprechen, ein Bild macht jede Mitteilung plastisch, interessant und einprägsam. Eine Botschaft in

Bilder zu verpacken gehört zum angenehmsten Teil einer Präsentation, da Sie bereits bei den Vorbereitungen gezwungen sind kreativ zu werden.

Manchen Menschen fällt es schwer zu lächeln, obwohl ein Lachen ganz im Gegensatz zu einem Stirnrunzeln von einer positiven Lebenseinstellung kündet. Wenn wir einen anderen Menschen mit einem Lächeln begrüßen, vermitteln wir ihm in einem ersten Schritt ein Gefühl von unserem Wert. Lächeln Sie, und Sie werden der Beförderung mit jedem Lächeln einen Schritt näher kommen.

6 Mit dem Netzwerk an die Spitze

Betriebsfeiern bieten Ihnen die einzigartige Gelegenheit, mit all den wichtigen Leuten bekannt zu werden, die Einfluss auf Ihre Beförderung haben. Sie können versuchen sie kennen zu lernen, indem Sie sich in eine Ecke stellen und warten, dass sich die leitenden Angestellten zu Ihnen verirren, oder selbst die Initiative ergreifen und die Leute ansprechen, die wichtig für Sie sind. Bei einer typischen Betriebsfeier kommen diejenigen, die Macht haben, gewöhnlich spät und beanspruchen ein gewisses Territorium für sich. Die Unsicheren stehen gerne in der Nähe des Eingangs oder an der Bar, denn dort ist am meisten los, so dass sie zumindest gesehen werden.

Welch sonderbare Blüten das Verhalten bei Betriebsfesten auch treiben mag, sie sind eine hervorragende Möglichkeit all die Menschen in Ihr Netzwerk einzubinden, die Sie besser kennen lernen müssen, wenn Sie Ihr Karriereziel erreichen möchten. In diesem Abschnitt werde ich vier Grundtechniken beschreiben, wie Sie Ihr Netzwerk um wichtige Kontakte erweitern. Zudem werde ich Ihnen zeigen, wie man sich in kleinen und großen Gruppen bewegt, was man sagt und wie man das einmal aufgebaute Netzwerk pflegt.

Was ist ein Netzwerk?

Bis berufliche Netzwerke eingeführt wurden, dachte man bei dem Begriff Netzwerk an Fernsehsender wie ABC oder CNN. Ein berufliches Netzwerk ist eine ausgewählte Gruppe von Menschen, auf die Sie sich verlassen können, wenn Sie Hilfe oder Informationen benötigen. Der Sinn eines Netzwerks liegt darin, Menschen in Ihrem Bekanntenkreis miteinander bekannt zu machen, die sich noch nicht kennen. Eines der ungeschriebenen Gesetze von Netzwerken lautet: „Eine Hand wäscht die andere." Ihr Netzwerk dient dazu, Beziehungen aufzubauen, die Ihnen in einzelnen Bereichen Ihrer Beförderungskampagne weiterhelfen.

Vielleicht begegnen Sie einem Menschen, der anfangs nicht ganz in Ihren Plan zu passen scheint, aber Ihre Intuition sagt Ihnen, dass er sich als wertvoll erweisen könnte. Grund genug, um die Beziehung zu vertiefen. Doch das geht nicht, indem Sie fragen: „Was kann dieser Mensch heute für mich tun?" Der richtige Ansatz in einem Netzwerk ist, sich die umgekehrte Frage zu stellen: „Was kann ich heute für diesen Menschen tun?" Wenn Sie die Frage also umkehren und den anderen immer wieder in den Vordergrund rücken, werden Ihre Beziehungen so gut, dass nicht einmal Superman ihnen etwas anhaben könnte.

Wenn Sie anfangen sich ein Netzwerk aufzubauen, sollten Sie so viele Menschen wie möglich kennen lernen, um die Zahl Ihre Kontakte zu steigern. In der Anfangsphase ist es in Ordnung, eher zu viele Menschen zu kennen. Es kann nicht schaden, wenn Sie die Wirkung Ihrer Köder testen. Aber Sie werden bald feststellen, wie schwierig es ist mit vielen Menschen in Kontakt zu bleiben. Netzwerke leben vom Kontakt. Wenn Sie nicht mit jedem Menschen in Ihrem Netzwerk wenigstens einmal im Monat Kontakt aufnehmen können, ist es zu groß. Haben Sie je einen Anruf von jemandem bekommen, von dem Sie mehr als ein Jahr nichts gehört hatten? Er beteuerte, wie sehr er sie vermisst habe, und bat Sie dann um einen Riesengefallen. Wie fühlten Sie sich? Ausgenutzt? Um zu vermeiden, dass Sie andere ausnutzen, müssen Sie regelmäßig Kontakt zu allen Menschen in Ihrem Netzwerk halten.

Während Ihr Netzwerk wächst, sollten Sie bei der Auswahl der Kandidaten wählerischer werden. Das ideale Netzwerk besteht aus Menschen, die Ihnen helfen Ihren Einflussbereich zu erweitern. Weil eine persönliche Beziehung besteht, weiß jeder genau, was er für den anderen tun kann. Gesetzt den Fall jemand aus Ihrem Netzwerk lernt den Geschäftsführer einer Berufsgenossenschaft kennen. Da er weiß, dass Sie bei der Jahreshauptversammlung gerne einen Vortrag halten würden, wird er sich bei Ihnen melden und Ihnen sagen, dass der Geschäftsführer Ihren Anruf erwartet. So funktioniert ein gutes Netzwerk.

! Verwechseln Sie eine kräftige Stimme nicht mit Charisma. Wenn Sie eine dauerhafte Beziehung zu einem Menschen aufbauen möchten, müssen Sie ihm zuerst etwas bieten, damit er Teil Ihres Netzwerkes wird.

Natürliche Systeme

Nehmen Sie einen Moment geistig Abstand von Ihrer augenblicklichen beruflichen Tätigkeit und stellen Sie sich vor, Ihre einzige Einnahmequelle wäre ein Bauernhof. Überlegen Sie einmal, wie lächerlich es wäre, wenn Sie sich nicht an das Prinzip der Landwirtschaft halten würden. Sie vergessen im Frühjahr zu säen, spielen den Sommer über Golf und wollen dann schnell im Herbst die ganze Aussaat erledigen, um etwas ernten zu können. Aber die Landwirtschaft ist ein natürliches System, und deshalb müssen Sie über einen längeren Zeitraum hinweg regelmäßig Arbeitskraft investieren, wenn Sie die Früchte ernten möchten, die Sie gesät haben. In der Landwirtschaft und jedem anderen natürlichen System gibt es keine Abkürzungen.

Netzwerke, die ebenfalls natürliche Systeme sind und dem Gesetz vom Säen und vom Ernten folgen, funktionieren nach dem gleichen Prinzip. Wenn Sie Ihren Charme spielen lassen und vorgeben an anderen Menschen interessiert zu sein, kommen Sie kurze Zeit über die Runden. Letztendlich werden jedoch die Herausforderungen, denen Sie sich gegenübersehen, Ihre wahren Beweggründe ans Licht bringen, und diese kurzen Beziehungen zerbrechen wieder, weil Sie sich nicht die Zeit genommen haben, wirklich auf die Persönlichkeit dieser Menschen einzugehen. Finden Sie heraus, was sie anzieht, was sie abstößt und was sie motiviert.

Hätten Sie sich die Zeit genommen, auch Ihre Beziehungen außerhalb der Firma sorgfältig zu pflegen, hätten diese über einen längeren Zeitraum hinweg Bestand gehabt. Wie oft denken Sie an jemanden, den Sie seit Monaten oder sogar Jahren nicht mehr gesehen haben? Warum denken sie an diesen Menschen? Vermutlich weil es ihm in der bisherigen Beziehung gelang Sie zu motivieren und Sie sich immer gut fühlten, wenn Sie mit ihm zusammen waren.

Die Entwicklung der Netzwerke

Vor einigen Jahren waren Unternehmen unabhängige Einheiten, in denen die einzelnen Rollen klar verteilt waren. Die Struktur, die Aufgabenverteilung, die innere Ordnung und die inneren Prozesse waren Routine, und jeder, der in einem solchen Unternehmen arbeitete, kannte die Vorgaben. Ganz anders das Unternehmen im neuen Millennium: Hierarchien, Routineaufgaben und die innere Ordnung wurden durch durchlässige, organische und dynamische Strukturen ersetzt, die es erlauben umgehend zu reagieren, wenn sich die Bedürfnisse des Unternehmens ändern. Arbeitsplätze auf allen Beschäftigungsebenen definieren sich nicht mehr über die Summe unpersönlicher und technischer Aufgaben. Die Leistung eines Menschen wird danach bewertet, wie gut er sich anpassen, über blitzschnelle Veränderungen nachdenken und darauf reagieren kann, und sein Erfolg ist von der Güte des von ihm aufgebauten Netzwerks abhängig.

Aufbau und Pflege eines Netzwerks sind nicht nur der Schlüssel zur Beförderung, sondern auch für Sie persönlich eine Hilfe. Rein technisch wird ein Netzwerk definiert als ein Gebilde aus Kabeln oder Drähten, die sich in regelmäßigen Abständen kreuzen und am Schnittpunkt miteinander verbunden sind. Menschliche Netzwerke sind keine exakte Wissenschaft, aber auch sie haben das Ziel, Verbindungen zwischen Menschen und Gruppen herzustellen. Zweifellos werden die Ansprüche, die Sie an Ihr Netzwerk stellen, je nach persönlicher Zielsetzung variieren. Sie können Ihr Netzwerk dazu benutzen, Ihre Kollegen um Rat zu fragen, wie Sie Ihre Karriereziele am besten erreichen, oder es nutzen, um die für Ihre Beförderung entscheidenden Schritte nach vorne zu machen.

Die meisten Menschen haben irgendwann im Laufe ihrer Karriere die Hilfe eines Netzwerks in Anspruch genommen, um vorwärts zu kommen. Vielleicht bekamen Sie Ihren ersten Ferienjob, weil Sie oder Ihre Eltern jemanden bei der Firma kannten, bei der Sie ein Praktikum machen wollten. Als Sie älter wurden, entwickelten Sie anspruchsvollere Netzwerke zur Unterstützung Ihrer Karriereziele. In den immer schlanker werdenden Unternehmen, in denen es immer weniger Möglichkeiten für eine Beförderung gibt, wird dieses bekannte und bewährte Mittel, eine Karriere im Anfangsstadium voranzutreiben, immer wichtiger. In den heutigen Firmen sichert es Ihr Überleben, wenn Sie wissen, wie man sein Netzwerk nutzt, um der Karriere einen Schubs zu geben.

Es ist noch immer wichtig, dass Sie die richtigen Leute kennen. Die Kontakte, über die Sie bereits verfügen, bilden das Rohmaterial Ihres Netzwerks. Jeder dieser Menschen verfügt wiederum über eigene Kontakte und so weiter. Auf diese Weise steht Ihnen das Potenzial eines enormen Netzwerks zur Verfügung. Erstellen Sie mit dem Rohmaterial Ihres Netzwerkes eine Datei. Benutzen Sie Karteikarten, eine Computerdatenbank oder was immer Sie möchten. Selbst wenn Sie Ihren Job lieben und nicht die Absicht haben, den Arbeitsplatz zu wechseln, sollten Sie umgehend damit beginnen eine Netzwerkdatei anzulegen. Der ideale Zeitpunkt dafür ist immer dann, wenn Sie es nicht brauchen. Hier sind ein paar Ideen, die Ihnen den Einstieg erleichtern sollen:

Training. Je mehr Sie trainieren, desto stärker werden Sie und umso leichter fallen Ihnen Aufbau und Pflege Ihres Netzwerks.

Hilfe anbieten. Beenden Sie jedes Gespräch mit einem Mitglied Ihres Netzwerks mit der Frage: „Kann ich noch etwas für Sie tun?“ oder „Wie kann ich Ihnen helfen?“. Beziehungen, die regelmäßig die Bedürfnisse beider Parteien erfüllen, sind für den Aufbau eines Netzwerkes entscheidend.

Seien Sie immer positiv, wenn Sie sich mit einem Mitglied Ihres Netzwerks unterhalten. Bieten Sie Ihre Hilfe an, bedanken Sie sich für einen Gefallen, den der andere Ihnen möglicherweise erwiesen hat, oder geben Sie ihm die Informationen, die er braucht. Vermeiden Sie negative Kommentare sowie Klatsch und Tratsch.

Erfolgreiche Netzwerke sind keine Einbahnstraßen. Wenn Sie immer nur nehmen, fallen Sie durch jedes Netz, zu dem Sie glauben zu gehören.

Nehmen Sie sich Zeit für Pflege. Pflegen Sie Ihr Netzwerk, als hinge Ihr Berufsleben davon ab – denn das tut es.

Setzen Sie sich hohe Ziele. Warum stecken Sie sich bei der Suche nach Mitgliedern für Ihr Netzwerk niedrige Ziele? Der Aufbau Ihres Netzwerks entscheidet, wann Sie befördert werden.

Besuchen Sie alle Versammlungen Ihres Berufsverbandes und gehen Sie zu jeder Gewerbeschau, um Mitglieder für Ihr Netzwerk zu finden. Melden Sie sich für Arbeitskreise, die Ihnen Gelegenheit geben, die innere Struktur Ihres Netzwerks auszubauen.

Merken Sie sich die Namen aller Menschen, denen Sie begegnen. Notieren Sie sie auf Netzwerkkärtchen, die Sie bei sich tragen. Schreiben Sie nicht nur den Namen, sondern auch Funktion und Telefonnummer auf. Fügen Sie im Laufe der Zeit Informationen wie das Geburtsdatum, die Namen der Familienmitglieder, Ausbildung, wichtige Kontakte und besondere Interessen hinzu.

Haben Sie keine Angst vor dem Wörtchen „Nein“, wenn Sie jemanden bitten Mitglied in Ihrem Netzwerk zu werden. Es ist die zweitbeste Antwort, die Sie bekommen können. Zumindest wissen Sie dann, woran Sie sind.

Sie sollten nicht nur Ihr eigenes Netzwerk wie Ihre Westentasche kennen. Informieren Sie sich auch über das Netzwerk Ihres Chefs. Jeder hat seine eigenen Kontakte. Wenn die Menschen, auf die Ihr Chef hört, zu Ihrem Netzwerk gehören, sind Sie auf dem richtigen Weg.

Die richtigen Beziehungen

Wenn Sie die Karriereleiter erklimmen möchten, brauchen Sie gute Beziehungen zu den richtigen Leuten. Sie sind der Schlüssel zu Ihrem Erfolg. Nicht nur weil diese Menschen etwas für Sie tun können, sondern auch weil Sie viel von ihnen lernen können. Gute Beziehungen erweitern Ihren Horizont, halten Sie über wichtige Entwicklungen auf dem Laufenden und verbessern Ihre Fähigkeiten im Zuhören und Kommunizieren. Sie sind das Herzblut Ihrer Beförderung.

Wenn Sie die Bedeutung beruflicher Beziehungen erkannt haben und wissen, nach welchen Kriterien Sie die Menschen auswählen müssen, die Ihnen behilflich sein können, müssen Sie Ihr Netzwerk möglicherweise von überflüssigem Ballast befreien, den Sie herumschleppen. Unter Umständen gehören dazu auch Menschen, die Sie schon lange kennen, die jedoch schon seit einiger Zeit nichts mehr zu Ihrer beruflichen Entwicklung beitragen. Es kostet viel Zeit Kontakte zu pflegen, und offen gesagt haben Sie vielleicht nicht genug davon, um alte Beziehungen weiter aufrechtzuerhalten. Wenn Sie ganz nach oben möchten, müssen Sie eifersüchtig über Ihre Zeit wachen. In einem Netzwerk gibt es grundsätzlich drei Arten von Beziehungen. Das sind:

Der Klotz am Bein. Diese Menschen sind wie ein Klotz an Ihrem Bein, der Sie entweder hinunterzieht, bremst oder gänzlich untergehen lässt. Klötze sind Kontakte zu Menschen, die nur wenig Selbstwertgefühl haben und die von den anderen meist gemieden werden wie die Pest. Es kann schon negative Folgen für Sie haben, wenn man Sie nur dabei beobachtet, wie Sie sich mit ihnen unterhalten. Oft werden diese Menschen, die glauben, der Himmel stürze jeden Augenblick ein, „Küken" genannt. Wann immer Sie einem von ihnen begegnen, wird er Ihnen erzählen, was mit den anderen nicht stimmt – vom Hausmeister bis hinauf zum Generaldirektor. Er erzählt Ihnen, das Unternehmen stünde kurz vor der Pleite, das Essen in der Kantine sei schlecht, in den Toiletten gäbe es elektronische Wanzen und so weiter. Lösen Sie sich so schnell wie möglich aus Beziehungen dieser Art, sonst werden Sie mit ihnen untergehen.

Der Rettungsanker. Wie der Name schon sagt, fungiert diese Beziehung als Rettungsanker. Wenn Sie in ein Loch fallen, ist der Rettungsanker immer da, um Sie wieder herauszuziehen. Rettungsanker sind Menschen Ihres Vertrauens, bei denen Sie aufgestauten Ärger loswerden und sich so davon befreien können. Sie erwarten keinen guten Rat von ihnen, sondern freundliche Worte wie: „Ja, das ist wirklich übel. Kein Wunder, dass Du sauer bist." Und das ist in Ordnung, denn diese Art von Beziehung ist ein wichtiges Ventil für Gefühle, die Sie einem Menschen, der Ihre Beförderung beeinflussen kann, nicht zeigen wollen. Rettungsanker haben *per definitionem* meist nur einen verschwindend geringen Einfluss auf Ihre Beförderung.

Der Dynamo. Diese Art von Beziehung gibt Ihnen Kraft, die Geschwindigkeit, mit der Sie die Karriereleiter hinaufklettern, noch zu steigern. Aus diesem Grund gehören alle Dynamos zum inneren Kreis Ihres Einflussbereichs. Wenn zwei Menschen eine dynamische Beziehung haben, sind sie sofort von einem Energiefeld umgeben. Sie bekommen Zugang zu den besten Ideen des jeweils anderen, erfinden alles Mögliche und inspirieren einander auf höchster Ebene. Es gibt berufliche und private Dynamos. Sie erzeugen einen so kraftvollen Austausch von Informationen, dass diese Beziehungen eine Art Leiter für Ihre Kreativität darstellen und Sie zu Bestleistungen anspornen.

Jede Ihrer Beziehungen kann zwischen den drei genannten Typen hin- und herwechseln. Zum Beispiel kann einer Ihrer Dynamos von einem Schicksalsschlag wie dem Verlust des Arbeitsplatzes getroffen und plötzlich zu einem

Klotz an Ihrem Bein werden. Lassen Sie ihn fallen, nur weil er gerade eine schlimme Zeit durchmacht? Ja! Wenn Ihnen das zu hart erscheint, treten Sie einen Schritt zurück und überdenken Sie die Konsequenzen, die es für Sie hat, wenn Sie weiterhin Kontakt zu ihm halten. Lassen Sie nicht zu, dass Sie mit einer Beziehung untergehen.

Die Top Ten

Der Kern Ihres inneren Einflussbereichs sollte aus zehn Leuten bestehen, auf die Sie sich verlassen können. Zu Ihren Top Ten können Freunde, Familienmitglieder und Menschen gehören, mit denen Sie engen beruflichen Kontakt haben, und auf die die Definition „Dynamo“ zutrifft. Sie gehören dazu, weil sie Sie zu Höchstleistungen anspornen und sich Ihren Erfolg wünschen, weil sie wissen, dass umgekehrt auch Sie daran interessiert sind, dass sie Erfolg haben. Sie konkurrieren nicht mit Ihnen, reden nicht hinter Ihrem Rücken und wollen immer nur Ihr Bestes. Sie genießen ihre Gesellschaft – und umgekehrt. All das klingt so wunderbar, dass Sie sich vermutlich fragen, warum diese erlauchte Gruppe auf zehn beschränkt ist. Das geht auf etwas zurück, das vorher gesagt wurde. Mit einem Dynamo sollte man mindestens einmal im Monat Kontakt haben, und unter Umständen reicht Ihre Zeit gerade einmal für zehn Menschen. Wichtig ist, dass Sie zu den Menschen, die Sie in Ihrem inneren Einflussbereich haben möchten, eine solide Beziehung aufbauen, egal wie viele es sind.

Ich rate Ihnen auch Beziehungen zu mindestens 15 Menschen zu pflegen, die als Nachrücker für Ihre Top Ten dienen. Die zweite Riege kann sich aus Rettungsankern oder weiteren Dynamos zusammensetzen, die eines gemeinsam haben: Sie verkünden der Welt ohne Pause, wie toll Sie sind, weil sie an Sie glauben. Ja, diese Gruppe darf größer sein als 15, solange Sie regelmäßig einmal im Monat entweder per Telefon, Fax, E-Mail, Post oder in Besprechungen Kontakt zu allen halten.

Und das ist der Grund, warum Sie eine zweite Riege aufbauen sollten: Diese Menschen sind wie Ihre höchstpersönliche Radioshow, denn sie verbreiten in ihren eigenen Netzwerken tagtäglich nur das Beste über Sie. Sie fungieren auch als Empfänger für Informationen aus zahlreichen Quellen, die sie an Sie weitergeben. Möglicherweise brauchen Sie auch einen von ihnen, um einen Dynamo in Ihrem Netzwerk zu ersetzen. Angenommen einer Ihrer wichtigsten Dynamos setzt sich zur Ruhe und zieht sich in den australischen Busch zurück. Wo finden Sie Ersatz? Am ehesten in der zweiten Riege Ihres Netzwerks.

Unternehmenskultur – Einzelgänger haben's schwer

In den meisten Unternehmen werden Sie leider nur dann befördert, wenn Sie sich in die Unternehmenskultur einfügen.

Kürzlich aß ich mit einem bemerkenswerten leitenden Angestellten zu Mittag. Er ist Anfang vierzig, hat an der Stanford Universität studiert. Steve trifft fast immer die richtige Entscheidung und war im Rennen um den Posten des Generaldirektors eines angesehenen Fortune-200-Unternehmens. Der derzeitige Generaldirektor hatte ihm zwar versichert, er habe gute Chancen, aber dem war nicht so. Ich wusste es, Steve wusste es und der Generaldirektor wusste es ebenfalls. Warum?

Als Steve vor fünf Jahren angefangen hatte, arbeitete er mit all seiner Kraft daran, später einmal Generaldirektor zu werden. Er übernahm eine nicht besonders erfolgreiche Abteilung und man gab ihm ein Jahr Zeit, um die Abteilung wieder in die Gewinnzone zu bringen, andernfalls würde sie geschlossen. Es gelang ihm, die Verkaufszahlen um das Vierfache, die Gewinne um das Zehnfache zu steigern. Er war seinen Kollegen an der Spitze anderer Abteilungen so haushoch überlegen, dass der Generaldirektor das Gefühl gehabt hatte, ihn in den Kreis der möglichen Nachfolger aufnehmen zu müssen. Inzwischen weiß Steve, dass er den Job nicht bekommen wird, da er sich nicht in die Unternehmenskultur einfügt. Er hatte es bewusst vorgezogen sich nicht anzupassen, was ihn die Beförderung kostete.

Unternehmenskultur ist die Art und Weise, wie Sie aussehen und handeln müssen, um der Vorstellung des Unternehmens vom perfekten Angestellten zu entsprechen. In seinem Nadelstreifen-Unternehmen trug Steve sportliche Mäntel zur Arbeit, während sich seine Kollegen in allem anderen als dreiteiligen Anzügen in Grund und Boden geschämt hätten. Er war laut. Sie waren kultiviert. Er ist ein Unternehmer, der es auch alleine schaffen kann. Sie waren Autokraten, die sich vor jeder wichtigen Entscheidung beim Generaldirektor Rückendeckung holten. Unter dem Strich läuft es darauf hinaus, dass es keinen Unterschied macht, wie gut sie sind. Wenn Sie sich nicht anpassen, werden Sie nicht befördert.

Antworten mit Pfiff

Menschen, die gerade ein Netzwerk aufbauen, fragen immer: „Was machen Sie beruflich?“ Wenn Sie darauf eine 0815-Antwort geben wie: „Ich bin Manager bei IBM", verpassen Sie eine Gelegenheit, Kontakt zu Ihrem Gegenüber herzustellen. Besser wäre es zu sagen: „Ich leite bei IBM eine Abteilung, die Überwachungssoftware für Militärsatelliten herstellt. Außerdem reite ich, spiele oft Tennis und schreibe gerne Bücher." In weniger als 15 Sekunden haben Sie nicht nur mit Pfiff geantwortet, sondern dem anderen Gelegenheit gegeben eines von mehreren Themen aufzugreifen, das ihn vielleicht interessiert. Wenn er antwortet: „Oh, Sie schreiben? Ich schreibe auch", haben Sie die Unterhaltung mit einem potenziellen Mitglied Ihres Netzwerkes ins Rollen gebracht. Die nachfolgenden Ideen sollen Ihnen helfen pfiffige Antworten zu finden:

Prägen Sie sich ein. Geben Sie eine Information über sich selbst, die im Gedächtnis haften bleibt. Zum Beispiel: „Ich heiße Sabine Sommer. Sommer wie Winter." Diese Eselsbrücke hilft dem anderen sich Ihren Namen zu merken. Es ist kitschig, aber es hilft!

Steigen Sie nach oben. Es spielt keine Rolle, an welcher Stelle der Hackordnung Sie sich befinden, wenn Sie mit der Arbeit an Ihrem Netzwerk beginnen. Wenn Ihre Antworten zeigen, dass Sie ein Gewinner sind, hat Ihr Aufstieg schon begonnen.

Halten Sie sich an die Regeln. Wenn es nur eine einzige Regel für Netzwerke gäbe, dann hieße sie sicher nicht: „Wie kann ich den anderen dazu bringen, etwas für mich zu tun?", sondern „Was kann ich für den anderen tun?". Wenn Sie eine Antwort geben, verleihen Sie ihr zusätzlich Nachdruck, indem Sie die Frage: „Was kann ich für Sie tun?" daran anschließen.

Antworten mit Pfiff sind großartig, wenn Sie Gelegenheit haben, sich mit einem Menschen zu unterhalten, den Sie gerne in Ihrem Netzwerk hätten. Manchmal bekommen Sie es jedoch mit dessen Wachhund zu tun. Gewöhnlich beantwortet der Wachhund das Telefon, um vorab zu entscheiden, welche Anrufer durchgestellt werden. Wenn Sie zum obersten Chef durchdringen möchten, sollten Sie sich mit seinem Wachhund gutstellen. Das kann ein paar Anrufe in Anspruch nehmen. Im Anschluß folgt ein Beispiel, wie Sie mit etwas Pfiff am Wachhund vorbeikommen.

z.B. Nehmen wir einmal an, Sie möchten ein Treffen mit Mr. Larson vereinbaren, dem Generaldirektor eines Unternehmens, bei dem Sie gerne beschäftigt wären. Ihr erster Anruf landet bei seiner Sekretärin, die Sie nicht kennen. Sie sagt: „Mr. Larsons Büro. Was kann ich für Sie tun?" Sie antworten: „Guten Morgen, mein Name ist Dave Rye. Mit wem spreche ich bitte?" Die Sekretärin nennt Ihnen ihren Namen (Joann) und Sie fragen nach irgendetwas Nebulösem, zum Beispiel nach Larsons E-Mail-

Adresse. Wenn Sie zum zweiten Mal anrufen und wieder Joann am Telefon ist, sagen Sie: „Joann, hier spricht Dave Rye. Wir haben kürzlich miteinander telefoniert. Ich bräuchte Ihre Hilfe.“ Sie haben Ihrer Bitte eine persönliche Note gegeben, was der andere normalerweise mit einer positiven Antwort quittiert, etwa: „Wie kann ich Ihnen helfen?“ Dann sagen Sie: „Was muss ich tun, um einen Termin bei Mr. Larson zu bekommen?“, und schon kann es losgehen.

Wie viele Menschen kennen Sie, Sie selbst eingeschlossen, die zufällig jemanden trafen, der Ihr Leben veränderte? Vielleicht führte das Zusammentreffen zu einem neuen Job, einer Geschäftsidee, einer lebenslangen Freundschaft – und all das wegen eines Zufalls. Verpassen Sie keine Gelegenheit, neue Menschen kennen zu lernen.

Zwölf Fehler, die Sie vermeiden sollten

Sicher kennen Sie Überraschungspartys, zu denen jeder köstliches, selbstgemachtes Essen mitbringt – bis auf den Idioten, der mit einem Päckchen Servietten auftaucht. Das ist auch der, der immer sagt: „Ach, ich wünschte, ich könnte auch einmal so eine Party feiern. Aber ich habe einfach keine Zeit. Wo wir gerade dabei sind, könntest Du mir einen Gefallen tun?“ Wenn Sie glauben sich in Ihrem Netzwerk allein mit Ihrem Charme und Ihrem guten Aussehen durchmogeln zu können, irren Sie sich gewaltig. Gemocht zu werden ist gut, aber gebraucht zu werden ist besser. Die folgenden zwölf Fehler sollten Sie in Ihrem Netzwerk niemals machen:

Bauen Sie kein Netzwerk, das aussieht wie Sie. Sorgen Sie für Abwechslung. Auf diese Weise können Sie auch von den Gedanken und Ideen der Menschen profitieren, deren Ansichten sich völlig von den Ihren unterscheiden.

Glauben Sie niemals, Ihre Stellung berechtige Sie dazu, Macht in Ihrem Netzwerk auszuüben. Es spielt keine Rolle, ob Sie Präsident, Generaldirektor und Aufsichtsratsvorsitzender des größten Unternehmens in ganz Amerika sind. In Ihrem Netzwerk sollte jeder die gleichen Rechte haben.

Verwechseln Sie optische Präsenz nicht mit Glaubwürdigkeit. Der Pfau ist ein wunderschönes Tier, das im Laufe der Zeit gelernt hat, dass es Aufmerksamkeit auf sich ziehen kann, wenn es mit den Federn ein Rad schlägt. Bei menschlichen Pfauen funktioniert das nicht. Wenn Sie jemanden für sich gewinnen möchten, offenbaren Sie ihm, was Sie wissen.

Antworten Sie niemals für einen anderen. Widerstehen Sie in einem Gespräch mit mehreren Leuten der Versuchung eine Frage zu beantworten, die an einen anderen gerichtet war. Wenn Sie für ihn antworten, untergraben Sie seine Autorität und erscheinen selbst im ungünstigen Licht des Besserwissers.

Überziehen Sie niemals Ihr Konto. Ich habe es schon einmal gesagt, und ich werde es wieder sagen: Geben Sie immer mehr, als Sie nehmen.

Seien Sie niemals geizig. Wenn Ihnen ein Mitglied Ihres Netzwerkes einen großen Dienst erwiesen hat, laden Sie denjenigen zum Essen ein oder tun Sie ihm Ihrerseits einen Gefallen, der Ihre Wertschätzung ausdrückt. Diese kleine Geste des Dankes wird Ihnen mehr Anerkennung einbringen, als Sie sich vorstellen können.

Rufen Sie zurück. Na schön, Sie waren nicht da, und ein Mitglied Ihres Netzwerkes hat eine Nachricht für Sie hinterlassen. Wenn Sie Wert darauf legen, dass derjenige auch weiterhin zu Ihrem Netzwerk gehört, rufen Sie ihn innerhalb eines angemessenen Zeitraums zurück.

Sorgen Sie dafür, dass Ihr Telefon klingelt und die Zahl Ihrer E-Mails steigt. Eine der besten Methoden festzustellen, wie gut Ihr Netzwerk funktioniert, ist die von Mitgliedern Ihres Netzwerkes eingehenden Anrufe zu zählen. Je mehr Anrufe Sie erhalten, desto besser funktioniert Ihr Netzwerk.

Unterschätzen Sie niemals den Wert einer höflichen Geste. Die beiden mächtigsten Worte der deutschen Sprache sind und bleiben „Bitte" und „Danke".

Machen Sie niemandem etwas vor. Geben Sie zu, wenn Sie die Antwort auf eine an Sie gerichtete Frage nicht wissen. Wenn Sie jemanden kennen, der die Anwort wissen könnte, bieten Sie dem Ratsuchenden an, ihm dessen Namen zu geben, oder rufen Sie selbst an.

Glauben Sie niemals, ein junger Mensch sei es nicht wert zu Ihrem Netzwerk zu gehören. Die Bedeutung eines Menschen für Ihr Netzwerk ist unabhängig von seinem Alter.

Lernen Sie beim Informationsaustausch zwischen Nachricht und Klatsch zu unterscheiden. Harvey Mackay, einem Bestsellerautor von Karrierebüchern, zufolge „verblassen die Reichtümer der Welt angesichts einer ehrlichen Antwort."

Was andere Menschen von Ihnen halten, hat einen enormen Einfluss darauf, ob Sie für eine Beförderung in Betracht kommen. Ihr Netzwerk spiegelt am besten und glaubwürdigsten wider, welche Talente Sie haben.

! Qualität statt Quantität! Bei Ihrem Netzwerk geht es nicht darum, möglichst viele Menschen kennen zu lernen und ihre Visitenkarten zu sammeln. Das kann jeder. Ihr Ziel ist es, eine Gruppe von qualifizierten Menschen zu finden, die für Sie da sind, wenn Sie sie brauchen.

Lassen Sie den Kontakt nicht abreißen

Bill Clinton war seit Franklin Roosevelt der erste Präsident der demokratischen Partei, der wiedergewählt wurde. Er schrieb das weitgehend seinem Netzwerk von Freunden zu. Ein Journalist der *New York Times* fragte ihn, wie er seine politischen Kontakte pflegte. Clinton antwortete: „Jeden Abend, bevor ich zu Bett gehe, notiere ich alle Kontakte, die ich an diesem Tag hatte, auf Karteikarten. Ich vermerke alle persönlichen Daten, Zeit und Ort des Treffens sowie alle anderen wichtigen Informationen für meine Netzwerkdatei, die meine Sekretärin für mich führt. Meine Freunde haben mir all die Jahre gute Dienste erwiesen." Wie wahr! Die folgenden neun Möglichkeiten sollen Ihnen helfen, mit jedem Mitglied Ihres Netzwerks in regem Kontakt zu bleiben:

Nutzen Sie ihren Kalender kreativ. Halten Sie Daten wie Geburts- und Jahrestage fest, die für die Mitglieder Ihres Netzwerks wichtig sind. Rufen Sie an oder schicken Sie zumindest eine Karte, um sie wissen zu lassen, dass Sie an sie denken.

Bleiben Sie über Veränderungen auf dem Laufenden. Gratulieren Sie den Mitgliedern Ihres Netzwerkes bei jeder Beförderung oder jedem Arbeitsplatzwechsel zu der Veränderung.

Nutzen Sie Ihre Dienstreisen sinnvoll. Wenn eine Dienstreise Sie in die Nähe eines wichtigen Mitglieds Ihres Netzwerkes bringt, laden Sie denjenigen zum Mittag- oder Abendessen ein. Setzen Sie die Kosten auf Ihre Spesenrechnung.

Richten Sie eine E-Mail-Adresse ein. Wenn Sie noch keine E-Mail-Adresse haben, sollten Sie schnell etwas dagegen unternehmen, wenn Sie nicht zu einem Dinosaurier der Kommunikationswelt werden möchten.

Rufen Sie an, wenn es einem Mitglied Ihres Netzwerks schlecht geht. Wenn Sie hören, dass ein Mitglied Ihres Netzwerks ein Problem hat, rufen Sie denjenigen umgehend an und bieten Sie ihm Ihre Hilfe an. Das ist die beste Möglichkeit, Ihre Unterstützung zu demonstrieren.

Informieren Sie die Mitglieder Ihres Netzwerkes über alle wichtigen Veränderungen in Ihrem Leben. Rufen Sie sie vor jedem Urlaub an und fragen Sie, ob Sie vor Ihrer Abreise noch etwas für sie tun können.

Erscheinen Sie zu allen wichtigen Anlässen. Es spielt keine Rolle, wenn bei einem wichtigen Ereignis im Leben eines Mitgliedes Ihres Netzwerks, zum Beispiel seiner Beförderungsparty oder der Hochzeit seiner Tochter, Hunderte von Menschen zugegen sein werden. Er wird merken, wenn Sie fehlen. Gehen Sie hin!

Unterziehen Sie Ihr Netzwerk mindestens alle 90 Tage einer genauen Prüfung. Fragen Sie sich spätestens alle 90 Tage, warum die einzelnen Mitglieder zu Ihrem Netzwerk gehören sollten. Netzwerke werden schnell schal, und wenn Sie nicht regelmäßig jemanden in Ihrem Netzwerk ersetzen oder zu Ihrem Netzwerk hinzufügen, verliert es an Kraft.

Seien Sie in Ihrem Netzwerk und in Ihrem Unternehmen eine Informationsquelle. Halten sie ständig Augen und Ohren offen: Welche Informationen könnten für die einzelnen Mitglieder Ihres Netzwerkes von Nutzen sein? Machen Sie es sich zur Gewohnheit, die gesammelten Informationen untereinander regelmäßig auszutauschen.

Sich innerhalb eines Netzwerks miteinander zu messen ist gut, solange es mit Stil geschieht. Es ist nichts Verwerfliches daran, wenn die Mitglieder eines Netzwerks miteinander um Popularität und Anerkennung wetteifern. Es ist ein Zeichen dafür, dass die kreativen Säfte fließen und sich jeder bemüht, dem anderen etwas bieten zu können.

Wenn Sie keinen Anfang machen, wird auch nichts passieren, und viele Menschen haben ein ernstes Problem mit dem Anfangen. Sie versuchen immer, Dinge wie den Aufbau ihres Netzwerks auf die lange Bank zu schieben. Wenn Sie sich entschließen ein Netzwerk aufzubauen, fangen Sie gleich jetzt damit an und warten sie nicht bis morgen. Sie werden sonst niemals genug Zeit haben.

Bleiben Sie positiv

Ich kann mir kaum eine schlimmere körperliche Behinderung vorstellen, als blind *und* taub geboren zu werden. Helen Keller hatte diese Behinderung. Sie sah nie das Gesicht Ihrer Mutter oder Ihres Vaters oder hörte abends vor dem Schlafengehen die lebenswichtigen Worte „Ich liebe dich“. Können Sie sich vorstellen, wie frustriert sie war, als sie älter wurde und keine Möglichkeit hatte ihre Gefühle und ihre Bedürfnisse auszudrücken? Nur dem Engagement ihrer Mentorin Anne Sullivan ist es zu verdanken, dass Helen allmählich lernte zu kommunizieren. Obwohl Sie das Augenlicht nie wiedererlangte, inspirierten

Ihre Worte und Schriften Millionen, Menschen in aller Welt bewunderten sie. Helen kannte keine Bitterkeit und blieb trotz ihres Schicksals immer positiv.

Sie werden das Wort „Positivität" in keinem Wörterbuch finden, und doch ist es die beste Umschreibung einer entscheidenden Eigenschaft, die Sie für den Aufbau eines erstklassigen Netzwerks brauchen. Zwei Dinge gehören zur „Positivität": 1. eine positive Grundhaltung und 2. erfüllte Beziehungen. Eine positive Einstellung, das Gegenteil einer negativen Einstellung, färbt auf jedes Mitglied Ihres Netzwerks ab. Man trifft sich, spricht miteinander, und weil Sie ein vorwiegend positiver Mensch sind, freut sich der andere an der Beziehung, die er zu Ihnen hat.

Auf diese Weise wird das Verhältnis immer besser und mit der Zeit wird eine erfüllte Beziehung daraus, eine langfristige Beziehung, die Sie zu Menschen aufbauen, auf die Sie im Notfall zählen können. Höchstwahrscheinlich sind diese Menschen ein wichtiger Bestandteil Ihres strategischen Netzwerks. Zig Ziglar fasste es mit folgenden Worten zusammen: „Ihr eigener Erfolg ist direkt proportional zur Zahl der Menschen, die Sie erfolgreich und glücklich machen." In seinem Buch *Der totale Verkaufserfolg. Die Geheimnisse des erfolgreichen Geschäftsabschlusses* führt Ziglar sieben Möglichkeiten auf innerhalb Ihres Netzwerkes zu positiven Beziehungen zu kommen:

Respekt. Gegenseitiger Respekt ist das Fundament einer jeden Beziehung. Wo kein Respekt ist, gibt es keine Beziehung. Mit dem Respekt in der Beziehung gehen viele weitere Dinge einschließlich Vertrauen, Vertraulichkeit und Integrität einher.

Unterstützung. Wir sind oft so in unserer Alltagsroutine gefangen, dass wir die Bedürfnisse anderer entweder nicht wahrnehmen oder sie ignorieren. Auf die Bedürfnisse anderer einzugehen ist der Katalysator beim Aufbau einer Beziehung. Es gibt zwei Möglichkeiten, auf die Frage: „Hey, Dave, kannst Du mir mal helfen?" zu reagieren. Sie haben die Wahl zwischen: „Ich bin beschäftigt" oder „Ich bin gerade beschäftigt, aber ich werde sehen, was ich tun kann."

Sicherheit. Eine erfüllte Beziehung ist von einer schützenden Hülle umgeben. In einer solchen Beziehung können Sie dem anderen Ihre größten Geheimnisse anvertrauen und wissen, dass sie bei ihm sicher sind. Sie haben einen Menschen, mit dem Sie ohne Angst über Ihre geheimsten Gedanken, Gefühle und Bedürfnisse sprechen können.

Bewunderung. Sicher haben Sie schon einmal jemanden sagen hören: „Was die anderen denken, ist mir egal." Aber tief im Inneren wussten Sie intuitiv, dass es dem Betreffenden alles andere als egal war, sonst hätte er es nicht gesagt. Wir

Menschen haben ein angeborenes Bedürfnis nach Anerkennung. Gegenseitige Bewunderung ist der Kitt, der eine Beziehung zusammenhält.

Kommunikation. Eines der größten Hindernisse auf dem Weg zu einer stabilen Beziehung ist die Unfähigkeit miteinander zu kommunizieren. Es versteht sich von selbst, dass Sie keine Beziehung aufbauen können, wenn Sie nicht verstehen, was der andere Ihnen entweder mit Worten oder mit seiner Körpersprache mitteilt.

Lösungen. Konflikte gibt es in jeder Beziehung. Sie haben die Wahl, ob sie den Konflikt oder die Beziehung lösen möchten. Um eine dauerhafte Beziehung aufzubauen, müssen Sie sehr viel Zeit investieren. Wenn Sie einen Konflikt nicht beilegen, ist all diese Zeit innerhalb von einer Sekunde verloren.

Kritik. Nur wer perfekt ist, hat Kritik nicht nötig. Alle anderen verlassen sich darauf, um besser zu werden. Haben sie die Frage: „Was halten Sie davon?“ jemals mit „Großartig, einfach großartig!“ beantwortet, obwohl Sie es für alles andere als gut hielten? Sie wollten die Gefühle des anderen nicht verletzen. Damit eine Beziehung auf Dauer funktioniert, müssen Sie ehrlich sein.

Demonstrieren Sie eine positive Lebenseinstellung, indem Sie allen Menschen, denen Sie begegnen, etwas Nettes sagen. Ehrlich gemeinte Schmeichelei kann eine große Hilfe sein, wenn es darum geht, die Straße zum Erfolg zu ebnen. Jeder weiß, wie gut man sich fühlt, wenn jemand etwas Nettes zu einem sagt. Ergreifen Sie die Initiative und geben Sie dieses Gefühl jedem, dem Sie begegnen. Meist genügt schon ein Satz wie: „Sie haben ein sehr schönes Büro“ oder „Ihre Krawatte ist klasse“. Wenn Sie gar nicht wissen, was Sie sagen sollen, versuchen Sie es mit: „Schön, Sie zu sehen.“ Sie werden überrascht sein, wie viel offener die Menschen auf Sie reagieren, nachdem Sie etwas Nettes gesagt haben, selbst wenn sie unter wenig erfreulichen Umständen aufeinander treffen.

Was verrät ein Händedruck? Ein schlaffer, klammer Händedruck lässt Sie erschauern und weckt in Ihnen den Wunsch, so wenig wie möglich mit dem Betreffenden zu tun zu haben. Ein fester Händedruck dagegen vermittelt Nähe, Selbstsicherheit und Wärme. Falls nötig ersetzen Sie einen schwachen durch einen festen Händedruck, der dem anderen zeigt, dass Sie ihm wohlgesonnen sind. Ein kraftloser Händedruck verhilft Ihnen sicher nicht zu einer Beförderung.

Zeitmanagement im Netzwerk

Benjamin Franklin sagte einmal: „Wenn Sie die Pennies sparen, können Sie die Dollars wachsen sehen.“ Dasselbe Prinzip gilt umgekehrt auch für die Zeit, die Sie in Ihre Beziehungen investieren: „Wenn Sie Minuten verschwenden, verlieren Sie Stunden.“ Und ich muss Sie sicher nicht daran erinnern, dass jede verschwendete Minute oder Stunde unwiderruflich dahin ist. Wie oft haben Sie Freunde oder Kollegen sagen hören: „Wenn ich mehr Zeit hätte, würde ich es tun.“ Der Aufbau eines Netzwerkes verschlingt viel Zeit. Bemühen Sie sich darum, die Zeit, die Sie in den Aufbau Ihres Netzwerks investieren, sinnvoll zu nutzen. Es wird sich im Laufe Ihrer Karriere immer wieder auszahlen. Sehen wir uns einige Möglichkeiten an, wie Sie die Zeit beim Aufbau Ihres Netzwerks besser einteilen können:

Denken Sie in Minuten. Eine Minute ist nichts, oder? Der Tag hat 1440 Minuten, die meisten davon sind unbedeutend. Wir sind gewohnt sie zu verschwenden und uns auf das große Ganze zu konzentrieren. Wie wichtig es ist, die Minuten schätzen zu lernen, sehen Sie auch daran, wie leitende Angestellte mit Zeit umgehen. Selten wird einer sagen: „Sie haben ein paar Stunden Zeit, um mir Ihr Anliegen zu erklären.“ Vermutlich wird es eher nach: „Überzeugen Sie mich in zehn Minuten davon, dass Ihre Idee etwas taugt“ klingen.

Planen Sie Ihren Tag. Gehören Sie zu den Menschen, die am Morgen ins Büro kommen und denken: „Wenn das Chaos losbricht, gilt, wer zuerst kommt, malt zuerst.“? Haben alle Aufgaben, die Sie im Laufe des Tages erledigen, dieselbe Priorität? Wenn ja, dann stellen Sie sich schon einmal darauf ein, dass Sie dadurch das Niveau, das Sie bei Beförderungen erreichen können, ernsthaft einschränken. Führungskräfte wissen, wie man zu Beginn jeden Tages Prioritäten setzt, um die Zeit optimal zu nutzen.

Lassen Sie sich Ihre Zeit nicht stehlen. Sie sitzen in Ihrem Büro und arbeiten an einem wichtigen Projekt, dem Schlüssel zu Ihrer Karriere. Gerade als Sie glauben, die Lösung für ein technisches Problem gefunden zu haben, an dem das Projekt seit seiner Konzeption krankt, klingelt das Telefon. Widerwillig heben Sie ab, nur um von Ihrer Kollegin daran erinnert zu werden, dass Sie zusammen zu Mittag essen wollten. Und weil sie im Augenblick nichts Besseres zu tun hat, erzählt Sie Ihnen noch von der Hochzeit ihres Neffen am Samstag. Soeben wurden Ihnen 20 Minuten gestohlen, plus der Zeit, die nötig ist, bis Sie sich wieder in die Lösung des Problems hineingedacht haben, die so nah schien, bevor das Telefon klingelte. Lassen Sie sich bei der Arbeit an einem wichtigen Projekt von niemandem unterbrechen und kostbare Zeit stehlen.

Lassen Sie dringende Angelegenheiten, die nicht dringend sind, warten. Wir lassen häufig zu, dass dringende Fälle – also die Fälle, die unserer unmittelbaren Aufmerksamkeit bedürfen – uns die Zeit stehlen, in der wir eigentlich an unseren Prioritäten arbeiten wollten. Meist geht das Klingeln des Telefons einer dringenden Bitte um Ihre unmittelbare Aufmerksamkeit voraus: „Sam hat gerade gekündigt. Wenn Sie Ihn nicht mehr erwischen, bevor er das Haus verlässt, ist er fort." Wenn Sam ein Angestellter ist, den Sie nicht verlieren möchten, dann wäre es vermutlich besser, ihn gehen und sich „abregen" zu lassen, ehe Sie mit ihm sprechen. Mit Ausnahme echter Notfälle bedürfen die meisten „dringenden" Fälle nicht Ihrer unmittelbaren Aufmerksamkeit.

Schieben Sie nichts auf die lange Bank. Aufschieben ist die ultimative Zeitverschwendung. Wenn Sie alles auf die lange Bank schieben, haben Sie das Motto verinnerlicht, wichtige Angelegenheiten bis zur letzten Minute aufzuschieben, in der Sie dann keine Zeit mehr für sie haben. Sie freuen sich über jede dringende Bitte, denn das gibt ihnen die nötige Rechtfertigung, eine Aufgabe aufzuschieben, die eigentlich Priorität hätte.

Es ist relativ einfach selbst über die eigene Zeit zu bestimmen, und doch tun die meisten Menschen es nicht. Wieso? Weil sie nicht begreifen, wie wichtig und wertvoll ihre Zeit ist, und nicht wissen, wie es geht. Wenn Sie keine Kontrolle über Ihre Zeit haben, ist die Zeit, die Sie für die Arbeit an Ihrem Netzwerk brauchen, ernsthaft in Gefahr.

Tun Sie es jetzt! Solange Sie nichts tun, werden Sie auch nichts erreichen. Warum befolgen so viele Menschen Murpys Gesetz #301: „Was Du verschieben kannst auf morgen, musst Du heute nicht besorgen" mit geradezu blindem Eifer? Morgen wird immer morgen bleiben und ist der beste Freund des Aufschiebers. Setzen Sie „Aufschieben abgewöhnen" ganz oben auf Ihre Liste der Dinge, die Sie an sich verbessern möchten. Dann notieren Sie alle Aufgaben, die bereits erledigt sein sollten, die Sie aber immer wieder vor sich hergeschoben haben. Und dann erledigen Sie sie!

Vielleicht sind Sie versucht, sich in neue Ideen und Vorhaben zu stürzen, was dann auf Kosten der Dinge geht, die Sie eigentlich tun sollten, um Ihre Beförderung zu sichern. Mäßigen Sie sich. Erinnern Sie sich daran, dass etwas Großes nur dann entstehen kann, wenn man seine Ziele nach einem wohl überlegten Plan verfolgt.

Werden Sie zu einer gefragten Persönlichkeit

Sind Sie zwischen dem Wunsch es etwas langsamer angehen zu lassen und Ihrer Ungeduld befördert zu werden hin und her gerissen? Sind Sie frustriert, weil der Weg zum Ziel noch immer weit ist, so sehr Sie sich auch anstrengen? Gehen Sie privaten Problemen aus dem Weg und bleiben lieber in der Arbeit, statt nach Hause zu fahren und sich ihnen zu stellen? Hängen sie an einer veralteten Arbeitsethik, die besagt, dass Sie nur Erfolg haben, wenn Sie Überstunden machen?

Welche Gründe Sie auch haben mögen, es ist an der Zeit, dass Sie sich von Ballast befreien und nicht länger permanent mit Arbeit überhäufen. Wenn Sie ständig auf Hochtouren laufen, fehlt Ihnen die Zeit sich auf das zu konzentrieren, was Sie für Ihre Beförderung tun müssen. Harte Arbeit ohne Köpfchen hilft Ihnen nicht in den Chefsessel, also denken Sie nicht einmal daran. Höchstwahrscheinlich hatten Sie noch keine Zeit, den Menschen, die Ihnen zur Beförderung verhelfen können, genügend Aufmerksamkeit zu widmen.

Wie gut es tatsächlich um Ihre Beförderung steht, lässt sich an der Zahl der Führungskräfte ablesen, die Sie kennen, weil Sie sich die Zeit genommen haben, eine Beziehung zu ihnen aufzubauen. Sie werden verblüfft sein, was plötzlich passiert. Auf ein Mal werden Sie zu wichtigen strategischen Sitzungen eingeladen, weil Sie einen der Entscheidungsträger kennen und er meint, Sie könnten von Nutzen sein. Man wird anfangen, Sie bei schwierigen Themen um Ihren Rat und Ihre Meinung zu fragen. Sie werden zu einer gefragten Persönlichkeit. All das gibt Ihrer Beförderungskampagne Auftrieb. Und das müssen Sie tun, um zu einer wirklich gefragten Persönlichkeit zu werden:

Loben Sie die anderen. Natürlich ist mir klar, dass Sie das bereits tun, aber ich möchte, dass Sie noch weiter gehen. „Tolle Präsentation, George" oder „Ich finde Ihre Idee gut. Können wir uns darüber unterhalten?" sind zwei Beispiele, anderen Ihre Anerkennung zu zeigen. Die Menschen lieben es, wenn Sie ihnen sagen, was sie hören wollen, und Sie sie, wann immer Sie können, unterstützen.

Helfen Sie Menschen bei ihrer Entfaltung. Wenn Sie Menschen bei ihrer Entfaltung helfen, unterstützen Sie sie dabei, ein Loch zu stopfen, das Sie verzweifelt zu stopfen versuchen. „Was meinen Sie damit, George, die Prüfungskommission des Vorstands wird Ihre Vorschläge zum Thompson-Projekt nicht gutheißen? Dann sollten wir schleunigst dafür sorgen, dass sie es tun! Warum kommen Sie nicht in mein Büro, und ich helfe Ihnen bei der Ausarbeitung Ihrer Präsentation?" Wenn Sie bereits wissen, dass Sie Georges Hilfe brauchen, um an seinen Chef heranzukommen, der eine Schlüsselfigur in Ihrer Bewerbungskampagne ist, haben Sie sich gerade dessen Unterstützung gesichert.

Zeigen Sie anderen, wo ihre Stärken liegen. Noch während Sie dieses Buch lesen, das Ihnen helfen soll Ihre eigenen Stärken zu auszubauen, sollten Sie Ihr Wissen dazu einsetzen, andere bei der Entwicklung ihrer Stärken zu unterstützen. Seien Sie ehrlich und sagen Sie ihnen, welche Aspekte sie Ihrer Meinung nach vernachlässigen und was Sie dagegen tun können.

Bitten Sie Menschen, die Sie respektieren, um Rat und hören Sie sich an, was sie zu sagen haben – auch wenn sie anderer Meinung sind. Menschen lieben es, zu jedem x-beliebigen Thema nach ihrer Meinung gefragt zu werden. Wenn Sie jemandem die Möglichkeit geben, Ihnen einen Rat zu erteilen, werden Sie auf diese Weise eine persönliche Beziehung aufbauen, auf die Sie bei Ihrer Beförderung zählen können.

Den Menschen, die für Sie arbeiten, ist es egal, wie viel Sie über sie wissen. Für sie zählt nur, wie sehr Sie sie schätzen.

7 Erfolgreiche Teams

Vor kurzem verbrachte ich zwei Tage mit fünf leitenden Angestellten eines der führenden Computerunternehmen des Landes. Obwohl das Unternehmen ein Schwergewicht seiner Klasse ist, hatte es gerade erst einige organisatorische Veränderungen gegeben. Dazu gehörte auch, dass sie den obersten Vizepräsidenten (Jim Hanson) von außen hinzugeholt hatten, um die Zusammenarbeit der Fünf leitenden Angestellten zu koordinieren. Alle Fünf waren erst seit einem knappen halben Jahr dabei und kannten Ihren Chef kaum.

Jim war vor dem Seminar zu dem Schluss gekommen, dass die Gruppe nicht sehr gut zusammenarbeitete, und suchte nach einer Möglichkeit, das zu verbessern. Er engagierte mich, um ihm bei der Lösung des Problems zu helfen. Wir kamen überein, das wir in den zwei Tagen folgende Ziele erreichen wollten: 1. Klären, wie die leitenden Angestellten seines Zuständigkeitsbereichs zueinander standen, und 2. Klären, wie die Zusammenarbeit innerhalb eines Teams auszusehen hatte. Als ich Jims direkte Untergebene davon überzeugt hatte, dass es ihre ganz große Karrierechance war, wenn Sie Ihre Talente und ihr Wissen in einen Topf warfen, statt zu versuchen einander auszustechen, wurde ein Team aus ihnen.

Ursprünglich waren Teams eine einmalige Angelegenheit. Man hatte ein Problem, versammelte ein paar Leute, suchte in einem Brainstorming nach möglichen Lösungen, entschied sich für eine davon, setzte sie um, und das Problem war gelöst. Das Team feierte seinen Sieg und löste sich auf. Schnee von gestern! Inzwischen sind Teams zu größeren Aufgaben herangereift. Generaldirektoren sehen ganze Abteilungen und sogar ganze Unternehmen als ein Team mit den damit verbundenen Aufgaben und Zielen, und jeder im Unternehmen ist zur Mitarbeit aufgerufen. Wenn Sie lernen Teams zum Erfolg zu führen, ergänzt das Ihre Karriereziele hervorragend.

Gemeinsam sind wir stark

Wenn jemand befördert wurde, reißt er oft eilig die Zügel in seinem neuen Unternehmen an sich, um alle vermeintlichen Probleme im Handumdrehen zu lösen. Verständlicherweise ist die neue Führungskraft anfangs darum bemüht ihren Vorgesetzten zu beweisen, dass sie bei der Beförderung die richtige Wahl getroffen haben. Wozu ist eine Führungskraft schließlich da, wenn sie nicht vom ersten Augenblick an positive Ergebnisse vorweisen kann?

Leider können Sie Ihre weiteren Beförderungschancen mit anfänglicher Eile schnell zunichte machen. Führungskräfte, die sich in schnelle Verbesserungen, Sofortlösungen und dramatische Produktionssteigerungen stürzen, begehen den Fehler zu denken, neue Besen kehrten besser. Sie gehen davon aus, ihr Vorgänger habe ein Chaos hinterlassen, das sie nun in Ordnung bringen müssen. Dabei richten sie ihr eigenes Durcheinander an, das ihnen häufig das Genick bricht, ehe sie richtig angefangen haben. Bei der Lösung von Problemen sichern sich erfolgreiche Führungskräfte die Unterstützung der Menschen in Ihrer Abteilung, indem sie Teams bilden und dabei gleichzeitig ihr Unternehmen aufbauen. Die folgenden sieben Gründe verraten Ihnen, warum dieses Vorgehen sinnvoll ist:

Identifikation mit den Unternehmenszielen. Die Mitglieder eines Teams identifizieren sich leichter mit den Unternehmenszielen, wenn Sie an ihrer Umsetzung beteiligt sind.

Eigene Kontrolle. Die Mitglieder eines Teams haben eher das Gefühl, ihr Leben unter Kontrolle zu haben, und verlieren dadurch ihre Angst, eine Führungskraft könnte ihre Macht willkürlich einsetzen.

Voneinander lernen. Die Mitglieder eines Teams, das an der Lösung eines Problems beteiligt ist, lernen sehr viel über die komplexen Zusammenhänge von Technik und Management, die bei einer annehmbaren Lösung beachtet werden müssen. Sie lernen nicht nur vom Leiter des Teams, sondern auch voneinander.

Akzeptanz im Unternehmen. Die Arbeit im Team gibt den Mitgliedern Gelegenheit, einen großen Teil ihres Verlangens nach mehr Selbstwertgefühl und Akzeptanz im Unternehmen zu befriedigen.

Förderung der Kommunikation. Teams helfen, hierarchische Unterschiede zwischen den Mitgliedern auszugleichen, was die offene Kommunikation innerhalb des Unternehmens fördert.

Verbreitung der Unternehmensphilosophie. Teams ermöglichen es dem Management, das Führungsverhalten zu demonstrieren, von dem es möchte, dass die Mitglieder es im Interesse des Unternehmens übernehmen. Auf diese Weise lassen sich Management-Philosophien leichter innerhalb des Unternehmens verbreiten.

Bessere Entscheidungen. Qualitativ bessere Entscheidungen sind häufig das Ergebnis des gemeinsamen Nachdenkens im Team.

Lernen Sie an Ihrem derzeitigen Arbeitsplatz, Probleme leichter zu lösen, indem Sie entweder Arbeitsteams bilden oder selbst Teil eines Teams werden. Das wird Ihnen sehr viel leichter fallen, als alle Probleme in Ihrem Unternehmen alleine zu lösen, und Ihnen sehr viel Anerkennung für Ihre Fähigkeiten als Teamspieler einbringen. Das wiederum ist eine Schlüsselqualifikation für Ihre Beförderung. Sie müssen wissen, wie Sie Ihre Untergebenen dazu bringen, viele Probleme auch ohne Ihre Unterstützung zu lösen, damit Sie genügend Freiraum haben, um Ihr Unternehmen zu managen und zu führen.

Machen Sie sich unentbehrlich

Die Kooperation ist einer der derzeit angesehensten Managementstile. Unter dem Einfluss der Führungsphilosophien, die in unseren Köpfen widerhallen, werden die wirklich wichtigen und sinnvollen Entscheidungen eher von Gruppen als von Einzelpersonen getroffen. Mehr als je zuvor drängen sich die Menschen in Teams zusammen, wenn es darum geht, strategisch wichtige Entscheidungen zu treffen, denn allgemein herrscht die Ansicht vor, zwei Köpfe seien besser als einer.

Leider machen es sich manche Menschen zur Gewohnheit bei Besprechungen nur körperlich anwesend zu sein. Sie sitzen einfach nur da und verschmelzen mit dem Hintergrund, während alle anderen bestrebt sind Lösungen für schwierige Probleme zu finden. Ein leitender Angestellter sagte einmal zu mir: „Diese Leute halten sich nicht lange." Dann erklärte er mir: „Wer bleibt, das sind die Menschen, die angebissen haben. Sie sind wie Fische, die man am Haken hat und nicht wieder davonschwimmen lassen möchte. Das sind die Menschen, die in jeder Sitzung einen wichtigen Beitrag leisten, die dafür sorgen, dass etwas geschieht, und von allen nach ihren Vorschlägen und ihrer Meinung gefragt werden."

Sie sind solchen Mitarbeitern bereits begegnet, als Ihr Chef zu Ihnen sagte: „Besprechen Sie das vorher unbedingt mit Sue, damit wir sicher sein können, dass sie dahinter steht. Reden sie mit Tom, ob er irgendwelche Probleme erwartet." Es sind die Meister der Zusammenarbeit, die bleiben, weil sie mehr geben, als sie nehmen. Sie nutzen jede Gelegenheit ihr Wissen weiterzugeben und verhindern dadurch, dass sie aus dem inneren Einflussbereich ausgeschlossen bleiben. Und deshalb stehen sie immer ganz oben auf der Beförderungsliste.

Notieren Sie zwei Beispiele, wo Sie im letzten Jahr stumm in einer Besprechung saßen und zuließen, dass ein anderer einen ähnlichen Vorschlag machte wie den, den Sie im Kopf hatten. Der andere bekam das Lob und Sie hatten das Nachsehen. Machen Sie das nächste Mal Ihren Mund auf, wenn Sie etwas zu sagen haben. Hören Sie sich in Ihrem Unternehmen nach einem Projekt um, das in Kürze begonnen werden soll. Warten Sie nicht auf eine Einladung. Stürzen

Sie sich hinein und machen Sie Vorschläge, die dem Projekt zum Erfolg verhelfen. Wenn Sie sich das zur Gewohnheit machen, werden auch Sie bald zu denjenigen gehören, die bleiben. Je mehr man Ihre Beiträge bemerkt, desto mehr erweitert sich auch Ihr innerer Einflussbereich, was wiederum Ihre Beförderung beschleunigt.

Für Teamleistungen ist die Motivation anderer Mitarbeiter entscheidend: Wenn Sie Ihr Team motivieren, Ihnen zu vertrauen und sich selbstlos für das Wohl des Unternehmens einzusetzen, sind Sie reif für eine Beförderung.

Sie haben keine Ahnung. Na und?

Wenn man früher jemandem Unwissenheit vorwarf, war das eine schwerwiegende Beleidigung und beinahe so schlimm, als hätte man ihn einen Trottel genannt. Heute ist damit in der Regel ein Wissensmangel auf einem bestimmten Gebiet gemeint. Es ist allgemein üblich und häufig wünschenswert Wissenslücken einzugestehen. Manche Menschen halten jedoch zu ihrem Nachteil hartnäckig an der ersten Definition und ihren Bedeutungen fest und weigern sich Wissenslücken jeder Art zuzugeben. Sie ignorieren ihre Ignoranz.

Vermeiden Sie diese Falle um jeden Preis, denn ein solches Verhalten ist Ihrem beruflichen Ehrgeiz alles andere als zuträglich. Wer nicht zugeben will, dass er nicht alles weiß, kann seine Entwicklung derart hemmen, dass er einen übertriebenen Ehrgeiz entwickelt und zum Besserwisser wird. Er weigert sich seinen Kollegen gegenüber einzugestehen, dass es ihm an Erfahrung mangelt oder er nicht alle Fakten zu einem neuen Projekt kennt, weil er es für eine persönliche Schwäche hält. Er möchte befördert werden, merkt jedoch, dass er nichts erreicht, und gibt deshalb vor alles zu wissen. Besserwisser sägen an ihrem eigenen Stuhl, weil ihr umfassendes Wissen nur in ihrem Kopf existiert und die Kollegen sie deshalb meist ignorieren. Versucht man ihnen zu helfen, sträuben sie sich oder ziehen sich zurück, so dass sie im Allgemeinen gemieden werden.

Es ist sehr viel gesünder für Ihre Karriere, wenn Sie bereit sind, Ihre Unwissenheit einzugestehen. Sie müssen sich nicht dafür schämen, wenn Sie etwas nicht wissen, das Sie wissen müssten.

Um sicherzugehen, dass man Sie nicht mit den Besserwissern in eine Schublade steckt, nehmen Sie ein Blatt Papier und notieren Sie fünf aktuelle Beispiele für Situationen, in denen Sie vorgaben mehr zu wissen, als Sie tatsächlich wussten. Falls es sich bei der einen oder anderen Situation um einen wohlkalkulierten Bluff handelte, der zu Ihren Gunsten ausging, ist das in Ordnung. Alles Weitere gefährdet Ihre Leistung und Ihre Karriere.

Notieren Sie fünf Bereiche, über die Sie nichts wissen, und sprechen Sie mit Freunden darüber, denen Sie vertrauen. Bitten Sie sie, ebenfalls eine solche Liste für Sie zu erstellen. Tun Sie dasselbe für Ihre Kollegen und vergleichen Sie die Listen. Vermutlich werden Sie auf der Liste Ihrer Kollegen Gebiete entdecken, auf denen Sie recht gut Bescheid wissen, aber Ihr Wissen aus irgendeinem Grund nicht erfolgreich vermitteln konnten. Stellen Sie fest, in welchen Bereichen Ihre Kollegen Ihnen helfen können. Bedanken Sie sich dafür, indem Sie sie ebenfalls unterstützen.

Fragen Sie nicht, was Ihre Teamkollegen für Sie tun können. Fragen Sie, was Sie für Ihre Teamkollegen tun können. Wenn Ihre Kollegen das wissen, werden Sie ihnen überallhin folgen.

Nichts bringt einen Menschen im Leben weiter, als die eigenen Schwächen zu kennen. Zudem sollte man die Schwächen anderer wahrnehmen können, um im Falle einer schwierigen Situation eine bessere Verhandlungsposition zu haben. Was tun Sie, wenn zum Beispiel die Managerin, die das Sagen hat, Ihnen etwas aufträgt, das nicht rechtens ist? Am schnellsten haben Sie diese verhängnisvolle Angelegenheit hinter sich, wenn sie tun, was man Ihnen sagt. Kurzfristig bringt Sie das auch einen Schritt weiter. Doch mit einer Chefin, die nun von Ihnen erwartet, dass Sie all ihre unrechtmäßigen Forderungen erfüllen, werden Sie niemals ans Ziel kommen.

Der nette Kerl im Team

Jeder mag nette Menschen. Wenn sie allerdings zu nett sind, können sie Sie in den Wahnsinn treiben. Auf Fragen bekommen Sie immer eine positive Antwort, wie: „Tolle Idee“ oder „Ja, ja, ja“. Nette Menschen sagen zu allem „Ja“, weil sie das negative Wörtchen „Nein“ unbedingt vermeiden möchten. Ich arbeitete einmal für einen leitenden Angestellten namens Gene, einen der nettesten Menschen, die man sich nur vorstellen kann. Ich hatte eine glänzende Idee, von der ich mir sicher war, dass sie meiner Karriere dienlich sein würde. Als ich Gene fragte, was er davon halte, sagte er: „Tolle Idee. Sollten wir umsetzen. Machen Sie mir eine schriftliche Zusammenfassung davon.“ Ich arbeitete mir die Finger wund und arbeitete meinen Vorschlag schriftlich aus. Eine Woche nachdem ich ihm die Unterlagen vorgelegt hatte, sagte er, er hätte noch keine Zeit gehabt sie sich anzusehen.

Ich hörte mir seine Entschuldigung, er hätte „noch keine Zeit gehabt sich die Unterlagen anzusehen“, einige Monate an. Dann wurde mir schlagartig klar, dass dieser nette Kerl mir auf diese Weise indirekt mitteilte, dass ihm meine Idee schnurzpiepegal war. Wäre er von Vornherein in der Lage gewesen, „Nein“ zu sagen, hätte mir das eine Menge Arbeit und Ärger erspart.

Leider bekommen wir es im Laufe unserer Karriere alle einmal mit netten Kerlen zu tun. Wie Sie anhand meines Erlebnisses mit Gene sehen konnten, können nette Kerle Sie erfolgreich daran hindern etwas für Ihre Karriere zu tun. Die Herausforderung besteht darin, sie dazu zu bringen, das zu tun, was sie sagen. Nachfolgend habe ich einige Vorschläge aufgeführt, die Ihnen helfen sollen einen netten Kerl festzunageln und eine feste Zusage zu bekommen, auf die Sie sich verlassen können:

Finden sie heraus, welches Gewicht das „Ja“ für ihn hat. Sie wissen schon im Voraus, dass die Antwort auf Ihre Bitte „Ja“ sein wird. Aber das ist nicht die Antwort, die Sie haben möchten. Sie brauchen eine Antwort auf die Frage nach dem „Wann“. Wann wird er der Umsetzung Ihres Vorhabens zustimmen? Als ich Gene drei Monate nach dem ersten O.k. nach dem „Wann“ fragte, antwortete er: „Irgendwann demnächst. Für mich hat das jetzt nicht oberste Priorität.“ Volltreffer! Wenn ich ihn gleich zu Beginn nach dem „Wann“ gefragt hätte, hätte ich zumindest gewusst, dass mein Vorschlag für Gene nicht oberste Priorität hatte.

Testen Sie Ihre Idee im Voraus. An welcher Stelle fügt sich Ihr Vorschlag in die allgemeine Prioritätenliste ein? Diese Frage können Sie erst beantworten, wenn Sie wissen, wie diese Prioritätenliste aussieht. Herauszufinden, was jeder Einzelne für die Prioritäten im Unternehmen hält, kann sich als schwierige Herausforderung entpuppen. Priorität ist nämlich nur ein anderes Wort für Problem. In Unternehmen zieht man das Wort „Priorität“ vor, weil „Wir arbeiten an unseren Prioritäten“ einfach besser klingt als „Wir arbeiten an unseren Problemen“. Die Schwierigkeit liegt darin, dass die obersten Prioritäten in einem Unternehmen gewöhnlich nicht an die große Glocke gehängt werden. Wenn Sie einen Vorschlag zur Lösung eines Problems haben, müssen Sie zuerst herausfinden, welche Priorität das Problem innerhalb des Unternehmens hat. Wenn Sie wissen möchten, ob Ihr Vorschlag Chancen hat, müssen Sie zuerst herausfinden, welche Bedeutung das Problem in Ihrem Unternehmen hat, das mit Hilfe Ihres Vorschlags gelöst werden soll.

Fühlen Sie mit Fragen vor. Die Antworten, die Sie auf sorgfältig formulierte Fragen bekommen, sind eine entscheidende Hilfe, um im Gespräch mit einem netten Kerl einordnen können, wie wichtig eine Idee für ihn ist. Nehmen wir zum Beispiel an, Sie wüssten, was gegen den ständigen Personalwechsel im Verkauf zu tun ist. Sie glauben, dass es sich hier um ein Problem handeln sollte, das Priorität hat. Bevor Sie ihre Idee vorstellen, fragen Sie: „Gene, bekanntlich haben wir eine hohe Fluktuation bei den Mitarbeitern im Verkauf. Ist das für uns ein wichtiges Problem, um das wir uns kümmern sollten?“ Wenn er „Ja“ sagt, wissen Sie schon im Voraus, dass Ihr Vorschlag wichtig ist.

Verlangen Sie eine feste Zusage. Wenn Sie von einem netten Kerl eine feste Zusage fordern, ist das etwas ganz anderes als ein einfaches „Ja“. Ein „Ja“ hat keinerlei zeitliches Gewicht, eine feste Zusage schon. Wenn jemand eine feste Zusage macht, verpflichtet er sich mit seinem Wort und seinem Ruf, eine bestimme Aufgabe innerhalb eines bestimmten Zeitraums zu erledigen. Sie fragen Gene zum Beispiel: „Wenn ich meinen Vorschlag nächste Woche schriftlich einreiche, bis wann kann ich dann entweder mit Ihrer Zustimmung oder Ihrer Ablehnung rechnen?“ Bitte beachten Sie: Ich habe die Frage so gestellt, dass sie entweder mit „Ja“ oder „Nein“ beantwortet werden muss. Ein „Vielleicht“ ist nicht möglich! Wenn Sie zur Antwort bekommen: „Noch vor Ende des Monats“, haben Sie eine Zusage. Wenn er sagt: „Ich weiß nicht“, stehen Sie wieder ganz am Anfang.

Wenn Sie bereit sind, sich der Herausforderung zu stellen eine Beziehung zu den netten Kerlen in Ihrem Leben aufzubauen, können Sie Ihr Netzwerk um einige Vertrauenspersonen erweitern. Die meisten netten Kerle gehören nämlich nicht zum Netzwerk Ihrer Konkurrenten, da diese nichts mit ihnen anzufangen wissen. Zusammenfassend sei gesagt, dass Sie im Umgang mit einem netten Kerl, der nur die Antwort „Ja“ kennt, klärende Fragen stellen sollten, um seine Antwort einordnen zu können und herauszufinden, was tatsächlich in Ihrem Unternehmen vorgeht, bevor Sie Ihre Idee ausführlich vorstellen.

Gehen Sie Pessimisten aus dem Weg

In dem Disney-Klassiker *Cinderella* sagt Gus, die kleine Maus: „Wenn du nichts Nettes sagen kannst, halte den Mund.“ Gus sprach über Pessimisten, die nie etwas Nettes zu sagen haben. Sie sehen alles, sich selbst eingeschlossen, in den schwärzesten Farben und glauben fest an das schlimmste Szenario des Murphy’schen Gesetzes: „Alles, was funktioniert, geht schief, und was einmal schief gegangen ist, kommt nie mehr in Ordnung!“ Sie haben keinerlei Hemmungen, anderen ihre Gefühle mitzuteilen, und antworten bei jeder sich bietenden Gelegenheit mit einem lauten und deutlichen „Nein". Einer ihrer Standardsprüche ist: „Ich habe es versucht, aber es funktioniert nicht."

Es macht keinen Spaß Pessimisten um sich zu haben. Sie schaffen es, selbst die optimistischsten Persönlichkeiten zu zerstören, und werden Ihnen nicht helfen Ihre Karriereziele zu erreichen. Vermeiden Sie also jeden Kontakt zu ihnen so gut es geht. Mildernde Umstände gibt es nur dann, wenn Sie entweder gezwungen sind oder es von Ihnen erwartet wird, dass Sie sich mit einem negativen Menschen abgeben. Vielleicht ist Ihr Chef, ein Kollege, auf dessen Hilfe Sie angewiesen sind, oder ein Untergebener, den zu verlieren Sie sich nicht leisten können, ein Pessimist. Die Herausforderung im Umgang mit Pessimisten besteht darin, sie dazu zu bringen, dass sie Probleme nicht nur ansprechen, sondern auch über eine Lösung nachdenken oder – um die moderne Terminologie zu gebrauchen – den Schritt von der Stagnation zur Innovation wagen. Wie bringt man das zustande?

Erinnern Sie sich noch daran, als Sie in der Schule mit Algebra kämpften und Ihre Lehrerin Sie davon überzeugen wollte, dass zwei Minus ein Plus ergeben? Sie haben es nie verstanden, aber Sie haben es akzeptiert, um die Prüfung zu bestehen und sich größeren Herausforderungen stellen zu können. Vierzig Jahre später wurde mir endlich klar, was meine Lehrerin gemeint hatte. Wenn ein Pessimist etwas Negatives sagt und Sie darauf etwas Positives antworten, bestärkt das den Pessimisten noch in seiner Negativität.

Wenn Sie auf seine negative Antwort dagegen ebenfalls negativ reagieren, befinden Sie sich sofort auf einer Wellenlänge mit dem Pessimisten, was es ihnen ermöglicht eine Lösung zu finden. Sie könnten beispielsweise sagen: „Ich habe ähnlich negative Erfahrungen gemacht und stimme Ihnen da voll zu, Sue. Wie können wir unser Problem also lösen?"

Pessimisten können Ihnen beim Erreichen Ihrer Karriereziele eine unschätzbare Hilfe sein, wenn Sie ihre Fähigkeiten zu Ihrem Vorteil nutzen. Angenommen Sie haben einen großartigen Einfall und wissen instinktiv, dass er funktionieren wird, wenn es Ihnen nur gelingt alle möglichen Hindernisse bei der Umsetzung zu identifizieren und zu beseitigen. Das ist der Augenblick, in dem Sie Ihren Vorschlag einem Pessimisten präsentieren sollten. Er wird Ihnen ganz schnell sagen, was schief gehen kann. Hören Sie aufmerksam zu. Sie können die Probleme, auf die er Sie aufmerksam macht, später immer noch für irrelevant erklären, wenn Sie sie für unwichtig halten. Höchstwahrscheinlich wird er aber auf Schwierigkeiten stoßen, die Sie noch gar nicht bedacht hatten.

Dr. William Mayo, Gründer der berühmten Mayo Klinik, sagte einmal: „Herr, erlöse mich von den Menschen, die niemals einen Fehler machen, und den Menschen, die denselben Fehler zweimal machen.“

Entwickeln Sie Führungsqualitäten

Vor nicht allzu langer Zeit wurde im *Wall Street Journal* ein Artikel der *United Technology Corporation* veröffentlicht. Darin hieß es: „Menschen wollen nicht gemanagt, sondern geführt werden. Wer hat schon jemals von einem Weltmanager gehört? Einem Weltführer, ja. Einem politischen, einem religiösen, einem Gemeindeführer. Einem Geschäftsführer. Alle diese Menschen managen nicht, sie führen. Mit dem Zuckerbrot erreicht man immer mehr als mit der Peitsche. Fragen Sie Ihr Pferd. Sie können ein Pferd ans Wasser führen, aber Sie können es nicht zwingen zu trinken. Wenn Sie unbedingt jemanden managen möchten, managen Sie sich selbst. Tun Sie es gut, und Sie können aufhören zu managen und anfangen zu führen.“

Erfolgreiche Teamarbeit ist zu einem wichtigen Bestandteil jedes modernen Unternehmens geworden. Auf diese Weise inspirieren die Betriebe ihre Leute, sich tagtäglich schwierigen Problemen und Herausforderungen zu stellen. Ihre Fähigkeit ein Team zusammenzustellen, weiterzuentwickeln und zu führen stellt eine Schlüsselqualifikation für Ihre Beförderung dar – besonders wenn Sie in einem Unternehmen arbeiten, in dem Teamarbeit ausdrücklich erwünscht ist. Ich kenne einige Leute mit hervorragenden Referenzen, die in Unternehmen mit Teamcharakter arbeiten und keine Teamspieler sind. Sie wurden niemals befördert. Wenn sie mich fragen, was sie tun sollen, rate ich ihnen, entweder zu lernen ein Teamspieler zu werden oder bei einem Unternehmen anzufangen, in dem man keinen Wert auf Teamarbeit legt.

Jedes Team braucht einen Leiter, keinen Manager. Wenn Sie lernen ein guter Teamleiter zu werden, ist das einer der wichtigsten Schritte, wie Sie den Erfolg Ihres Teams garantieren können. Was ist der Unterschied zwischen einem Manager und einer Führungskraft? Manager verwalten, erhalten und planen. Führungskräfte erneuern, entwickeln und geben die Richtung vor. Das soll nicht heißen, dass Sie nicht gleichzeitig ein guter Manager und eine gute Führungskraft sein können; Sie sollten dieses Ziel sogar anstreben. John Kotter, Professor für Betriebswirtschaft an der Harvard Universität, sagte dazu: „In den meisten amerikanischen Unternehmen wird immer noch zu viel gemanagt und zu wenig geführt. Aber wenn wir sie sorgfältig auswählen, ausbilden und ermutigen, können Dutzende von Menschen wichtige Führungspositionen in Geschäftsbetrieben einnehmen." Im Folgenden habe ich acht Führungseigenschaften aufgezählt, die Sie unbedingt entwickeln sollten, wenn sie ein Teamleiter werden möchten:

Vision. Ein Teamleiter muss in der Lage sein eine Vision zu entwickeln, ein geistiges Bild des Ziels, das er oder sie mit seinem Team zum Wohle des Unternehmens verfolgt. Die Vision muss jedem Mitglied des Teams erfolgreich mitgeteilt werden, um sicherzustellen, dass alle an einem Strang ziehen.

Überblick. Teamleiter müssen die Aufgabe des Teams im Auge haben, um erfolgreich führen zu können. Sie verstehen, welche kurz- und langfristigen Auswirkungen es hat, wenn das Team seine Mission nicht erfüllt.

Innovation. Ein guter Teamleiter hat keine Angst Grenzen auszuloten und innovative Entscheidungen zu treffen. Die Entwicklung neuer Ideen und neuen Denkens ist mit die wichtigste Aufgabe eines Teams.

Fokus. Gute Teamleiter konzentrieren sich voll auf die Mission ihres Teams. Sie kennen die vorrangigen Ziele und lassen sich durch kleinere Probleme nicht davon abbringen. Sie legen selbst fest, welche Richtung das Team einschlägt, statt äußeren Faktoren die Kontrolle zu überlassen.

Vernunft. Während der letzten Minuten des Gator Bowl im Jahr 1978 rannte Woody Hayes, ein amerikanischer Spitzentrainer, auf das Feld und versetzte einem Spieler der gegnerischen Mannschaft, der gerade einen wichtigen Ball abgefangen hatte, einen Hieb. Am nächsten Tag wurde er von der Ohio State University gefeuert. Führungskräfte, die ihre Gefühle nicht unter Kontrolle haben, sollten kein Team leiten.

Stress. Wer ein Team bildet, um sich schwerwiegenden Problemen zu stellen, fordert Stress heraus. Stress kann viele Gesichter haben. Man muss knappe Termine einhalten, sehr viel arbeiten und die verschiedenen Persönlichkeiten der einzelnen Teammitglieder unter einen Hut bringen. Gute Teamleiter wissen, wie man mit Stress umgeht.

Fördern. Führungspersönlichkeiten stellen ihren Willen andere zu fördern unter Beweis, indem sie ihr Wissen an sie weitergeben. In einem Team ist das Weitergeben von Wissen ein wichtiger Faktor, der gewährleistet, dass alle Mitglieder in etwa auf dem gleichen Stand sind.

Ermutigung. Ein Teamleiter weiß, wie er die ruhigeren Mitglieder in Diskussionen aus der Reserve lockt. Er tut das, indem er alle Teammitglieder dazu ermutigt, ihre Ansichten und Vorschläge vorzutragen.

Der Erfolg jedes beruflichen Teams hängt auch von der Qualität des Teamleiters ab. Manchen Menschen werden Führungsqualitäten in die Wiege gelegt, andere müssen sie sich erarbeiten. Wenn die Saat von Erfahrung, Vorstellungskraft und Innovation in einem Menschen aufgeht, kann er zu einer Führungskraft heranreifen.

Der Titel allein macht Sie nicht zur Führungskraft: Die Qualifikation hängt davon ab, was Sie tun, nicht davon, was Sie sagen. „Wenn Ihnen niemand folgt, ist es egal, wie gut Sie führen." (Harvey Mackay)

Bilden Sie eine schlagkräftige Truppe

Wie Sie die Leute für Ihr Team auswählen, ist noch wichtiger als die Art, wie Sie sie führen, wenn sie erst einmal dabei sind. Wenn Sie sich gleich von Anfang an für die richtigen Leute entscheiden, bleiben Ihnen später Probleme erspart. Wählen Sie die Falschen in Ihr Team, sind Sie in ernsthaften Schwierigkeiten. Sie müssen dann auf revolutionäre Managementtechniken vertrauen, um die Sache wieder gerade zu biegen. Spitzenkräfte für Ihr Team zu finden ist nicht leicht, wenn Sie sich auf gefälschte Referenzen, von Profis geschriebene Lebensläufe und einstudierte Interviews verlassen müssen. Halten Sie sich auf der Suche nach neuen Teammitgliedern an folgende Liste:

Finden Sie überdurchschnittliche Leute. Warum wollen Sie sich die Zeit nehmen einen durchschnittlichen Mitarbeiter auszubilden, wenn Sie einen überdurchschnittlichen bekommen können, der schon weiß, was zu tun ist?

Entwickeln Sie ein Anforderungsprofil. Bevor Sie sich auf die Suche nach Teammitgliedern begeben, entwickeln Sie ein Profil des perfekten Teammitglieds einschließlich gewünschtem Bildungsstand, Berufserfahrung, Kommunikationsfähigkeit und Motivationsniveau. Messen Sie jeden Kandidaten an diesem Profil, um herauszufinden, wer ihm am besten entspricht.

Vermeiden Sie Lernkurven. Teams müssen die gestellten Aufgaben gewöhnlich in relativ kurzer Zeit bewältigen, so dass Sie sich den Luxus eines ausführlichen Trainings für Teammitglieder nicht leisten können. Stellen Sie sicher, dass jeder im Team über das nötige Grundwissen verfügt.

Netzwerk. Nutzen Sie Ihr internes Netzwerk, um überragende Kandidaten zu finden. Ein Mitarbeiter, der Ihnen von einem angesehenen Mitglied Ihres Netzwerks empfohlen wird, ist zehnmal besser als jemanden zu nehmen, den Sie nicht kennen.

Fragen Sie jeden Kandidaten: Warum möchten Sie zu meinem Team gehören? Verzichten Sie auf Kandidaten, die Ihnen eine vage Antwort wie: „Ich weiß nicht" oder „Weil ich gerne im Team arbeite" geben. Sie suchen nach Menschen, die ein spezifisches Interesse an der vom Team zu erfüllenden Aufgabe haben.

Setzen Sie ein Zweitgespräch an. Bitten sie einen Kollegen, dem Sie vertrauen, Gespräche mit den interessanten Kandidaten. Holen Sie seine unvoreingenommene Meinung ein, um zu sehen, ob er Ihre Ansicht bestätigt.

Stellen Sie immer die gleichen Fragen. Stellen Sie allen Kandidaten die gleichen Grundfragen. Auf diese Weise können Sie die einzelnen Antworten relativ leicht miteinander vergleichen.

Wenn Sie Ihr Team zusammengestellt haben, sollten Sie dafür sorgen, dass jedes Mitglied die Aufgabe des Teams verstanden hat. Sagen Sie offen, welchen Herausforderungen sich das Team gegenüber sieht, und nennen Sie den Zeitrahmen, in dem die Aufgaben zu bewältigen sind. Ein Team, das ein Problem für lösbar hält, stürzt sich meist mit Eifer in die Arbeit.

Team Building: An Exercise in Leadership von Robert Maddus, leider noch nicht auf Deutsch erhältlich, zeigt Ihnen, wie Sie die besten und qualifiziertesten Mitglieder für Ihr Team finden. Zudem verrät der Autor seine Tricks, wie man die Motivation eines Teams erhält.

Sorgen Sie für Motivation im Team

Es gibt buchstäblich Tausende von Möglichkeiten, Menschen zu motivieren. Aus verständlichen Gründen werde ich nicht versuchen sie alle hier abzuhandeln. Eigentlich möchte ich nur eine Möglichkeit erwähnen, die ich in *Sports Illustrated* fand.

z.B

Einer der Redakteure hatte Fran Tarkenton, einen der größten Quarterbacks in der Geschichte des American Football, interviewt. In dem Interview erinnerte sich Fran an ein Spiel, in dem er blocken musste. Ein Quarterback ist in der Verteidigung ungefähr so häufig wie eine 3-Euro-Münze. Seine Mannschaft, die Minnesota Vikings, war dabei, gegen St. Louis zu verlieren, und Fran wusste, dass er den Gegner überraschen musste, wenn er das Spiel retten wollte. Und nichts würde die Verteidigung mehr überraschen als ein Block von ihm. Sein Plan ging auf: Fran setzte einen Angreifer außer Gefecht und einer seiner Mitspieler erzielte den entscheidenden Punkt.

Damals war Bud Grant Trainer der Vikings und als er nach dem Spiel in die Umkleidekabine kam, wartete Fran auf ein anerkennendes Schulterklopfen. Vergebens. Grant lobte jeden Spieler außer Fran. Anschließend suchte Fran Grant allein in seinem Büro auf und fragte: „Du hast meinen Block doch gesehen, oder, Trainer? Warum hast du dann nichts zu mir gesagt?“ Grant antwortete: „Es war nicht nötig. Ja, ich haben deinen großartigen Block gesehen. Ich weiß, dass du da draußen immer hundert Prozent gibst, Fran. Ich dachte, ich müsste dir das nicht sagen.“ Fran erwiderte: „Nun, wenn du willst, dass ich wieder blocke, solltest du es tun!“

Die Moral von der Geschichte ist, dass Sie die Spitzen Ihres Teams niemals als selbstverständlich hinnehmen sollten, wie Bud Grant es mit Fran Tarkenton getan hat. Wenn Sie der Leiter eines Teams sind, halten Sie die Motivation Ihrer Mitglieder dadurch aufrecht, dass Sie jeden Einzelnen von ihnen mindestens einmal am Tag loben und ein paar ermutigende Worte zu ihm sagen. Wenn jemand im Team nachlässt, springen Sie ein und fragen Sie: „Wie kann ich Ihnen helfen?“

Lesen Sie mein Buch *1001 Ways to Inspire Your Organisation, Your Team and Yourself,* das leider noch nicht in Deutsch erhältlich ist. Darin finden Sie mehr als tausend Möglichkeiten, Menschen in den verschiedensten beruflichen Umfeldern zu inspirieren und zu motivieren.

Der Himmel stürzt ein!

Erinnern Sie sich an die Kinderreime, in denen das Küken immer auf dem Hof umherrannte und den anderen Tieren auf dem Bauernhof zurief, sie sollten sich in Sicherheit bringen, weil es dachte der Himmel würde jeden Moment einstürzen? Anfangs brachten sich die Tiere in Sicherheit. Mit der Zeit merkten sie schließlich, dass das Küken gar nicht wusste, wovon es sprach, und sie lernten es zu ignorieren.

Ich arbeitete einmal für einen solchen Hasenfuß, dessen vermeintliche Katastrophen mich auf die Palme brachten. Ein typisches Gespräch verlief in etwa so: „Dave, lassen Sie sofort alles stehen und liegen! Wir haben eine Krise, die Ihre volle Aufmerksamkeit erfordert.“ In neun von zehn Fällen gab es weder eine Krise noch den Hauch eines Problems. Aber um meinen Chef glücklich zu machen und meine Aussichten auf eine Beförderung nicht aufs Spiel zu setzen, tat ich so, als würde ich die Phantomkrise abwehren. Es war frustrierend, denn es hielt mich davon ab, an Projekten zu arbeiten, die mich beruflich weitergebracht hätten.

Was ist die Ursache eines solchen Verhaltens? Diese Menschen haben das Gefühl „nicht respektiert“ zu werden. Um dem nagenden Zweifel zu begegnen, erfinden sie Katastrophen, die sofort die gesamte Aufmerksamkeit auf sie lenken und hoffentlich deutlich machen, dass ihnen, den Entdeckern der Katastrophe, Respekt gebührt. Man hört sie oft sagen: „Die Leute hier scheren sich einen Dreck um irgendetwas“ oder „Wenn ich es nicht mache, macht es keiner“. Hier sind einige Möglichkeiten, wie Sie die Hasenfüße in Ihrem Team ruhig stellen und gleichzeitig Ihre Karriere auf Kurs halten können:

Erregen Sie ihre Aufmerksamkeit. Bei jemandem, der sich wie ein Hasenfuß verhält, ist der gesunde Menschenverstand ausgeschaltet und die Gefühle haben das Regiment übernommen. Sie müssen diesen Menschen dazu bringen, Ihnen zuzuhören. Eventuell müssen Sie die Stimme heben und mit Worten wie: „Einen Augenblick! Lassen Sie mich über das, was sie gerade gesagt haben, nachdenken“ oder „Welche Alternativen gibt es?“ zur Vorsicht mahnen. Kreuzen Sie langsam Ihre erhobenen Arme, als stünden Sie auf einem Schienenkreuz und wollten einen Güterzug aufhalten. Wenn Sie es mit einem aggressiven Hasenfuß zu tun haben, müssen Sie unter Umständen warten, bis er sich wieder beruhigt hat, bevor Sie von ihm verlangen können die Situation realistisch zu sehen.

Geben Sie sich besorgt. Das letzte, was Sie wollen, ist einem Hasenfuß zu sagen oder ihm gegenüber anzudeuten, wie lächerlich seine eingebildete Krise ist. Wählen Sie einen sanften Tonfall und freundliche Worte, wenn Sie versuchen ihm die Augen zu öffnen. Wenn Sie ihm aufmerksam zuhören, finden Sie gewöhnlich heraus, was der Auslöser für seine Besorgnis war. Wenn Sie erst einmal die Ursache des Problems kennen, können Sie die Situation sehr viel besser entschärfen.

Bleiben Sie ruhig. Was immer Sie tun, bleiben Sie ruhig, wenn Sie es mit einem zutiefst irrationalen Hasenfuß zu tun haben. Ihre besonnene Art kann dann wie ein Katalysator wirken und seine Aufregung dämpfen. Wenn der andere anfängt zu stottern, wissen Sie, dass Sie auf dem richtigen Weg sind. Schnelles Blinzeln oder Kopfkratzen sind weitere klare Anzeichen dafür, dass die Vernunft langsam wieder die Oberhand über die Gefühle gewinnt.

Wenn Sie gezwungen sind, auf regelmäßiger Basis mit einem Hasenfuß zusammenzuarbeiten, müssen Sie eine langfristige Lösung für das Problem finden. Sie können es sich nicht leisten, dass dieser Mensch permanent Ihre Karrierepläne durchkreuzt. Denken Sie daran, Hasenfüße sind unsicher. Wenn Sie die Zeit erübrigen können, bieten Sie ihnen Ideen und Vorschläge an, wie sie Probleme beheben können.

Holen Sie das Optimum aus Ihrem Team heraus

Die Ära aufgeblasener Manager, die das Ziel vorgaben, die gesamte Arbeit delegierten, sich zurücklehnten und darauf warteten, dass etwas passiert, ist vorbei. Wir befinden uns im Zeitalter der Praktiker, in dem jeder – vom Arbeiter bis hin zum Manager – dafür verantwortlich ist, im Team dafür zu sorgen, dass es mit dem Unternehmen aufwärts geht. Mit den nachfolgenden sieben Tricks holen Sie das Beste aus Ihrem Team heraus:

Verringern Sie den Zeitaufwand. Stellen Sie die Zeit, die angeblich dafür nötig ist, um eine Aufgabe zu erledigen, ein neues Produkt einzuführen oder ein Problem zu lösen, in Frage. Bevor jemand das System in Frage stellte, dauerte die Einführung eines neuen Thermostats bei Honeywell vier Jahre. Wieso dauerte es so lange? Sie setzten ein Expertenteam auf die Aufgabe an, den Zeitaufwand zu verringern. Das Team verkürzte die benötigte Zeit auf ein Jahr, und zur Belohnung wurde jedes Mitglied befördert.

Ermutigen Sie Innovationen. Sie müssen sich nicht auf das Programm Ihres Unternehmens für Mitarbeitervorschläge verlassen, wenn Sie Menschen dazu veranlassen möchten, innovative Ideen für Ihr Unternehmen zu entwickeln. Selbst wenn Ihr Budget keine finanziellen Belohnungen erlaubt, wird Ihre persönliche Anerkennung für so viele innovative Vorschläge sorgen, wie Sie haben möchten.

Machen Sie es gleich beim ersten Mal richtig. Nichts wirkt sich negativer auf Ihren Ruf aus, als wenn Sie eine wichtige Aufgabe verpatzen. Falls nötig prüfen Sie alles noch einmal persönlich nach, damit Sie sicher sein können, dass die Aufgabe zufrieden stellend gelöst wurde, bevor Sie das Projekt Ihres Teams offiziell für abgeschlossen erklären.

Schlagen Sie den Zeitplan. Wenn Ihr Team eine Aufgabe bis zu einem bestimmten Termin erledigt haben muss, spornen Sie die Mitglieder dazu an, eher fertig zu werden. Ihr Chef und jeder andere, der direkt oder indirekt mit dem Projekt zu tun hat, wird davon beeindruckt sein.

Machen Sie Ihre Freunde zu Ihren Beratern. Bauen Sie ein berufliches Netzwerk aus guten Kollegen auf, um sie jederzeit anrufen zu können, wenn Sie bei der Lösung eines Problems ihren Rat brauchen. Im Gegensatz zu professionellen Beratern kosten Ihre Freunde keinen Cent, und weil sie Sie kennen, haben sie eine genauere Vorstellung von Ihren Bedürfnissen als ein Berater, der nichts über Sie weiß.

Achten Sie auf Qualität. Nicht bei jedem Produkt ist die Qualität entscheidend, aber wenn es bei Ihnen der Fall ist und die Qualität nachlässt, sind Sie erledigt. Wenn Sie Ihren Ruf für Qualität verlieren, stehen die Chancen ihn zurückzubekommen ungefähr so gut, als wollten Sie den nächsten Hurrikan aufhalten. Die Leute von Cadillac dachten sie könnten ihre Kunden zum Narren halten, als sie eine Sparversion des Cadillac mit dem Fahrgestell eines Chevy herausbrachten. Es wurde ein Millionenfiasko.

Akzeptieren Sie mögliche Misserfolge, wenn Sie lernen möchten, das Optimum aus Ihrem Team herauszuholen. Philip Morris überschätzte die Marketingmöglichkeiten eines seiner Tochterunternehmen aus der Nahrungsmittelindustrie und unterschätzte, wie aggressiv Budweiser dagegenhalten würde, als sich der Unternehmenszweig Miller Bier daran machte, den ersten Platz bei den Bier-Werbespots zu erobern. Trotz der Niederlagen lernt Philip Morris aus den Fehlern und versucht es immer wieder. Vielleicht ist das mit ein Grund, warum sie an der Wall Street noch immer zu den Standardwerten gehören.

Benjamin Franklin sagte einmal: „Wir müssen uns zusammenhängen, sonst hängen wir zusammen.“

Zehn Möglichkeiten ein Team zu vergraulen

Erinnern Sie sich an das alte Sprichwort: „Der Ton macht die Musik“? Wenn Sie ein Argument bringen und sehr leise oder hoch sprechen, verlieren Sie Ihre Glaubwürdigkeit und vermutlich auch noch die Aufmerksamkeit Ihres Publikums. Sorgen Sie dafür, dass Sie sich vor dem Team immer mit Selbstvertrauen und einer gesunden Portion Demut präsentieren. Arroganz kommt in einem Team nicht besonders gut an. Wenn Sie es schaffen, dass sich Ihre Teamkollegen mit Ihnen und Ihrer Art zu kommunizieren wohl fühlen, ist Ihnen ihre Bewunderung sicher. Nach den Angaben der *National Speaker's Association* sind dies die zehn schlimmsten Fehler, die Sie machen können, wenn Sie zu Menschen sprechen:

1. Monoton sprechen
2. Den Vortrag ablesen
3. Langweilig und uninteressant klingen
4. Zu häufig „ah“, „ähm“ und Floskeln wie „man sagt“ und „nämlich“ verwenden
5. Mangelnde Vorbereitung, chaotische Unterlagen, ins Schwafeln kommen und sich ablenken lassen
6. Nervöse Angewohnheiten wie Zappeln, Schwanken und eine unangepasste Körpersprache

7. Zu lange reden oder überziehen
8. Pausenloses Wiederholen
9. Kein Augenkontakt
10. Keine Verbindung zum Publikum aufnehmen oder sich nicht um die Mitarbeit des Publikums bemühen

Für die Arbeit im Team ist eine erfolgreiche Kommunikation entscheidend. Gewöhnlich wenden Sie sich an mehr als ein Mitglied des Teams. Deshalb müssen Sie ihren Kommunikationsstil unbedingt auf die verschiedenen Persönlichkeiten der Teammitglieder abstimmen. Kurz gesagt ist es generell hilfreich, Ihre Aussage in kurze und prägnante Sätze zu fassen und daran eine Frage wie: „Hat jeder verstanden, was ich meine?“ anzuschließen.

8 Unbeschadet durchs Minenfeld

Verfechter von Firmenhierarchien werden Ihnen sagen, dass Rufmord, Hinterhältigkeit und viele andere politische Nahkampftechniken nunmal zum Alltag in den Unternehmen gehören. Niemand ist naiv genug zu glauben, dass es solche Verhaltensweisen im Unternehmen nicht gibt. In der Tat nehmen sie in allen Bereichen und auf allen Ebenen, vom Reinigungspersonal bis hin zum Aufsichtsrat, einen Teil der täglichen Aktivitäten in Anspruch.

Stellen wir uns einen Augenblick vor, Ihr Privatleben befindet sich in Aufruhr, und Stress im Beruf ist das Letzte, was Sie jetzt gebrauchen können. Das führt dazu, dass Sie weder nach neuen Möglichkeiten Ausschau halten noch sich freiwillig für Projekte melden, weil Sie nicht noch mehr persönliche Konflikte heraufbeschwören möchten, als Sie sowieso schon haben. Mit dieser Einstellung machen Sie sich selbst zum Opfer geringer Erwartungen. Der Schlüssel zum Erfolg liegt nicht darin, Konflikte zu ignorieren, sondern sie zu kontrollieren und zu managen, wenn sie entstehen. In diesem Kapitel werde ich Ihnen zeigen, wie Sie Menschen beiseite schieben, die Ihnen beim Erklimmen der Karriereleiter im Weg sind.

Personalführung damals und heute

Das Wort „Führungsqualitäten" tauchte erst Anfang des 19. Jahrhunderts in der englischen Sprache auf, und selbst da wusste niemand, was es bedeuten sollte. Es dauerte noch einmal hundert Jahre, bis Sozialwissenschaftler ernst hafte Studien über das Phänomen „Führungsqualitäten" anstellten. Erst in den letzten vierzig Jahren konnten die Forscher die verlorene Zeit mit Studien, wie Menschen zu erfolgreichen Führungskräften werden, wieder wettmachen. Viele dieser Studien liefern erstaunlich durchgängige Ergebnisse darüber, was eine gute Führungspersönlichkeit ausmacht. Sie lassen sich wie folgt zusammenfassen:

1. Führungspersönlichkeiten hören verständnisvoll zu, sind immer bereit über Probleme zu sprechen und immer offen für neue Vorschläge.
2. Führungspersönlichkeiten bieten ihre Hilfe und Unterstützung an. Sie sind immer da, wenn man Hilfe braucht.

3. Führungspersönlichkeiten wissen, wie man schwierige Probleme im Team löst. Es gelingt ihnen hervorragend die Zusammenarbeit zu fördern.
4. Führungspersönlichkeiten vermeiden zu starke Kontrolle und sind keine Mikromanager. Sie bestehen nicht darauf, dass man die Regeln haarklein einhält.
5. Führungspersönlichkeiten haben keine Angst Autorität abzugeben und verlassen sich auf das Urteil anderer, weil sie an deren Kreativität glauben.
6. Führungspersönlichkeiten sagen offen und ehrlich, was sie meinen. Auf das, was sie sagen, ist Verlass.
7. Führungspersönlichkeiten holen das Beste aus den Menschen, die für sie arbeiten, heraus und stehen ständig mit ihnen in Verbindung.
8. Führungspersönlichkeiten arbeiten unermüdlich an einer Verbesserung der betriebsinternen Kommunikation.
9. Führungspersönlichkeiten halten immerzu Ausschau nach Möglichkeiten Produktivität zu steigern, Kosten zu senken und Gewinne zu erhöhen.
10. Führungspersönlichkeiten wissen, wie man Ziele ausfindig macht und setzt, mit denen sich die Menschen identifizieren können.

Zur Führungspersönlichkeit wird man geboren, nicht gemacht. So dachten die meisten Soziologen, bevor sie sich vor vierzig Jahren ernsthaft mit dem Thema Führungsqualitäten beschäftigten. In der guten alten Zeit, als starke Klassenschranken es den Menschen beinahe unmöglich machten, eine Führungspersönlichkeit zu werden, schien es, als würden Führungsqualitäten vererbt. Wenn man nicht den Namen Rockefeller, Firestone, Rothschild oder den einer anderen privilegierten Familie trug, war man nicht für Führungsaufgaben bestimmt. Als die Klassenschranken fielen, wurde deutlich, dass Führungspersönlichkeiten aus allen Ebenen der Gesellschaft kamen. Es wurde allgemein bekannt, dass der richtige Name nicht genügte, um eine gute Führungskraft zu sein. Erfolgreiche Führungskräfte werden befördert.

! Erfolgreiche Führungskräfte sind keine Workaholics. Wenn mir jemand erzählt, dass er regelmäßig mehr als sechzig Stunden in der Woche arbeitet, frage ich nach dem Grund und warte schon auf die „einstudierte" Antwort eines jeden Workaholics: „In meiner Position geht das nicht anders." Ich antworte dann: „Sie machen etwas grundlegend falsch. Zählen Sie zwanzig Dinge auf, die dafür verantwortlich sind, dass Sie so hart arbeiten. Ich wette, zehn davon sind Unsinn." Workaholics sind Macher, keine Führer. Dick Munro, der ehemalige Generaldirektor von Time-Warner, sagte: „Ich bin strikt gegen Workaholics. Wer so arbeitet, verliert seinen Enthusiasmus und seine Vitalität und beschneidet seine Kreativität."

Werden Sie eine herausragende Führungspersönlichkeit

Die Gebrüder Wright hatten eine Vision vom Fliegen, und obwohl man sich über sie lustig machte, setzten sie alles daran, ihre Vision Realität werden zu lassen, bis ihr Flugzeug Marke Eigenbau schließlich von einem Acker in Kitty Hawk, North Carolina, abhob. Führungspersönlichkeiten, die eine Vision haben, bringen immer wieder Höchstleistungen. Sie behalten Bewährtes bei, lernen aus ihren Fehlern und klettern dann zur nächsten Sprosse der Karriereleiter weiter.

Außergewöhnliche leitende Angestellte sind sowohl hervorragende Manager als auch hervorragende Führungskräfte. Manager organisieren, planen, verwalten und kümmern sich ums Budget. Führungspersönlichkeiten inspirieren und dienen als Vorbild. Nicht nur ihre Untergebenen, sondern alle Menschen, die ihnen begegnen, bringen ihnen ein Maximum an Loyalität entgegen. Herausragende Führungskräfte flößen Menschen ein Gefühl der Bewunderung ein, weil sie in der Lage sind andere zu inspirieren.

In Kapitel 7 wurde bereits beschrieben, welche Führungsqualitäten einen guten Teamleiter kennzeichnen. Hier möchte ich Ihnen nun Methoden an die Hand geben, wie Sie Ihre Persönlichkeit zu einer Führungspersönlichkeit entwickeln können:

Werden Sie zum Visionär. Visionäre sind Menschen, die Möglichkeiten erkennen, die andere ignorieren. Sie haben eine Vision von der Zukunft und setzen alles daran, sie zu verwirklichen.

Entwickeln Sie Ihr Ego weiter. Menschen mit einem entwickelten Ego verwenden einen Großteil ihrer Zeit und Energie darauf, sich so zu zeigen, wie sie tatsächlich sind. Albert Einstein wurde auf dem Gipfel seines Ruhms gefragt: „Was ist es für ein Gefühl zu wissen, dass so viele Menschen unentwegt zu beweisen versuchen, dass Sie Recht haben?" Einstein antwortete: „Es ist mir gleich, ob ich Recht habe. Ich möchte nur wissen, ob ich richtig oder falsch liege." Führungspersönlichkeiten mit einem hoch entwickelten Ego müssen nicht beweisen, dass sie immer Recht haben.

Übernehmen Sie Verantwortung. Herausragende Führungspersönlichkeiten holen das Beste aus Menschen heraus, weil sie ihnen genügend Freiraum lassen ihre Aufgaben erfolgreich zu erledigen und auf diese Weise ihr Vertrauen gewinnen. Geht dieses Vertrauen mit Verantwortung einher, werden Ihre Untergebenen beginnen ihre eigene Kreativität stärker in ihre Arbeit einzubringen. Ihre

Leistungen und die Qualität ihrer Arbeit verbessern sich dramatisch, was Ihren Bemühungen um eine Beförderung gewiss nicht abträglich sein wird.

Seien Sie bestimmt, klar und direkt. Alle hervorragenden Führungspersönlichkeiten haben eine klare Vorstellung von ihren Zielen. Sie haben keine Angst, Entscheidungen zu treffen, um diese Ziele zu erreichen. Sie glauben, ehrlich währt am längsten, und sagen immer die ungeschminkte Wahrheit – selbst wenn es nicht in ihrem Interesse ist.

Ermutigen Sie Konkurrenzdenken. Hervorragende Führungspersönlichkeiten schaffen innerhalb ihrer Unternehmen immer ein Klima des Vertrauens und der Zusammengehörigkeit. Um zu verhindern, was Irving Janis, der Autor des Buchs *Groupthink* als „Gruppendenken" bezeichnete, ermutigen sie aber auch abweichende Meinungen. Janis entdeckte, dass gute Führungskräfte sich aus wichtigen Diskussionen heraushielten oder sogar absichtlich den Advocatus Diaboli spielten, um dadurch ein Klima für offene Diskussionen und andere Ansichten zu schaffen und vielfältigere Meinungen zu bekommen.

Seien Sie kein Workaholic. Einem Workaholic dient die Arbeit als Vorwand, um vor dem Privatleben zu fliehen. Workaholics sind ständig auf der Suche nach Arbeit und versuchen gleichzeitig, die anderen davon zu überzeugen, wie wahrhaft unentbehrlich sie sind. Workaholics werden von ihrer Versagensangst getrieben, die auf ihrem niedrigen Selbstwertgefühl beruht. Deshalb werden sie nur selten befördert und niemals zu guten Führungskräften. Außergewöhnliche Führungspersönlichkeiten messen den Wert dessen, was Sie erreichen, an dem, was es sie kostet, und setzen ihr privates und berufliches Leben immer an die erste Stelle. Sie geben dem Privatleben den Vorzug und sind keine Workaholics.

Werden Sie jeden Tag ein bisschen besser. Einer meiner Freunde, ein leitender Angestellter, hörte nie auf an seinen Führungsqualitäten zu arbeiten. Er sagte immer zu mir: „David, ich glaube, dass ich meinen Job jeden Tag ein klitzekleines bisschen besser machen kann, solange ich nicht aufhöre nach Verbesserungsmöglichkeiten zu suchen." Er suchte weiter bis zu dem Tag, als er in Ruhestand ging, was ihn zu einer herausragenden Führungspersönlichkeit machte. Manche Menschen geben auf und sagen: „Was soll das Ganze überhaupt? Ich werde den Job, den ich will, nie bekommen. Ich bin einfach nicht gut genug." Jeder kann bei dem, was er tut, ein bisschen besser werden, wenn er nur täglich daran arbeitet.

Nur das Ergebnis zählt. Herausragende Führungskräfte erwarten nicht, dass alle anderen die Dinge genauso erledigen wie sie selbst. Sie interessieren sich nicht für Arbeitsabläufe und Vorgehensweisen, sondern nur für das Ergebnis und ob das gesteckte Ziel erreicht wurde oder nicht.

Respektieren sie die Gefühle anderer. Hervorragende Führungskräfte denken immer daran, dass die Reaktionen der Menschen von ihren Gefühlen bestimmt werden. Auch wenn sie selbst Probleme vollkommen rational angehen, ziehen sie die Gefühle der anderen bei der Lösung eines Problems in Betracht. Was dem einen banal erscheint, kann für den anderen lebenswichtig sein. Respektieren Sie die Gefühle anderer bei allem, was Sie tun.

Lassen Sie sich durch nichts davon abhalten, eine hervorragende Führungskraft zu werden. Alles, was verhindert, dass Sie wichtige Aufgaben erledigen, gilt als Ablenkung, zum Beispiel fernsehen, unnötige Telefonanrufe oder das gedankenlose Geplapper anderer. Außergewöhnliche Führungskräfte verschwenden ihre Zeit nicht mit trivialen Dingen, sondern investieren sie in qualitativ hochwertige Aktivitäten, die ein einigermaßen lohnendes Ergebnis versprechen. Führungskräfte kennen die Vorteile des Zeitmanagements.

Achten Sie auf das, was hinter Ihrem Rücken passiert

In einem Unternehmen haben Konflikte dieselbe Funktion wie die Körpertemperatur. Solange ein Körper warm ist, lebt – und funktioniert – er. Konflikte sind ein Anzeichen dafür, dass das Unternehmen lebt und die Menschen ihre Arbeit tun, nämlich miteinander ringen, um die bestmögliche Lösung für ein Problem zu finden. Auseinandersetzungen mit Kollegen können jedoch mächtig an den Nerven zehren, besonders wenn im Nahkampf Ihr Fachwissen oder Ihre Managementfähigkeiten in Frage gestellt werden.

Wenn Sie unsicher sind, ob man negativ über Sie denkt, weil ein Kollege Sie permanent schlecht macht, wird es Ihnen schwer fallen, herausragende Leistungen zu bringen. Leider wirkt sich das so lange negativ auf Ihre Karriere aus, bis die Situation zu Ihrer Zufriedenheit gelöst ist. Lassen Sie sich nicht entmutigen, falls Sie sich in dieser Lage befinden. Noch ist nichts verloren, wenn der betreffende Kollege bereit ist sich unter vier Augen mit Ihnen zu treffen und Ihnen zu erklären, warum er glaubt, es stünde ihm zu Sie hinter Ihrem Rücken schlecht zu machen. Um das Problem aus der Welt zu schaffen, müssen Sie sich ihm persönlich stellen.

Erklären Sie ihm gleich zu Beginn des Gesprächs, dass Sie von den abfälligen Bemerkungen wissen, die er hinter Ihrem Rücken über Sie macht. Fragen Sie dann: „Warum machen Sie das?" Hören Sie ihm aufmerksam zu. Meist sind böse Zungen sehr unsicher und sprechen gerne über andere, um Aufmerksamkeit auf sich zu ziehen. Es dürfte ihm aber peinlich sein, in flagranti von Ihnen erwischt worden zu sein. Dass Sie ihn darauf angesprochen haben, sollte genügen, um ihn davon abzuhalten weiter über Sie herzuziehen. Er wird sich ein anderes Opfer suchen.

Wenn Sie eine böse Zunge auf ihr Verhalten ansprechen und sie alles leugnet, sollten Sie bereit sein Ihre Quellen zu nennen. Wenn der andere Ihre Anschuldigung trotzdem weiterhin abstreitet, bitten Sie ihn sich mit Ihnen und einem Ihrer Informanten zu einem Gespräch zu treffen, um der Wahrheit auf die Spur zu kommen.

Die meisten Lästerzungen werden einem solchen Gespräch nicht zustimmen, da sie im Grunde Feiglinge sind. Vielleicht bringt die Aussicht sie aber so weit aus der Fassung, dass sie ein Geständnis ablegen. Zumindest aber dürften sie aus Angst vor einer weiteren Konfrontation aufhören Sie hinter Ihrem Rücken schlecht zu machen. Beschließen Sie das Gespräch mit einer Warnung. Lassen Sie den Betreffenden wissen, dass Sie mit seinem Chef sprechen werden, wenn er nicht aufhört abfällig über Sie zu reden.

Was auch immer der Grund sein mag, interne Konflikte verschlingen wertvolle Zeit, kosten Energie und sind in keinem Unternehmen gerne gesehen. Meiden Sie sie wie die Pest. Wenn derjenige, der letztendlich für Ihre Beförderung sorgen kann, etwas von dem Konflikt mitbekommt, schließt er vielleicht daraus, dass er das Risiko Ihnen einen besseren Posten zu geben einfach nicht eingehen will.

! Zwischenmenschliche Spannungen am Arbeitsplatz fallen wegen der explosiven Atmosphäre jedem auf. Falls sich Zwistigkeiten anbahnen, besteht für Sie die Herausforderung aus nahe liegenden Gründen darin, die Situation so schnell und schmerzlos wie möglich zu entschärfen. Gegner, egal auf welcher Ebene, sind Ihren Karrierezielen nicht dienlich. Es spielt keine Rolle, dass Sie tausendprozentig Recht haben und der andere völlig im Unrecht ist. Die Situation wird Ihnen nicht helfen befördert zu werden.

Der unfähige Chef

Keine Diskussion über inkompetente Chefs wäre ohne das Buch *Das Peter-Prinzip* von Dr. Laurence Peter und Raymond Hull vollständig, das einen ziemlichen Kulturschock auslöste. Wer könnte schon Dr. Peters klassisches Zitat vergessen: „In einer Hierarchie neigt jeder Beschäftigte dazu, bis zu seiner Stufe der Unfähigkeit aufzusteigen.“ Und genau das passiert, wenn fähige Arbeitnehmer ins Management aufsteigen und zu inkompetenten Chefs werden – nichts ist erfolgloser als der Erfolg. Viele fähige Leute zeigen auf den unteren Ebenen ein hohes Potenzial, doch in Führungspositionen tritt ihre Unfähigkeit schließlich zu Tage. Eine neue Studie über Konkurse von Unternehmen zeigt, dass mehr als die Hälfte davon auf Fehler im Management zurückzuführen sind. Wenn Sie für einen inkompetenten Chef arbeiten, verrate ich Ihnen hier, wie Sie mit den verschiedenen Typen fertig werden:

Der Waschlappen. Waschlappen sind Manager, die Angst vor Entscheidungen haben und alles vermeiden, was Ihnen auf dem Weg zur Beförderung behilflich sein könnte. Vermutlich wissen sie nicht, wie sie Ersatz für Sie finden sollen. Sie haben keinerlei Rückgrat und weigern sich irgendeine Art von Risiko einzugehen. Waschlappen machen gerne Kompromisse, halten sich streng an die Regeln und grübeln endlos über die banalsten Entscheidungen nach. Sie haben immer jede Menge Alibis und Prügelknaben auf Lager, um ihre Spuren zu verwischen. Waschlappen lieben es, Sitzungen einzuberufen, Komitees zu bilden, an Erhebungen teilzunehmen und externe Berater hinzuzuziehen. Sie kennen alle Ablenkmanöver, um Probleme zu vertuschen. Im Spiel der Macht geht Waschlappen wegen ihrer Handlungsunfähigkeit mit der Zeit die Luft aus. Es ist nicht ungewöhnlich, dass sie, wenn sie die Gelegenheit dazu bekommen, das Management wieder verlassen und in die Reihen der Arbeitnehmer zurücktreten. Wie führen Sie eine Entscheidung für sich herbei, die zu treffen Ihr Chef sich weigert? Fragen Sie ihn, ob Sie das Einverständnis seines Chefs einholen können, um ihn zu entlasten. Vermutlich wird er sagen: „Natürlich. Wenn mein Chef sagt, dass es in Ordnung ist, soll's mir recht sein."

Der Stümper. Jeder Manager macht dann und wann einen Fehler, aber Stümper haben das Pfuschen zur Kunst erhoben. Sie haben weder genügend Mut noch genügend Köpfchen, um etwas richtig zu machen. Es fällt ihnen schon schwer, mit der eigenen Karriere oder einer ihnen gestellten Aufgabe zurechtzukommen, geschweige denn Ihnen auf Ihrem Karriereweg zu helfen. Leider schaffen diese Menschen trotz ihrer beispiellosen Unfähigkeit den Sprung ins höhere Management – entweder, weil das Unternehmen ihrem Vater oder Schwiegervater gehört, oder weil ein anderer Stümper sie befördert hat, damit er da oben nicht ganz so alleine ist. Wenn Sie das Pech haben für einen Stümper zu arbeiten, sind die Referenzen, die er ihnen gibt, nicht sehr viel wert. Bleiben Sie, wenn Sie glauben, dass er in naher Zukunft ersetzt wird, oder Sie seinen Job wollen. Die Chancen stehen gut, dass er sich nicht lange halten wird.

Der Hasser. Wenn Ihr Chef Sie nicht mag, sinkt die Leistung, die Sie für ihn erbringen. Er zeigt seine Ablehnung, indem er Ihre Initiativen abblockt und Ihre Pläne vereitelt. Was können Sie tun? Zuerst sollten Sie herausfinden, wie Sie Ihren Chef dazu bringen können, Sie zu mögen. Stellen Sie fest, was er an Ihnen nicht mag, und korrigieren Sie es falls möglich.

Wenn Ihnen das nicht gelingt, haben Sie keinerlei Aussicht darauf, dass er oder sie Ihnen jemals helfen wird befördert zu werden. Vermutlich ist es Zeit sich einen neuen Chef zu suchen.

Der Nichtstuer. Eine besonders schlimme Sorte von Managern sind die Nichtstuer. Diese Hohlköpfe versprechen immer etwas für Sie zu tun und lösen ihre Versprechen niemals ein. Was tun, wenn Sie für einen Nichtstuer arbeiten, der gänzlich unfähig ist eine Entscheidung zu treffen? Zuerst müssen Sie einsehen, dass er Ihnen niemals von sich aus bei Ihrer Beförderung helfen wird. Ordnet dagegen sein Chef an, dass Sie ein neues Projekt übernehmen, wird er die Entscheidung akzeptieren, weil er sie nicht selbst treffen musste. Unter der Voraussetzung, dass sein Einfluss auf Ihre Beförderung nahezu unbedeutend ist, können Sie weiter für einen Nichtstuer arbeiten.

Der Bürokrat. Bürokraten sagen mit Vorliebe, sie stimmten Ihren Plänen zwar zu, die Vorschriften und Richtlinien innerhalb des Unternehmens ließen eine Umsetzung jedoch leider nicht zu. Bürokraten sind nicht in der Lage eigenständig zu denken, und man findet sie häufig in den unteren Ebenen des Managements. Sie gedeihen in altehrwürdigen Unternehmen, in denen es einen Wust von Regeln und Bestimmungen gibt. Wann immer sich ein Bürokrat bedroht fühlt, versteckt er sich hinter Vorschriften, offiziellen Anordnungen, einem Memorandum von höherer Stelle oder einem anderen Dokument, das es ihm erlaubt den Vorgang zu stoppen. Was ist zu tun? Wenn Sie es ertragen können, für einen Bürokraten zu arbeiten, wird er Ihre Beförderung gewöhnlich unterstützen, weil das eben der Lauf der Dinge ist. Schließlich erwartet man, dass jeder die Karriereleiter hinaufklettert, oder?

Der Mikromanager. Ein Mikromanager möchte über alles, was Sie an Ihrem Arbeitsplatz tun, informiert sein. Weil er nur im Kleinen denkt, ist er auch nur an kurzfristigen Zielen interessiert. Langfristige Ziele, zum Beispiel Ihre Karrierepläne, sind ihm egal. Wenn Sie für einen Mikromanager arbeiten, dürfte es schwer sein seine Aufmerksamkeit auf Ihre langfristigen Ziele zu lenken. Er wird Ihnen im Falle einer Beförderung zwar nicht im Weg stehen, eine große Hilfe ist er Ihnen aber auch nicht gerade. Er ist es nicht gewöhnt in längeren Zeitspannen zu denken oder zu handeln. Bei Ihren langfristigen Karriereplänen können Sie von einem Mikromanager also nicht viel Hilfe erwarten. Bei Ihren kurzfristigen Zielen kann er Ihnen allerdings helfen.

Der Makromanager. Umgekehrt gibt es den Makromanager, den nur große Zusammenhänge interessieren. Er will wissen, was im gesamten Unternehmen vor sich geht, und achtet nur auf das, was unter dem Strich herauskommt. Makromanager springen in Besprechungen häufig entrüstet auf und erklären, Sie seien nur am großen Zusammenhang interessiert. Sie haben unverhohlen wenig

Interesse an Details, was sie häufig in Schwierigkeiten bringt. Sie lieben langfristige Planungen. Falls sie also langfristige Karriereziele haben, können diese Menschen Ihnen helfen, einen sinnvollen Plan zu erstellen.

Egal für welchen dieser unfähigen Manager Sie arbeiten, Sie müssen die Situation in Ordnung bringen, wenn Sie Ihre Chancen auf eine Beförderung am Leben halten möchten.

Nichts tun und die Lage akzeptieren wird Sie nicht weiterbringen. Letztendlich sollten Sie in der Lage sein die Probleme mit Ihrem Chef entweder zu lösen oder sich einen neuen Chef suchen. Um das Problem zu lösen, können Sie vier Möglichkeiten wählen:

Akzeptieren Sie Ihren Chef. Vielleicht meinen Sie, Sie arbeiten für einen Blödmann, obwohl er in Wirklichkeit nur eine andere Persönlichkeit hat oder sich sein Führungsstil von dem Ihren unterscheidet. Wenn er alle anderen ebenso behandelt wie Sie, sollten Sie es nicht persönlich nehmen. Dann fällt es Ihnen vielleicht auch leichter, die Situation zu akzeptieren und zur beruflichen Tagesordnung überzugehen.

Ändern Sie sich. Manchmal ist die beste Strategie, um mit einem Blödmann fertig zu werden, nicht, ihn ändern zu wollen, sondern sich selbst zu ändern. Es ist sehr viel einfacher, sich selbst als einen anderen zu ändern, über den man nur sehr wenig oder gar keine Kontrolle hat. Überlegen Sie, wie Sie die Situation verbessern können. Wenn Sie zum Beispiel einen Chef haben, der jeden Ihrer Vorschläge vor versammelter Mannschaft herunterputzt, versuchen Sie das nächste Mal den Vorschlag nur ihm alleine zu unterbreiten. Wenn er immer noch so reagiert und Sie keine Möglichkeit sehen, die Situation zu ändern, sollten Sie ihm Ihre Ideen vorenthalten. Dann dürfte es auch an der Zeit sein sich einen neuen Chef zu suchen.

Halten Sie eine Besprechung für zwei. Es hat keinen Sinn, um den heißen Brei herumzureden. Warum halten Sie nicht eine Besprechung mit Ihrem Chef und finden aus erster Hand heraus, was los ist? Natürlich sollten Sie versuchen so diplomatisch wie möglich vorzugehen, wenn Sie sich für diese Möglichkeit entscheiden. Sie können die Situation zum Beispiel entschärfen, indem Sie die Schuld auf sich nehmen und etwa sagen: „Chef, ich habe Sie offenbar verärgert, aber ich weiß nicht wie. Sie machen jeden meiner Vorschläge nieder. Könnten Sie mir auf die Sprünge helfen und mir sagen, was ich falsch mache?"

Klären Sie Ihre Möglichkeiten. Ihren Chef mag es zwar wenig scheren, ob Sie mit Ihrem Job zufrieden sind, aber vielleicht gelingt es Ihnen sich einen Überblick darüber zu verschaffen, was tatsächlich Sache ist. Appellieren Sie in einem schwachen Moment an sein Ego. Sagen Sie ihm, dass Sie seinen Rat schätzen, und bitten Sie um einige Tipps, wie Sie mehr aus Ihrem Job machen können. Sagen Sie ihm, dass Sie nach Möglichkeiten suchen, im Unternehmen voranzukommen, mehr Geld zu verdienen und eine Arbeit zu tun, die Sie mehr erfüllt. Vermeiden Sie es Forderungen zu stellen, und erwecken Sie nicht den Eindruck als würden Sie kündigen, wenn Sie das, was Sie wollen, nicht bekommen. Wenn Sie eine gänzlich negative Antwort ohne konstruktive Anregungen erhalten, wissen Sie zumindest, woran Sie sind. Es ist an der Zeit, sich einen neuen Chef zu suchen.

Wenn Sie gerne in dem Unternehmen arbeiten und dort bleiben möchten, halten Sie nach Versetzungsmöglichkeiten Ausschau. Wenn es keine brauchbaren Versetzungsmöglichkeiten gibt, müssen Sie sich unter Umständen nach einem neuen Unternehmen umsehen.

! Haben Sie sich die Menschen, die Sie kannten und die in die luftigen Höhen der obersten Führungsebene aufgestiegen sind, schon einmal genauer angesehen? Als Kollegen waren Sie offen und zugänglich, aber nach ihrem Aufstieg wurden sie unerträglich und sind nicht in der Lage zu delegieren oder zu kommunizieren. Wieso? Was macht Menschen zu unkontrollierbaren Idioten, sobald Sie eine Autoritätsposition innehaben? So sehr ihnen grundlegendes Wissen über Produktionssteigerung, Profit und Effizienz auch abgehen mag, die meisten von ihnen sind Experten darin, auf Dauer mehr Geld zu verdienen als Sie oder ich. Sie wissen, wie sie ihre Macht einsetzen müssen, damit die Leute für ihre persönlichen Ziele und die Ziele des Unternehmens arbeiten. Denken Sie also noch einmal darüber nach, ehe Sie den leitenden Angestellten, dessen Unterstützung Sie für Ihre Karriereziele brauchen, als Vollidioten abstempeln. Im Gegensatz zu Ihnen hat er eine gute Position, Macht und ein dickes Gehalt. Er kann also kein kompletter Blödmann sein. Vielleicht hat er ja mehr auf dem Kasten, als Sie ihm zutrauen.

Begegnungen mit Führungskräften

Es ist nicht ungewöhnlich, dass sich ein leitender Angestellter an Sie wendet und um eine inoffizielle Präsentation zu einem bestimmten Thema bittet, wenn er glaubt, Sie wüssten einiges darüber. In den meisten Fällen hat er vorher bereits mit Ihrem Chef gesprochen. Ein solches persönliches Gespräch gibt Ihnen Gelegenheit zu zeigen, was Sie aus einem Thema machen, das einen leitenden Angestellten interessiert, der Einfluss auf Ihre Beförderung haben könnte. Doch selbst wenn Sie der weltweit bekannteste Experte auf dem Gebiet sind, werden Sie keine Karrierepunkte sammeln, wenn Sie das Thema nicht so aufbereiten, dass es ihn interessiert. In der Tat könnte es Sie sogar einige Punkte kosten, wenn es ihnen nicht gelingt angemessene Motivationstechniken in Ihre Präsentation einzubauen. Die folgenden Dinge sollten Sie bei Begegnungen mit leitenden Angestellten beachten:

Der erste Eindruck. Der Eindruck, den ein leitender Angestellter in den ersten dreißig Sekunden von Ihnen gewinnt, basiert auf dem, was Sie sagen, auf Ihrer Mimik, Ihrer Gestik und Ihrer Stimme. Wenn ihm das, was er sieht, gefällt, haben Sie die Chance einen guten Eindruck zu machen. Ist der Eindruck negativ, sind Ihre Aussichten erheblich schlechter und Sie werden vermutlich keine zweite Chance bekommen. Wenn eine leitende Angestellte Ihnen höflich erklärt, sie müsse über Ihre Präsentation erst nachdenken und käme später auf Sie zurück, haben Sie sicher nicht den allerbesten Eindruck hinterlassen.

Erscheinungsbild. In persönlichen Begegnungen mit leitenden Angestellten spielt Ihr Aussehen eine wichtige Rolle. Es kann beeinflussen, wie der andere Sie wahrnimmt, und sogar darüber entscheiden, wie er sich Ihnen gegenüber verhält. Deshalb werden Menschen, deren Aussehen eine höhere gesellschaftliche Position vermuten lässt, auch erheblich besser behandelt als diejenigen, deren Erscheinung auf eine weniger gute Stellung schließen lässt. Das ist eine Tatsache, ob es Ihnen nun gefällt oder nicht, und die meisten leitenden Angestellten zählen sich nunmal zur besseren Gesellschaft.

Körpersprache. In persönlichen Begegnungen sind Körpersprache und Mimik von großer Bedeutung. Ein leitender Angestellter muss zuerst den Eindruck gewinnen, dass der Mensch, den er vor sich hat, dem Unternehmen und der Sache gegenüber unbedingt loyal ist. Erst dann wird er glauben, was Sie sagen. Die nonverbale Kommunikation von der Mimik bis zur Körpersprache dient ihm dazu, Ihren Wert zu ermitteln. Gewöhnlich verlässt sich der andere umso mehr auf diese Signale, je widersprüchlicher Sie sich ausdrücken, da die Körpersprache die Unterschiede zwischen Menschen mit viel und Menschen mit wenig Macht am deutlichsten offenbart. Und Sie möchten vermutlich als mächtige Person gesehen werden.

Strategische Treffen mit Entscheidungsträgern sind eines der mächtigsten Werkzeuge, die Ihnen zur Verfügung stehen. Hier ist ein Beispiel, wie Sie ein Treffen mit einem wichtigen leitenden Angestellten einfädeln.

Angenommen Sie haben eine geniale Idee, die Ihr Unternehmen in die Liste der Fortune-500-Unternehmen katapultieren könnte, wenn sie umgesetzt würde. Sie wissen, dass Sie der Einzige sind, der diese Idee erfolgreich verwirklichen kann, und die Macht, diese Idee zu befürworten, liegt bei einer einzigen leitenden Angestellten. Wie schaffen Sie es, ein Treffen mit ihr zu arrangieren und sie von Ihrer Idee zu begeistern?

Angenommen Sie besuchen das Fest, mit dem das Unternehmen den Abschluss eines Rechnungsjahres mit Rekordumsätzen und -gewinnen feiert. Das ist eine erstklassige Gelegenheit sich mit Haley Williams, der neuen Bereichsleiterin, bekannt zu machen. Sie wissen aus zuverlässiger Quelle, dass sie bereits angefangen hat sich nach einem Vizepräsidenten umzusehen. Warum nutzen Sie den Augenblick nicht, um zu sehen, ob Sie eine Chance bekommen sich der Herausforderung erfolgreich zu stellen? Gehen Sie einfach zu Haley hinüber, stellen Sie sich vor und beginnen Sie eine Unterhaltung, die einen bleibenden guten Eindruck bei ihr hinterlässt.

Souverän vor Gruppen sprechen

Wenn Sie vor einer Gruppe leitender Angestellter stehen und in Kürze eine Präsentation halten müssen, ist es absolut entscheidend, dass Sie von der ersten Minute an einen positiven Eindruck machen. Je mehr Sie über den kulturellen Hintergrund und die Persönlichkeiten der Einzelnen wissen, desto genauer können Sie Ihre Präsentation darauf zuschneiden, einen guten ersten Eindruck zu machen und zu hinterlassen. Es ist mir klar, wie unwahrscheinlich es ist, dass alle Mitglieder der Gruppe eine ähnliche Persönlichkeitsstruktur haben, doch Ihr Erfolg hängt davon ab, ob es Ihnen gelingt, das vor der Sitzung festzustellen, damit Sie Ihre Präsentation entsprechend strukturieren können.

Angenommen Sie gehen in der Vorstandsetage den Flur entlang und fahren zusammen, weil sich plötzlich eine Tür öffnet. Jerry, Ihr Chef, baut sich vor Ihnen auf und sagt: „Schnell, kommen Sie rein. Sie müssen dem Aufsichtsrat alles erzählen, was Sie über das Peabody-Projekt wissen. Sie denken, wir haben die Kontrolle verloren, und wenn Sie sie nicht vom Gegenteil überzeugen, bin ich dran." Bevor Sie einen Ton sagen können, packt Jerry Sie am Arm und Sie stehen am Kopfende des Konferenztischs vor dem zwölfköpfigen Aufsichtsrat. Während Jerry Sie vorstellt, verschaffen Sie sich einen schnellen Überblick über die Gruppe, um herauszufinden wie Sie Ihre Präsentation aufbauen wollen. Die folgenden Tipps sollen Ihnen den Anfang erleichtern:

Fesseln Sie ihre Aufmerksamkeit. Um die Aufmerksamkeit einer Gruppe zu gewinnen, müssen Sie Ihrem Publikum zu Beginn der Präsentation einen Überblick über das Projekt verschaffen.

Sie hatten keine Zeit Grafiken vorzubereiten, also nutzen Sie die Tafel, um mit Hilfe von Schlüsselelementen den Projektstand zusammenzufassen. Vielleicht vergleichen Sie den Kostenvoranschlag mit den tatsächlichen Kosten und nennen die Gründe, warum diese darüber oder darunter liegen.

Seien Sie stimmig. Denken Sie daran: Je besser das, was Sie sagen, mit der Art, wie Sie es sagen, übereinstimmt, desto besser ist auch der erste Eindruck, den Sie hinterlassen. Diese Stimmigkeit erstreckt sich auf alle drei Kommunikationskanäle: Körpersprache, Stimme und Wortwahl. Wenn Sie wichtige Zahlen vorlegen und dabei lächeln, vermitteln Sie nicht konsequent, wie wichtig Ihre Botschaft ist. Für ernstere Präsentationen ist ein ernsterer Gesichtsausdruck vonnöten. Sie müssen immer wissen, was Ihr Gesicht sagt. Ihr Gesicht ist das nonverbale Kommunikationsmittel, das Sie am leichtesten beeinflussen können, und das, aus dem die leitenden Angestellten auf Ihre Grundhaltung schließen.

Sehen Sie ihnen ins Auge. Machen Sie kontrollierte Bewegungen und gestikulieren Sie immer zu den leitenden Angestellten hin. Vermeiden Sie krampfhafte oder schnelle Gesten und spielen Sie niemals mit Münzen, Armbändern, einem Stift, der Krawatte oder anderen Dingen. Es lenkt die Aufmerksamkeit von Ihrer Präsentation ab.

Lächeln und Nicken sind die beiden mächtigsten nonverbalen Zeichen, die Sie bei Ihrem Vortrag vor den leitenden Angestellten setzen können. Stellen Sie zu Beginn direkten Augenkontakt her und nutzen Sie ihn als Bezugspunkt, um Ihre Präsentation weiter anzupassen. Wenn Ihnen direkter Blickkontakt unangenehm ist, sehen Sie auf die Stirn eines Menschen. Wenn der andere etwas weiter weg ist, merkt er nicht, dass Sie direkten Blickkontakt vermeiden.

So bremsen Sie die Feuerwehr

„Feuerwehrmänner“ lieben Krisen. Es genügt ihnen nicht, lediglich alles unter Kontrolle zu haben. Sie sind stets auf der Suche nach neuen Katastrophen. Wenn weit und breit alles ruhig ist, graben sie ein paar unwichtige Probleme aus und blasen sie zu kolossalen Proportionen auf, so dass sie ihre Mannschaft um sich scharen und das Desaster verhindern können, das ihrer Meinung nach eintritt, wenn nicht sofort gehandelt wird.

Feuerwehrmänner haben kein Gespür für Geschäftspolitik und wissen nicht, wie man Prioritäten setzt. Infolgedessen verlangen sie zu viel von ihren Leuten und erwarten, dass die angebliche Krise diese ebenso motiviert wie sie selbst. Sie treiben ihre Leute in den Wahnsinn, weil sie ihnen ständig neue Aufgaben zuteilen und sich immer neue Krisenprojekte ausdenken. Als Manager sind Feuerwehrmänner nicht in der Lage etwas zu verwalten oder zu planen. Bei der

Krisenbekämpfung machen sie vor nichts Halt, und weil sie einen Hang zu Extremen haben, können die Fehler, die sie machen, gewaltige Ausmaße erreichen.

Die meisten Feuerwehrmänner sind süchtig nach Macht. Sie brauchen dieses Gefühl. Je mehr Macht sie haben, desto mehr wollen sie. Diese Egomanen haben nur ein Ziel: das Wachstum ihres persönlichen Imperiums. Alles andere ist ihnen egal. Sie stehen unter dem Zwang alles und jeden in ihrer Nähe zu kontrollieren, müssen immer das letzte Wort haben und bei jedem Thema, wie unwichtig es auch sein mag, die oberste Autorität sein. Sie sind mehr daran interessiert Leute herumzukommandieren als ein Projekt voranzubringen. Sollten Sie einem Feuerwehrmann im Weg stehen, wird er seine gesamte Energie darauf konzentrieren sie loszuwerden, selbst wenn Sie im Recht sind und er im Unrecht ist. Stellen Sie sich einem Feuerwehrmann also niemals in den Weg und verschwenden Sie keinen Gedanken daran, er könne Ihnen bei Ihrer Beförderung helfen. Er wird es nicht tun, denn in seinen Augen schwächt jeder, der sein Unternehmen verlässt, die Basis seiner Macht.

Viele Feuerwehrmänner sind gleichzeitig gute Schauspieler. Sie sind die Politiker der Geschäftswelt. Wenn Sie ihr Ziel nicht mit Gewalt erreichen, greifen sie zu Lügen und Tricks. Diese Chefs versprechen Ihnen das Blaue vom Himmel und speisen Sie dann mit ein paar Informationsbrocken und weiteren Versprechungen ab. Sie schenken Ihnen Werbe-T-Shirts des Unternehmens, laden Sie zum Mittagessen ein und schreiben Ihnen E-Mail-Einzeiler, wie toll Sie sind. Ein guter Schauspieler legt den Arm um Sie und erzählt Ihnen, dass Sie es weit bringen werden, wenn Sie seine Anweisungen befolgen. Unterdessen greift er mit der anderen Hand in Ihre Taschen und stiehlt Ihre Ideen. Wie sehr er auch betont, dass er Ihre Arbeit schätzt: Wenn es ihm nützt, erzählt er seinem Chef, Sie seien an dem gegenwärtigen Problem schuld.

Um welchen Typus von Feuerwehrmann es sich bei Ihrem Chef handelt, ist unerheblich. Jede Art von Feuerwehrmann verursacht Probleme. Er hat keinerlei Interesse an Ihren beruflichen Zielen und kann Ihren Bemühungen um eine Beförderung sogar schaden, wenn er sich einen persönlichen Vorteil davon verspricht. Was können Sie tun, wenn Sie das Pech haben, für einen Feuerwehrmann zu arbeiten? Wenn Sie sich nicht gerade einen neuen Chef suchen möchten, haben Sie kaum Einfluss auf die Situation. Verhalten Sie sich unauffällig, schmeicheln Sie seinem Ego und hoffen Sie, dass er so bald wie möglich durch jemand anderen ersetzt wird.

Konfliktmanagement

Konflikte sind das Ergebnis von Meinungsverschiedenheiten, Auseinandersetzungen oder persönlichen Animositäten zwischen zwei oder mehr Menschen. Schon das Wort deutet auf eine ernste Angelegenheit hin, die so gut es geht vermieden werden sollte. Jeder weiß aus Erfahrung, dass Konflikte Beziehungen stören, unangenehm und kontraproduktiv sind, und den Bemühungen um eine Beförderung erheblichen Schaden zufügen können. Aus einem Konflikt geht niemand als strahlender Sieger hervor. Leider sind Konflikte unweigerlich Teil menschlicher Beziehungen. Um so wenig wie möglich Angriffsfläche zu bieten und Konflikte soweit in Schach zu halten, dass sie so wenig wie möglich Schaden anrichten, können Sie Folgendes tun:

Hören Sie zu. Wenn man einem Menschen ein paar Minuten zuhört, wirkt das meist Wunder, um eine brenzlige Situation zu entschärfen. Gestatten Sie dem anderen seine Gefühle offen zum Ausdruck zu bringen, selbst wenn Sie anderer Meinung sind. Versuchen Sie den Konflikt zu lösen, indem Sie auf die Gefühle der anderen eingehen. Legen Sie so viele Konflikte wie möglich auf der Stelle bei.

Üben Sie Selbstbeherrschung. Auseinandersetzungen beginnen in der Regel mit Worten, die den anderen direkt angreifen. Sätze wie: „Du hast das getan …“ oder „Sie sind dafür verantwortlich …“ lösen gewöhnlich eine hitzige Debatte aus, die schnell zum Konflikt eskalieren kann. Wenn jemand Sie verbal angreift, können Sie der Situation meist schon dadurch den Stachel nehmen, dass Sie mit Sätzen wie: „Es tut mir Leid, dass Sie diesen Eindruck bekommen haben. Können wir darüber sprechen?“ oder „Ich respektiere Ihre Meinung, aber wir sollten uns die Sache noch einmal ansehen …“ reagieren. Wenn der Angriff im Beisein anderer stattfindet, sollten Sie alles tun, um sich unter Kontrolle zu halten. Bieten Sie dem anderen an, in Ihrem Büro über das zu sprechen, was ihn stört. Wenn er Ihr Angebot ablehnt und Sie weiterhin angreift, sollten Sie sich lieber umdrehen und gehen, als sich im Beisein anderer in eine Auseinandersetzung verwickeln zu lassen.

„Ich gewinne, Du verlierst.“ Diese Situation haben wir gewöhnlich dann, wenn es sich um Meinungsverschiedenheiten zwischen einem Vorgesetzten und seinem Untergebenen handelt. In der einfachsten Form sähe das so aus, dass ein Untergebener seinen Vorgesetzten anspricht: „Ich möchte das und das tun …“ Der Vorgesetzte sagt: „Nein, das geht nicht“, und der Konflikt ist vorbei. Der Untergebene verliert, der Vorgesetzte gewinnt. Aber hat er wirklich gewonnen? Er ließ zu, dass Animositäten entstehen, die sich später einmal gegen ihn richten könnten. Erklären Sie zumindest, warum sie „Nein“ sagen, dann wirkt Ihre

Ablehung weniger grob. Wenn der andere weiß, warum Sie „Nein“ sagen, wird er Ihre Antwort vermutlich eher akzeptieren, selbst wenn er Ihre Gründe nicht nachvollziehen kann.

Jeder gewinnt. Die Alternative zu einer Lösung, bei der einer gewinnt und der andere verliert, ist, dass beide gewinnen. Dabei handelt es sich um einen Ansatz zur Konfliktlösung, bei dem das Ende offen ist und deshalb keine der beteiligten Parteien wissen kann, wie die Lösung aussehen wird. Sie können mit einer Aussage wie: „Stecken wir doch die Köpfe zusammen. Vielleicht finden wir dann eine Lösung, mit der uns beiden gedient ist.“ zu einem solchen Ansatz überleiten. Der Nachteil bei dieser Methode ist, dass beide Parteien zu Zugeständnissen bereit sein müssen. Der Vorteil liegt darin, dass dieser Ansatz die erfolgreiche Beilegung von Meinungsverschiedenheiten erleichtert, aus denen ein Konflikt hätte entstehen können.

Manche Menschen glauben, ihre Macht ausspielen zu müssen, um so ihren Einfluss auf andere zu vergrößern und ihre Eignung für eine höhere Position im Unternehmen unter Beweis zu stellen. Sie vergessen schnell die eigenen schlechten Erfahrungen, als andere Macht über sie ausübten.

! Je mehr Sie Ihre Untergebenen mit Macht manipulieren, desto weniger Einfluss haben Sie auf sie und desto geringer sind auch Ihre Chancen auf eine Beförderung.

Begrüßen Sie alle neuen Ideen

James war früher Generaldirektor eines mittelgroßen Produktionsbetriebs und ist in seinem Ruhestand voller Bitterkeit. Ich war ihm zum ersten Mal in seinem spektakulären Büro begegnet, als er noch Generaldirektor war. Er machte einen aufgeblasenen Eindruck und es schien, als genieße er es, der Hecht im Karpfenteich zu sein. Ich war fünf Minuten zu früh dran und blätterte das Firmenmagazin durch, als ich bemerkte, dass sich der Leitartikel fast ausschließlich um ihn drehte.

Der Artikel beschrieb ihn auf beinahe messianische Art und lobte seinen Managementstil. Dem Artikel zufolge zeichnete er sich durch seinen Scharfsinn, seine rauhe Schale und seine direkte Art aus. Dem Artikel entnahm ich, dass er ein Gespräch über einen neuen Vorschlag am liebsten mit dem Satz begann: „Nun, dann wollen wir Ihre Idee mal auseinander nehmen.“ Als ich ihm ein paar Minuten später meinen Vorschlag unterbreiten wollte, benutzte er genau diese Worte: „Dann wollen wir die Sache mal auseinander nehmen.“

Ich glaube, dass sich eine möglicherweise gute Idee nur dann entwickeln kann, wenn man offen darüber spricht. Zudem kommen nur auf neutralem Boden sinnvolle Diskussionen zustande. Meine Ablehnung in den Verhandlungen mit James beruhte darauf, dass es ihm soviel Freude bereitete, Ideen auseinander zu nehmen, statt die Vor- und Nachteile eines jeden Vorschlags objektiv zu erörtern. Das Gespräch, bei dem er mich in die Mangel nahm, endete damit, dass er die wirklich guten Ideen gar nicht erst zu hören bekam, weil die Kommunikation vollkommen einseitig war und James sowohl die Rolle des Richters, als auch die der Geschworenen spielte. Ich glaube, er genoss es, dass alle Leute ihm voller Angst gegenüber traten. Später fand ich heraus, warum er so bitter geworden war. Ohne sein Wissen hatte sich die gesamtes Führungsetage mit dem Aufsichtsrat getroffen und seinen Rücktritt gefordert. Der Forderung wurde noch am selben Tag entsprochen.

Lernen Sie „Ja" zu sagen

Wer eine Entscheidung trifft, wird verwundbar. Das liegt daran, weil eine positive Entscheidung deutlich verkündet, dass jemand die Initiative ergriffen hat. Außenstehende meinen dann sich ein Urteil über die Qualität dieser Entscheidung erlauben zu können. Aus diesem Grund gewöhnen wir uns an, Entscheidungen aus dem Weg zu gehen, und hoffen, die schwierigen Probleme würden sich schon von alleine lösen. Leider passiert das nur selten und die Betreffenden bekommen von den Außenstehenden erst recht eins auf die Mütze, eben weil sie keine Entscheidung getroffen haben.

Ein „Ja" birgt gewöhnlich ein größeres Risiko als ein „Nein", weil es die Umsetzung eines Vorhabens nach sich zieht. Und wie wir alle wissen, kann dabei einiges schief gehen. Selbst wenn das „Ja" ursprünglich die richtige Entscheidung war, wird der Entscheidungsträger für Fehler bei der Umsetzung verantwortlich gemacht. Warum gehen wir dann nicht auf Nummer sicher und sagen nur noch „Nein"?

Wenn wir „Nein" sagen, um ja keinen Fehler zu machen, schützt uns das nicht davor, kritisiert zu werden. Früher war es möglich, mit dieser Art zu denken die Karriereleiter hinaufzurutschen. Damals beherrschte die „Ertrag-auf-die-Aktiva"-Philosophie die Entscheidungsprozesse vieler leitender Angestellter, die nicht bereit waren „Ja" zu langfristigen Unternehmungen zu sagen, die für das Überleben ihrer Firmen entscheidend gewesen wären.

Jedes größere Unternehmen konnte nur deshalb so groß werden, weil sich die Gründer mit einem überwältigenden „Ja" für neue Vorschläge entschieden. Sie glaubten trotz der bescheidenen Chancen daran, dass ihre Produkte und Dienstleistungen überleben würden, wenn sie sich nur für wohl durchdachte Ideen entscheiden würden. Wenn man in Ihrem Unternehmen verlernt hat „Ja“ zu sagen, ist es entweder bereits in Schwierigkeiten oder wird bald in Schwierigkeiten stecken. Wenn Sie nicht wissen, wie man „Ja“ sagt, stecken Sie in Schwierigkeiten. Ein „Ja“ ist eine feste Zusage. Feste Zusagen erfordern Zeit, Mühe, Personal und Geld. Sie sind das Herzstück jedes großen Unternehmens. Dafür werden Sie bezahlt, je weiter Sie die Karriereleiter hinaufklettern. Wenn Sie nicht bereit sind „Ja“ zu sagen, können Sie sich gleich von Ihren Karriereplänen verabschieden.

Schreiben Sie fünf wichtige Entscheidungen auf, die Sie im letzten Jahr getroffen haben. Wie viele davon waren „Ja“-Entscheidungen? Wenn Sie sich seltener als dreimal mit „Ja“ entschieden haben, vermeiden Sie es vermutlich „Ja“ zu sagen. Welche wichtigen Entscheidungen müssen Sie im Augenblick treffen? Welche verdienen ein „Ja“?

Stehen Sie zu unbequemen Entscheidungen

Ich war einmal Mitglied in einem Komitee einer gemeinnützigen Organisation, die verzweifelt nach einem Ersatz für den Generaldirektor suchte, der nach 25 überaus erfolgreichen Jahren in den Ruhestand gegangen war. Der Aufsichtsrat wusste, dass es schwer werden würde einen vergleichbaren Nachfolger zu finden, und bat mich auf Grund meiner Erfahrung bei der Besetzung ähnlicher Posten um Hilfe. Die Suche dauerte länger als gedacht. Ein halbes Jahr später hatten wir den perfekten Kandidaten noch immer nicht gefunden. Die Stelle galt als attraktiv, und wir wurden mit Bewerbungen überschüttet. Jede zweite Woche trafen wir uns für ein paar Stunden zu Bewerbungsgesprächen mit den Kandidaten und um über die geeigneten Kandidaten zu sprechen.

Schließlich kristallisierten sich fünf Kandidaten heraus, einer davon war der Favorit. Mit Ausnahme von mir waren alle Mitglieder des Komitees für den Favoriten. Schließlich hatte er einiges vorzuweisen und war von angesehenen Mitarbeitern der Organisation wärmstens empfohlen worden. Doch die Art, wie jemand seine Bewerbung formuliert und wie er im Gespräch reagiert, sagt sehr viel über ihn aus. Ich mochte weder die übertriebene Eitelkeit in seiner Bewerbung noch, dass er Augenkontakt vermied, als ich ihm beim Vorstellungsgespräch schwierige Fragen stellte.

Anfangs behielt ich meine Bedenken für mich und hoffte, der Favorit würde ohne mein Zutun straucheln. Schließlich war das Feld auf zwei Kandidaten geschrumpft. Auch der Favorit, der nichts getan hatte, was mein erstes Urteil über ihn gemildert hätte, war in der engeren Auswahl. Ich brach also mein Schweigen und schockierte die Mitglieder des Komitees mit meiner Aussage, dass ihre erste Wahl meiner Ansicht nach nicht optimal sei. Ich kann Ihnen versichern, dass der Wind, der mir daraufhin ins Gesicht blies, Orkanstärke hatte.

Es wurden noch einmal Vorstellungsgespräche mit beiden Kandidaten geführt, und zum Glück verblassten Charme und Charisma des Favoriten, als er auf die Probe gestellt wurde. Die Stelle wurde der zweitplatzierten Kandidatin angeboten. Sie ist immer noch bei der Organisation und leistet hervorragende Arbeit. Die Mitgliederzahlen steigen und das Angebot ist sehr viel besser geworden.

Als ich meine Bedenken, was den Favoriten anging, zum ersten Mal äußerte, brachte ich alle gegen mich auf. Nach dem zweiten Vorstellungsgespräch hatte ich einige Verbündete gewonnen. Als die Suche vorbei war, waren alle Mitglieder des Komitees zu meinen Freunden geworden. Ich bin froh, dass ich zu meiner unbequemen Meinung gestanden habe. Wenn die Zeit reif ist und Sie alle Fakten überprüft haben, beziehen Sie Position – selbst wenn das bedeutet, dass Sie gegen den Strom schwimmen. Das ist das Zeichen wahrer Führungsstärke. Ihr Mut wird bei denjenigen, die für Ihre Beförderung verantwortlich sind, nicht unbemerkt bleiben.

Wie man mit Fehlschlägen umgeht

Versagen ist eines der härtesten Worte in unserer Sprache. Der bloße Klang genügt, um uns in die Magengrube zu fahren. Wenn wir mit einem wichtigen Vorhaben Schiffbruch erleiden, versuchen wir meist Abstand zu gewinnen und uns von unserem Fehlschlag zu distanzieren. Mit Versagen in Verbindung gebracht zu werden ist oft so schmerzhaft, dass die Menschen ihre Misserfolge auf alles Mögliche schieben und nicht in Betracht ziehen, dass sie selbst auch einen Beitrag dazu geleistet haben. Doch wenn Sie es sich zur Gewohnheit machen sich von Fehlschlägen freizusprechen, für die Sie verantwortlich waren, kann Ihnen derselbe Fehler umso leichter ein weiteres Mal unterlaufen.

Jeder weiß, wie leicht man in das „Die-anderen-sind-schuld"-Fahrwasser gerät. Ein solches Verhalten fordert aber genau die Neuauflage der Niederlage heraus, die Sie eigentlich vermeiden möchten. Wie oft haben Sie diese Ausreden schon gehört: „Es war ein Computerfehler." oder „Man hat nicht auf mich gehört.“? Diese menschliche Verhaltensweise führt oft zu Selbsttäuschung und verhindert, dass wir aus unseren Fehlern lernen oder überhaupt Entscheidungen treffen. Sie laufen Gefahr zu werden wie der Mann, der nie einen Fehler beging, weil er nie eine Entscheidung traf.

Ein Teil unserer Probleme beim Akzeptieren von Niederlagen entsteht dadurch, dass wir uns weigern, die positive Seite von Fehlschlägen zu erkennen. In unserem tief verwurzelten Bestreben, so viel Abstand wie möglich zu einem Misserfolg zu gewinnen, lassen wir außer Acht, dass er zu unserem Selbstvertrauen beitragen könnte. Sie müssen eine Niederlage zu Boden ringen, bevor sie für Sie greifbar wird. Wenn Sie nicht davonlaufen, werden Sie irgendwann die Kontrolle über die Niederlage gewinnen, statt weiter von ihr beherrscht zu werden. Sehen sie Misserfolge als Herausforderung und machen Sie eine genaue Autopsie, damit Sie aus Ihren Fehlern lernen. Dabei werden Sie lernen, in Zukunft Entscheidungen mit noch höheren Einsätzen und einer größeren Chance auf Erfolg treffen.

Wenn es Ihnen nicht gelingt mit Ihren Niederlagen zu leben und daraus zu lernen, beschneiden Sie Ihre Chancen auf eine Beförderung ganz erheblich.

Denken Sie an einen Misserfolg, den Sie vor kurzem hatten, den Sie sich aber nicht eingestehen wollten. Sagen Sie sich 20 Mal: „Ich habe einen Fehler gemacht“, oder wiederholen Sie den Satz so lange, bis er in Ihr Bewusstsein einsinkt. Zwingen Sie die Niederlage in die Knie, zücken Sie Ihr Skalpell und sezieren Sie sie. Was ist passiert und was haben Sie daraus gelernt? Wenn Sie erst wissen, wie man sich eine Niederlage eingesteht, werden Sie schnell feststellen, dass die Welt nicht zusammenbricht, nur weil Sie einmal keinen Erfolg hatten. Dann können Sie sich wieder Ihrer Aufgabe widmen befördert zu werden.

Hasta la vista, Terminator

Jeder, der aus einem x-beliebigen Grund möchte, dass Sie Ihren Job verlieren, ist ein Terminator. Wenn ein Terminator Sie im Visier hat und Sie nicht richtig reagieren, werden Sie unsanft aus Ihren Karriereträumen gerissen. Geben Sie sich keinen Illusionen hin: Jeder wird im Laufe seiner Karriere mehrmals von einem Terminator ins Visier genommen. Ein Terminator, der es auf Sie abgesehen hat, wird seine ganze Aggressivität einsetzen und all seinen Einfluss geltend machen, damit Sie entweder degradiert oder gefeuert werden.

Vor einigen Jahren arbeitete ich für einen Volltrottel von einem Vizepräsidenten. Ich muss vermutlich nicht erwähnen, dass der Generaldirektor fünf Monate brauchte, um herauszufinden, was ich bereits wusste, und diesen Kerl zu meiner Erleichterung feuerte. Dann sorgte er für Ersatz und rekrutierte einen neuen Vizepräsidenten aus den Reihen eines wachsenden Geschäftsbereichs. Die erste Sitzung in der Vorstandsetage werde ich niemals vergessen. Herein spazierte der neue Vizepräsident (Steve), ein kleiner, untersetzter Mann mit einer gewissen Ähnlichkeit mit Napoleon, seinen Schützling, einen jungen Burschen (Mike), im Schlepptau. Als Steve zum Podium schritt, um uns von seinen großartigen Leistungen zu erzählen, streute Mike – ich schwöre es – Rosenblätter vor ihn hin.

Steve machte uns klar, dass seine Art die Dinge zu regeln, die einzig richtige war. Er stellte Mike als seine rechte Hand vor, der ihn bei der Umsetzung seiner Vorhaben unterstützen würde. Mike war Steves Terminator. In diesem Augenblick war mir klar, dass unser Generaldirektor in seiner unendlichen Weisheit einen weiteren Idioten zum Vizepräsidenten gemacht hatte, der sich ebenfalls nicht lange halten würde. Ich wusste auch, dass er und sein Terminator eine Gefahr für meine Aufstiegspläne darstellen.

Im Interesse Ihres Überlebens werde ich Ihnen meine Taktik verraten:

Im Visier. Weichen Sie nicht zurück und behalten Sie Ihren Standpunkt bei. Alles andere wäre ein Zeichen von Schwäche, auf das ein Terminator nur wartet, um wie ein Vampir seine Zähne in Sie zu schlagen. Verteidigen Sie sich nicht, greifen Sie aber auch nicht an. Sagen Sie klar, wo Sie stehen, und starren Sie den Möchtegern-Terminator nieder. Wenn der Betreffende die Gegenposition einnimmt, sagen Sie nichts, es sei denn, Sie werden nach Ihrer Meinung gefragt. Wenn der Terminator Sie fragt, was sie von seiner Position halten, sagen Sie einfach: „Sie haben natürlich ein Recht auf Ihre Meinung." Es fällt einem Terminator sehr schwer effektiv zu reagieren, wenn man ihn wie einen Gleichgestellten behandelt.

Unter Beschuss. Wenn ein Terminator seine Chance sieht, wird er zu den Waffen greifen und aus allen Rohren feuern. Sie sind z. B. in einer Besprechung und haben eine wichtige Präsentation, fällt er Ihnen ins Wort und verkündet jedem in Rufweite: „Das kann ja gar nicht funktionieren." Versuchen Sie niemals, einen angreifenden Terminator zu übertrumpfen, und was immer Sie tun, beherrschen Sie Ihren Zorn. Lassen Sie die Wut des Terminators ins Publikum fließen, indem Sie sagen: „Mike, warum hören Sie sich nicht erst den ganzen Vortrag an, bevor Sie Ihr abschließendes Urteil fällen?"

Neutralisieren Sie die Gegenposition. Eine der besten Möglichkeiten einen Terminator unschädlich zu machen ist, sein dominantes Ego gegen ihn auszuspielen. Angenommen Sie halten einen Vortrag. Am Ende Ihrer Präsentation sagen Sie: „Mike möchte Ihnen noch etwas zum Inhalt meines Vortrags sagen.“ Damit haben Sie allen deutlich gezeigt, dass Sie ein Teamarbeiter sind und Wert auf Mikes Meinung legen, selbst wenn das in Wirklichkeit nicht der Fall ist. Wenn er jetzt aufsteht und Ihre Präsentation verreißt, stempelt er sich selbst zum Außenseiter ab.

Machen Sie ein Friedensangebot. Immer wenn ein Terminator Sie im Visier hat, sind Sie in der Defensive, ob Sie wollen oder nicht. Vergessen Sie niemals, dass der Terminator scheinbar die Autorität hat, Ihre Position auszuhebeln. Selbst wenn er nicht über diese Macht verfügt, kann er Ihrer Karriere einen nicht wieder gutzumachenden Schaden zufügen. Schlagen Sie einem solchen Menschen also niemals die Tür vor der Nase zu, wenn Sie es vermeiden können. Selbst wenn seine Angriffe unbegründet sind, geben Sie ihm immer Gelegenheit zum Rückzug. Wenn Sie zu einer friedlichen Einigung mit einem Terminator gelangen, haben Sie gewonnen. Mit der Zeit wird er feststellen, dass Sie eine viel zu harte Nuss sind, sich ein anderes potenzielles Opfer suchen und Sie in Ruhe lassen.

Der große Humorist James Thurber sagte einmal: „Zu zögern kann manchmal die Rettung sein, doch meist ist es der Untergang.“ Suchen Sie energisch nach dem besten Weg befördert zu werden. Wenn sich Ihnen jemand in den Weg stellt, schieben Sie ihn höflich zur Seite. Wenn er sich wehrt, gehen Sie einfach durch ihn hindurch!

Zielen Sie auf Heckenschützen

Heckenschützen verstecken sich bekanntlich in den dunklen Gassen der Geschäftswelt. Wenn Sie es am wenigsten erwarten, springen sie aus ihrem Versteck und tun alles, um Sie zu bloßzustellen oder zu demütigen. Jeder, der mit ihnen spricht, bekommt sarkastische Bemerkungen über Sie zu hören. Die Heckenschützen der Arbeitswelt sind meist Hasenfüße und geben ihre negativen Kommentare nur hinter Ihrem Rücken ab. Wenn man ihnen allerdings keinen Einhalt gebietet, stiften sie oft andere dazu an, Ihre Beförderungsaussichten ebenfalls zu untergraben.

Eine gute Freundin erzählte mir eine typische Geschichte von einem Heckenschützen und wie sie das Problem aus der Welt geschafft hat: Eine Woche nach ihrer Beförderung zur Hauptabteilungsleiterin ging Susan den Flur entlang, als sie sah, dass Dan, einer ihrer Untergebenen, beim Wasserspender mit ein paar anderen Angestellten sprach. Sie lachten und hatten jede Menge Spaß, als Dan mit den Armen gestikulierte und etwas erzählte, das Susan für einen wirklich guten Witz hielt. Als sie sich der Gruppe näherte, verstummte das Gelächter, und da Dan sie nicht sehen konnte, weil er in die andere Richtung blickte, hörte sie ihn sagen: „Tja, unsere neue Hauptabteilungsleiterin ist halt nicht die Hellste.“ Als Susan sich mit argloser Miene vorbeugte, um sich ein Glas Wasser einzuschenken, löste sich die Gruppe in Windeseile auf.

Susan erzählte mir: „Wenn Sie es je mit einem Heckenschützen zu tun bekommen, müssen Sie verhindern, dass er heimlich über Sie herzieht. Weil er seine vermeintliche Macht aus verstohlenen, nicht aus offenen Aktionen bezieht, wird ihm die Angst vor Vergeltung Einhalt gebieten, wenn er erst einmal entlarvt wurde. Seien Sie direkt und greifen Sie energisch durch.“

Finden Sie ihn. In unserem Beispiel entdeckte Susan durch Zufall, dass Dan ein Heckenschütze war, als sie sich ein Glas Wasser holte. Sie hatte Glück, denn die meisten Heckenschützen halten ihre Attacken geheim. Unter Umständen müssen sie auf Ihr Netzwerk aus Freunden und Kollegen vertrauen, um einen Heckenschützen ausfindig zu machen. Solange Sie nicht wissen, wo der Feind steckt, können Sie ihn nicht bekämpfen.

Stellen Sie ihn zur Rede. Alle Heckenschützen fürchten sich davor, von demjenigen, über den sie herziehen, zur Rede gestellt zu werden. Denken Sie daran, es handelt sich um Hasenfüße allererster Güte. Eine der besten Möglichkeiten, einen Heckenschützen zur Rede zu stellen ist, ihn in Ihr Büro zu rufen und mit einem unschuldigen und neutralen Gesichtsausdruck zu fragen: „Warum sagen Sie hinter meinem Rücken solche Dinge über mich? Habe ich Sie irgendwie beleidigt?“ Dann lehnen Sie sich zurück und warten die Reaktion ab. Warten Sie schweigend, bis er den Mut aufbringt etwas zu erwidern, und wenn es fünf Minuten dauern sollte. Wenn er sagt: „Es war doch nur ein Scherz“, kontern Sie mit einer weiteren Frage wie: „Inwiefern halten Sie das für lustig?“ Mit prüfenden Fragen werden Sie auch den letzten Rest von Widerstand brechen.

Eliminieren Sie ihn. Wenn Sie einen Heckenschützen zur Rede stellen und er Sie mit weiteren Vorwürfen überhäuft, haben Sie zwei Möglichkeiten die Situation zu bereinigen. Zuerst müssen Sie sich darüber klar werden, ob es sich lohnt herauszufinden, was Sie beruflich oder privat getan haben könnten, um diese Attacken auszulösen. Möglicherweise steckt ja ein Körnchen Wahrheit darin und Sie waren sich dessen überhaupt nicht bewusst. Dann können Sie sofort etwas unternehmen, um die Sache in Ordnung zu bringen. Wenn die Anschuldigungen andererseits jeglicher Grundlage entbehren, müssen sie möglicherweise den zweiten Weg wählen und zum Terminator werden. Wenn der Heckenschütze einer Ihrer direkten Untergebenen ist, schicken Sie ihm eine offizielle Abmahnung wegen Insubordination und machen Sie ihm klar, dass er entlassen wird, wenn es noch einmal vorkommt. Wenn er Ihnen nicht direkt unterstellt ist, setzen Sie seinen Chef von dem Vorfall in Kenntnis. Seien Sie bereit, das Problem so schwer wiegend wie nötig hinzustellen, um einen Heckenschützen loszuwerden.

Manchmal lässt sich das Problem mit einem Heckenschützen vernünftig in den Griff bekommen, wenn man die Initiative ergreift und sich mit ihm trifft. Wann immer möglich sollten Sie sich mit ihm auseinander setzen, um herauszufinden, wie Sie dazu beitragen können, dass es nicht noch einmal vorkommt. Auf diese Weise demonstrieren Sie wahre Führungsqualitäten. Erklären Sie ihrem „Freund“, er möge sich das nächste Mal, wenn er ein Problem mit Ihnen hat, gleich an Sie wenden, damit Sie eine Möglichkeit haben, sich damit auseinander zu setzen.

Vorsicht, Besserwisser!

Sicher haben Sie schon erlebt, wie der typische Besserwisser Menschen und Ereignisse kontrolliert, indem er den Gesprächsverlauf mit kryptischen Bemerkungen steuert. Besserwisser versuchen, jeden Widerstand dadurch zu brechen, dass sie Schwachstellen und Fehler ausfindig machen, um so die Glaubwürdigkeit der Gegenposition zu unterminieren. Leider sind Besserwisser in der Regel äußerst intelligente Menschen und Meister darin, Sie schlecht aussehen zu lassen, wenn es ihren Zielen dient. Wenn Sie von einem Besserwisser angegriffen werden, müssen Sie ihn dazu bringen, sich für neue Ideen und Informationen zu öffnen, was keine leichte Aufgabe ist. Hier sind einige Vorschläge, wie Sie mit Besserwissern zurande kommen:

Fakten, Fakten, Fakten. Echte Besserwisser haben Informationsfilter in ihren Ohren eingebaut, die hervorragend funktionieren. Wenn die Fakten, mit denen Sie Ihre Argumente untermauern, Schwächen jedweder Art aufweisen, wird ihr Radar sie sofort aufspüren. Anschließend verwenden sie diese Information dazu, Ihre Vorschläge unglaubwürdig zu machen. Prüfen Sie immer alle Informationen und Quellen, ehe Sie einem Besserwisser Ihre Vorschläge unterbreiten.

Besserwisser haben einen sehr kurzen Geduldsfaden. Präsentieren Sie Ihre Ideen also in klaren, deutlichen Worten.

Schmeicheln Sie ihm. Wenn Sie es mit einem Besserwisser zu tun haben, müssen Sie ihn davon überzeugen, dass Sie jedes seiner Worte gehört und verstanden haben. Wenn Sie ihn davon überzeugen können, dass Sie seine Ideen hervorragend finden, wächst die Chance, dass auch er sich Ihre Vorschläge anhört und akzeptiert. Besserwisser haben ein hervorragendes Gespür dafür, ob Sie es ernst meinen, denn die Menschen versuchen pausenlos, sie aufs Kreuz zu legen. Wenn Sie einem Besserwisser schmeicheln, sollten Sie respektvoll und aufrichtig auftreten.

Passen Sie sich an. Wenn Sie einen Besserwisser davon überzeugen können, dass Sie seine Meinung ehrlich schätzen und seine Ideen bei der Umsetzung Ihrer Pläne berücksichtigen möchten, können Sie sich möglicherweise seine Unterstützung sichern. Wenn er Sie zum Beispiel mit einem seiner Standardsprüche abspeist wie: „Dafür haben wir jetzt keine Zeit“, bauen Sie das in Ihren Plan ein. Sagen Sie: „Es stimmt schon, dass wir jetzt keine Zeit dafür haben. Trotzdem sollten wir uns ansehen, welche Konsequenzen es hat, wenn wir nicht sofort handeln.“

Führen Sie ihn. Eine elegante Methode von einem Besserwisser zu bekommen, was Sie möchten, ist seine Gedankengänge zu steuern. Seien Sie vorsichtig, denn wenn er Ihnen auf die Schliche kommt, wird er Ihnen die Tür vor der Nase zuschlagen. Sie könnten ihn zuerst fragen, was er von dem Thema hält, um das es in Ihrem Vorschlag geht, und Ihre Idee dann völlig objektiv vorstellen. Weitere logische Schritte, die Sie machen können, um einen Besserwisser dorthin zu führen, wo Sie ihn haben möchten, sind Bemerkungen wie: „Was wäre wenn …“, „Vielleicht könnten wir …“ oder „Mit Ihrer Hilfe könnten wir …“.

Wenn Sie einen Besserwisser davon überzeugen können, dass Sie Experten zu schätzen wissen und sehen, wann Sie einen vor sich haben, und ihm dann sagen, dass Sie ihn für einen solchen Experten halten, sind Sie keine so große Bedrohung mehr für ihn. Der Schlüssel liegt darin, dass ein Besserwisser seine Zeit damit zubringen sollte, mit Ihnen und nicht gegen Sie zu arbeiten. Wenn sich die Umsetzung Ihrer Ideen als sinnvoll erweist, wird das den Besserwisser beeindrucken und Sie werden seinen Respekt gewinnen. Nur sollten Sie dabei nicht selbst zum Besserwisser werden.

Delegieren Sie, so viel Sie können

Wenn Sie Ihre Zeit wirklich sinnvoll nutzen und gleichzeitig Ihre Chancen auf eine Beförderung erhöhen möchten, sollten Sie anfangen mehr Arbeit an andere zu delegieren. In seinem Bestseller *Die sieben Wege zur Effektivität* schreibt Steven Covey, eine Autorität auf dem Gebiet der Menschenführung: „Effektiv an andere zu delegieren, ist vielleicht die einflussreichste Tätigkeit, die es gibt." Harold Taylor, Experte für Zeitmanagement, sagt: „Delegieren ist der wichtigste Teil des Managements."

Sinnvolles Zeitmanagement ist für die Beförderung heute wichtiger denn je. Wie Sie Ihre Zeit nutzen, entscheidet darüber, wie viel Einfluss Sie in Ihrem Unternehmen besitzen. Und machen Sie sich nichts vor – diejenigen, in deren Händen Ihre Beförderung liegt, werden ein Auge auf Sie haben. Es gibt mehrere Möglichkeiten die eigene Zeit besser zu nutzen: Sie erscheinen morgens vor allen anderen im Büro, um ungestört arbeiten zu können. Sie können sich aber auch einen detaillierten Arbeitsplan für jeden Tag erstellen, um Ihre Zeit so gut wie möglich auszunutzen. Diese Möglichkeiten werden Ihnen zwar helfen, Sie bleiben jedoch die primäre Arbeitskraft. Erst wenn Sie Arbeit an jemand anderen delegieren, werden Sie zur sekundären Arbeitskraft.

Einer der offenkundigsten Vorteile des Delegierens ist die Zeitersparnis. Wenn Sie ein paar Aufgaben erfolgreich an andere delegieren, verschaffen Sie sich den Freiraum, um an Projekten weiterzuarbeiten, die nur Sie selbst erledigen können. Bitte beachten Sie, dass ich im letzten Satz das Wörtchen „erfolgreich" verwendet habe. Wenn Sie einfach einen Teil Ihrer Arbeit ohne sorgfältige Planung bei einem anderen abladen, verschwenden Sie nur Ihre Zeit. Wenn jemand wichtige delegierte Aufgaben nicht vollständig erfüllt oder grobe Schnitzer macht, kostet es Sie unter Umständen mehr Zeit, die Sache wieder ins Lot zu bringen, als wenn Sie die Arbeit gleich selbst erledigt hätten. Außerdem könnte es Ihren Beförderungsaussichten schaden. Die folgenden Richtlinien sollten Sie beim Delegieren von Arbeit im Auge behalten:

Beschreiben Sie das gewünschte Ergebnis. Wenn Sie eine Aufgabe delegieren, beschreiben Sie, wie das Ergebnis aussieht, das Sie von dem anderen erwarten. Zählen Sie nicht die nötigen Arbeitsschritte auf, denn auf diese Weise hemmen Sie nur die Kreativität des Betreffenden. Sprechen Sie darüber, wie das Endergebnis aussehen soll.

Delegieren Sie schriftlich. Nachdem sie sich darauf geeinigt haben, wie das Ergebnis der delegierten Aufgabe aussehen soll, schreiben Sie es nieder. Führen Sie falls nötig auch die Maßstäbe auf, an denen Sie die Qualität der Arbeit messen, und geben Sie dem anderen eine Abschrift dieser schriftlichen Übereinkunft.

Stecken Sie den zeitlichen Rahmen ab. Versichern Sie sich, dass Sie und derjenige, der die Arbeit macht, die gleiche Vorstellung davon haben, bis wann die Arbeit zu erledigen ist. Wenn sich Ihre Zeitpläne nicht decken, seien Sie flexibel und einigen Sie sich auf einen neuen Ablauf. Es ist sehr viel besser, dem anderen zu gestatten den Zeitrahmen selbst abzustecken, als ihm Ihre Planung aufzuzwängen. Einigen Sie sich darauf, die Einhaltung des Zeitplans regelmäßig zu überprüfen.

Geben Sie Kompetenzen ab. Wann immer Sie eine Arbeit abgeben, müssen Sie demjenigen auch die Befugnis erteilen zu handeln und eigene Entscheidungen zu treffen. Stellen Sie sicher, dass alle, die von der delegierten Arbeit betroffen sind, wissen, wem Sie sie übergeben haben.

Geben Sie Verantwortung ab. Delegieren Sie immer die ganze Aufgabe. Das erhöht das Interesse des anderen und gibt ihm das Gefühl dafür verantwortlich zu sein. Wenn Sie eine Aufgabe auf mehrere Leute verteilen, splitten Sie auch die Verantwortung auf, was Sie anfällig für persönliche Konflikte zwischen den Einzelnen macht.

Holen Sie Zusagen ein. Versichern Sie sich, dass derjenige, der für die delegierte Aufgabe verantwortlich ist, bezüglich der Aufgabe, des Zeitplans und des angestrebten Resultats mit Ihnen einer Meinung ist. Ein gemurmeltes „Ja" oder die stillschweigende Zustimmung reichen nicht aus. Sie brauchen eine klare Zusage zu der delegierten Aufgabe und zu allem, was damit zusammenhängt.

Bleiben Sie am Ball. Gewähren Sie demjenigen, an den Sie die Aufgabe delegiert haben, seinen Freiraum. Dadurch demonstrieren Sie Vertrauen in ihn. Sie müssen jedoch am Ball bleiben, um sichergehen zu können, dass die delegierten Aufgaben auch erfolgreich abgeschlossen werden. Setzen Sie wöchentliche oder monatliche Treffen an, um sich davon zu überzeugen, dass die delegierten Aufgaben Ihnen nicht entgleiten.

Delegieren Sie niemals eine Aufgabe, die Ihr Chef Ihnen persönlich übertragen hat. Vielleicht hat es einen besonderen Grund, dass gerade Sie diese Aufgabe erledigen sollen. Wenn Sie der festen Überzeugung sind, die Aufgabe könnte ebenso gut weiterdelegiert werden, besprechen Sie das zuerst mit Ihrem Chef.

Gehen Sie auf Nummer sicher

Heutzutage wird allgemein die Bedeutung von Veränderungen hervorgehoben. Aber wie positiv diese Veränderungen auch sein mögen, die meisten Menschen werden versuchen sie zu verhindern oder sich ihnen insgeheim widersetzen, wenn sie ungestraft damit davonkommen. Allein die Tatsache, dass Sie eine Beförderung anstreben, sorgt für Veränderungen innerhalb Ihres Unternehmens. Wenn Sie sich von dem Gedanken einlullen lassen, die anderen sähen Ihre Beförderung wegen Ihrer erfrischenden Persönlichkeit und Ihres Führungsstils als positive Veränderung, wachen Sie auf! Der andere lächelt vielleicht, wenn er Ihnen im Flur begegnet, und erzählt Ihnen, wie großartig es wäre, wenn Sie befördert würden, aber in ihm sieht es ganz anders aus.

Wie werden Sie die Frage beantworten, die man Ihnen im Bewerbungsgespräch für Ihren Traumjob unweigerlich stellen wird: „Wie werden Sie in dieser Position den Schwerpunkt setzen und die Ziele unseres Unternehmens verändern?" Je nach Persönlichkeit des Fragestellers kann Ihre Antwort durchaus den Ausschlag dafür geben, ob Sie den Job bekommen oder nicht. Wenn die Zeit gekommen ist jemanden zu befördern, gehen die für diese Entscheidung Verantwortlichen gerne auf Nummer sicher und halten sich an jemanden, den sie kennen. Wenn sie Sie nicht kennen, werden Sie den Job nicht bekommen. Was wenn Sie großartige Ideen haben, die für den dringend benötigten frischen Wind in dieser Position sorgen würden? Wenn Sie einem Bremser gegenüber sitzen, haben sie jemanden vor sich, der genau weiß, wie man kühne Strategien und neue Ideen effektiv untergräbt, weil er an einer Veränderung nicht interessiert ist. Angesichts einer Veränderung zieht er die Zügel an, macht die Schotten dicht und geht auf Nummer sicher.

Hören wir einmal, was jemand, der gerne auf Nummer sicher geht, nach dem Vorstellungsgespräch zu seinem Kollegen sagt: „Klar klingt das großartig, was der Bursche erzählt. Ich kann gar nicht glauben, wie viele neue Ideen er umsetzen will, wenn er den Job bekommt. Ich kann ihm auch nur zustimmen, aber ich bin mir nicht sicher, ob wir für all diese Veränderungen jetzt schon bereit sind. Vielleicht nächstes Jahr. Nehmen wir lieber die andere Kandidatin. Sie will den Status quo erhalten, und das brauchen wir im Augenblick." Wumm! Sie wurden nicht befördert, weil Sie die Frage nach Ihren Plänen ehrlich beantwort haben und der andere an einer Veränderung nicht interessiert war. Formulieren Sie Ihre Antworten auf die Fragen in Vorstellungsgesprächen mit äußerster Vorsicht. Schneiden Sie sie auf die Persönlichkeit desjenigen zu, mit dem sie es zu tun haben. Und so gehen Sie im Vorstellungsgespräch mit Fragen von Menschen um, deren Unternehmensziel von dem Ihren abweicht:

Der Zahlenfetischist. Ein Mensch, für den nur die Zahlen unter dem Strich zählen, hat kreatives durch kurzsichtiges Denken ersetzt. Er sitzt wie Paul Revers auf seinem hohen Ross, läuft umher und ruft: „Wir müssen schlanker werden, Kosten senken, wendig und aggressiv sein." Alles, was er sieht, setzt er in Zahlen um. Ein solcher Mensch betrachtet neue Ideen als Probleme, die möglicherweise den Profit unter dem Strich verringern, nicht als Gelegenheiten. Wenn Sie ein Vorstellungsgespräch bei einem solchen Menschen haben, nennen Sie nur die Ideen, die das Ergebnis unter dem Strich direkt beeinflussen. Vermeiden Sie es, langfristige Strategien anzusprechen, weil sie für einen Menschen, der nur auf kurzfristige Gewinne schaut, bedeutungslos sind.

Der Altgediente. Gesegnet sei der Altgediente, der alles schon einmal gesehen hat. Er stellt eine Frage und beantwortet sie selbst, noch bevor Sie zu einer Erwiderung ansetzen können. Schließlich hat er alles ja schon einmal gehört. Er glaubt, sein großer Erfahrungsschatz bewahre ihn vor jeder Katastrophe – selbst der, dass er sich dazu entschließen sollte, Sie einzustellen. Wenn Sie einen Vorschlag machen, wird ihm schnell jemand einfallen, der bei der Umsetzung einer ähnlichen Idee kläglich scheiterte. Anschließend können Sie von seinem großen Erfahrungsschatz profitieren, da er Ihnen auseinandersetzen wird, warum Ihre Idee niemals funktionieren kann. Wenn Sie bereit sind für einen solchen Chef zu arbeiten, stimmen Sie allem zu, was er während des Vorstellungsgesprächs sagt.

Der Bremser. Ein Bremser stimmt Ihren Vorschlägen scheinbar zu, dann kommt sein Lieblingswort: *Aber*! „Eine großartige Idee, aber sie wird nicht funktionieren. Wir haben nicht das Budget dafür und unserem Generaldirektor wird sie nicht gefallen. Außerdem hat das noch nie jemand versucht. Trotzdem ist es eine gute Idee. Lassen Sie uns ein andermal darüber reden." Durchschauen Sie, wann Sie „ausgebremst" werden. Bremser sind für größere Veränderungen nicht zu haben, schlagen Sie sie also erst gar nicht vor. Erzählen Sie stattdessen, dass Sie eine „Feinabstimmung" des bestehenden Systems planen.

Der Schatz. Was aber, wenn Sie es mit einem Entscheidungsträger zu tun haben, der ehrlich daran interessiert ist, jemanden zu befördern, der eine Menge neuer Ideen und frischen Wind ins Unternehmen bringen möchte? Beginnen Sie mit Ihren grundlegenden Vorschlägen und hören Sie aufmerksam zu, was er dazu sagt. Nur so können Sie sicher sein, dass er kein verkappter Bremser ist. Wenn Ihr Gegenüber ein echter Schatz ist, wird er für Ihre innovativen Ideen empfänglich sein.

Gehen Sie immer auf Nummer sicher und finden Sie bereits im Vorhinein etwas über denjenigen heraus, mit dem Sie sprechen werden. Hören Sie sich um, welches seine Abneigungen und Vorlieben sind. Welche Arbeitsgewohnheiten hat er und wie denkt er? Die beste Quelle für diese Art von Information sind die Menschen, die für ihn arbeiten.

9 Zusammenfassung und Schlussfolgerung

Der Karrierepoker ist niemals vorbei und er ist eine der größten Herausforderungen, vor den Sie jemals stehen werden. Die Lektüre von *1001 Wege Karriere zu machen* bildet den Anfang Ihrer Kletterpartie auf der Karriereleiter. Achten sie ganz genau darauf, wie Sie die Schlüsselqualifikationen einsetzen. Wenn Sie auf Harmonie und Ausgewogenheit achten, werden Sie all Ihre beruflichen Träume verwirklichen. Überlegen Sie, wenn Sie nach der nächsten Sprosse der Karriereleiter greifen, ob Sie wirklich bereit sind sich den Herausforderungen zu stellen, die diese nächste Beförderung mit sich bringt. Können Sie die in diesem Buch genannten Werkzeuge erfolgreich einsetzen?

Am Beginn dieses neuen Jahrhunderts drängt sich die Frage auf, wie wir im Jahr 2005, 2010 und darüber hinaus arbeiten werden. Der Mensch strebt nach immer mehr Lebensqualität. Das liegt in unserer Natur. In den 90er Jahren wurden wir Zeugen eines radikalen Umbruchs in unserer Art zu arbeiten, und diese Veränderungen werden zu Beginn des 21. Jahrhunderts weitergehen. Innere Veränderungen, welche die rasend schnellen Entwicklungen berücksichtigen, die unsere Gesellschaft und unsere Unternehmen durchmachen, formen die Arbeit der Zukunft. Für einige von Ihnen ist es eine Revolution, für andere eine natürliche Entwicklung, die bereits begonnen hat.

Falls Sie es noch nicht bemerkt haben sollten: Wir befinden uns im Zeitalter des Unternehmertums. Unsere Kultur hat sich seit den frühen 90er Jahren in diese Richtung entwickelt. Das Zeitalter der Unternehmer ist ein Zeitalter der Experten. Bei Ihrem beruflichen Aufstieg müssen Sie Ihre Nische finden und so gut wie möglich ausfüllen. Entwickeln Sie dabei auch Ihr Netzwerk weiter. Je höher Sie hinaufkommen, desto wichtiger wird es nämlich für Sie. Ihr beruflicher Erfolg hängt auch von Ihren Fähigkeiten als Unternehmer ab.

Um in diesem unternehmerischen Umfeld erfolgreich zu sein, müssen Sie ganz genau wissen, wer Sie sind, was Sie können und was Sie tun möchten, da Sie ihren Berufsweg in der Tat selbst gestalten werden. Und als Baumeister Ihrer Karriere müssen Sie wissen, wo Ihr Platz in diesem großen Zusammenhang ist. Im Laufe Ihrer Entwicklung werden Sie feststellen, dass Sie einige Dinge besser können als die anderen. Wenn Sie Ihre persönlichen Stärken einsetzen, wird man Sie bemerken und Sie befördern. Es ist nicht nötig, dass Sie sich völlig neu erfinden. Perfektionieren Sie die Talente, die Sie bereits haben, um den größten Nutzen daraus zu ziehen.

Arbeiten Sie zuerst an Ihren Stärken und gleichen Sie Schwächen aus, wenn Sie etwas Zeit haben. Nichts ist wichtiger als das Arbeitsleben so zu gestalten, dass es zu Ihrem übrigen Leben passt. Machen Sie keinen Kampf daraus. Es sollte eine natürliche Entwicklung sein. Haben Sie Spaß daran! Je mehr Sie darauf beharren, alles im Leben richtig zu machen, desto leichter wird Ihnen der Übergang fallen. Wenn Sie Ihre Grenzen sprengen, müssen Sie sich weder vor den Konsequenzen noch vor ständiger Veränderung oder der Konkurrenz fürchten. Nutzen Sie Ihre Schlüsselqualifikationen, um sich den Weg durch den Karrieredschungel zu bahnen und ohne Einschränkungen weiter an Ihrer Vorstellung vom Leben zu arbeiten.

Ich wünsche Ihnen viel Glück für eine erfolgreiche Karriere und ein wunderbares Leben.

Zertifikat

Wenn Sie eine vom Autor signierte Urkunde mit der Aufschrift „I've Been Promoted" haben möchten, schicken Sie einen an Sie selbst adressierten Umschlag an:

David E. Rye
c/o Western Publications
7741 N. Via Camello Del Sur
Scottsdale, Arizona 85258

Stichwortverzeichnis